中国画古有玄机

马未都 编著
檀仁 绘

第一辑（上）

中信出版集团 | 北京

图书在版编目（CIP）数据

观复猫.中国古画有玄机.第一辑/马未都编著；檀仁绘. -- 北京：中信出版社，2021.9
ISBN 978-7-5217-3339-6

Ⅰ.①观… Ⅱ.①马…②檀… Ⅲ.①收藏—文化—中国—通俗读物②中国画—作品集—中国—古代 Ⅳ.①G262-49②J222.2

中国版本图书馆CIP数据核字(2021)第134113号

观复猫：中国古画有玄机（第一辑）

编　　著：马未都
绘　　者：檀仁
出版发行：中信出版集团股份有限公司
　　　　　（北京市朝阳区惠新东街甲4号富盛大厦2座　邮编　100029）
承　印　者：北京盛通印刷股份有限公司

开　　本：787mm×1092mm　1/12　　印　张：32　　字　数：300千字
版　　次：2021年9月第1版　　　　　　印　次：2021年9月第1次印刷
书　　号：ISBN 978-7-5217-3339-6
定　　价：139.00元

版权所有·侵权必究
如有印刷、装订问题，本公司负责调换。
服务热线：400-600-8099
投稿邮箱：author@citicpub.com

序

中国画在概念中先是一幅山水画，远山近水层峦叠嶂，丈山尺树寸马豆人，似有一番规则；后是一幅花鸟画，翎毛走兽花草鱼虫，残花败柳红树春枝，尽在笔墨之中；最后才是人物画，士子仙人僧侣俗众，虽出现较山水花鸟早，但其数量远逊于二者，并于后世逐渐式微。

这是一个极为奇怪的文化现象，究其原因，可能是因为人物画肩负的社会责任较重。古时朝代更迭频繁，风云变幻之际，人物画较山水花鸟创作意图明确，会招致不必要的麻烦，故历代文人开始寄情于山水，娱乐于花鸟，山水花鸟画渐渐成为中国画的主流，自娱自乐，讲究气韵笔墨，忽略社会意图，构成蔚为大观的艺术画卷。

而人物画则由早期的劝善戒恶的故事，渐渐注重人物思想情感的表达，尤其魏晋之后，人物画一度贴近玄学，进入宗教，将思想解放，把控人物的脉搏。到了隋唐五代两宋，中国人物画忠实地记录这一阶段历史的流变，留下了具有现实意义的不同而生动的历史画面。进入明清之后，人物画写真写实多了起来，尤其记录皇家生活更是一份重任，喜庆场面、吉祥节日无不在画家笔下形成定格。

《观复猫：中国古画有玄机》系列就是基于这一史实而二度创作的。中国人物画历来主张以形写神，形神兼备；又主张画中人物要表达的虽是人物，但要有教化之用，无论是记录、还是纪念，抑或供奉戒鉴，人物画都必要肩负社会重任，"留乎形容，式昭盛德之事，具其成败，以传既往之踪"。

既然古人指出了人物画的特性，《观复猫：中国古画有玄机》就紧紧地抓住了这一点，将中国古代著名的人物画梳理一遍，遴选其中53幅，几近包揽了中国历史上最有名的人物画，让观复猫天团中适合画中角色的猫馆长替换上场，扮演古代人物，重新演绎这场历史大戏。无论是《步辇图》中的唐太宗接见吐蕃使臣禄东赞，还是《韩熙载夜宴图》设家宴载歌行乐；无论是《簪花仕女图》的雍容华贵的唐代美人，还是《月曼清游图》的文雅秀丽的清代仕女，观复猫都以谐谑的态度登场，博得观者欢心，放达豁然无隐。

在二度创作中，观复猫煞费苦心，请出观复博物馆收藏的历代文物，巧妙地与古画时代氛围契合。这些文物的出现，从某种意义上讲，既增加了历史的真实度，又增加了可信度，让观复猫扮演的历史画面更加亲近当今的读者。同时，又邀请猫以外的小动物客串角色，调剂画面，两相得宜。

观复猫作为观复博物馆的使者，这些年没少出书，书分三大类：插画类、漫画类、摄影类。三类图书各有所长，相得益彰。其中，插画类细分为两种，一种是无中生有的创作，一种是有中生无的二度创作，此书则为后者。二度创作既给了作者创作空间，又要围于原画的格局基础，所谓戴着镣铐跳舞，难度可想而知，而画者檀仁的兴趣则在难度。

子曰：温故而知新，可以为师矣。这本小书就是这个意思。

是为序。

马未都

辛丑小暑

179 元世祖出猎图 众卿，随朕出猎

153 骷髅幻戏图 幻戏浮生

127 蕉荫击球图 悠闲的亲子游戏时间

槐荫消夏图 与子同消夏日长 167

村医图 珍贵的医事题材绘画 139

靓妆仕女图 宋代女孩就是靓 115

目录

099
文会图
古人是如何开趴的

071
韩熙载夜宴图
逃命才子开夜宴，没落南唐唱挽歌

039
步辇图
一场传奇婚姻的前奏

007
洛神赋图
一场神光离合的幻象体验

听琴图
此处无声胜有声
087

簪花仕女图
大唐红颜的美好生活
055

列女仁智图
原来是部「教科书」
023

295
雍亲王题书堂深居图屏·博古幽思
皇室的收藏

309
胤禛行乐图·围炉观书
恬淡生活，浣涤烦嚣

323
雪景行乐图
青年皇帝的岁朝行乐

337
是一是二图
品一品这画中的哲学意味

351
升平乐事图
一片笑声连鼓吹，六街灯火丽升平

365
五学士图
朝堂之外自风流

267

康熙皇帝便装写字像
『不完美』的帝王画像

243

陶穀赠词图
丹青妙笔美人计

213

金盆捞月图
『掬水月在手』的浪漫

雍亲王题书堂深居图屏·立持如意
深宫美人背后的隐秘

281

调梅图
你所不知的食梅『图鉴』

255

玩古图
盛世收藏，玩物养志

227

明宣宗行乐图
明朝最会玩的皇帝

197

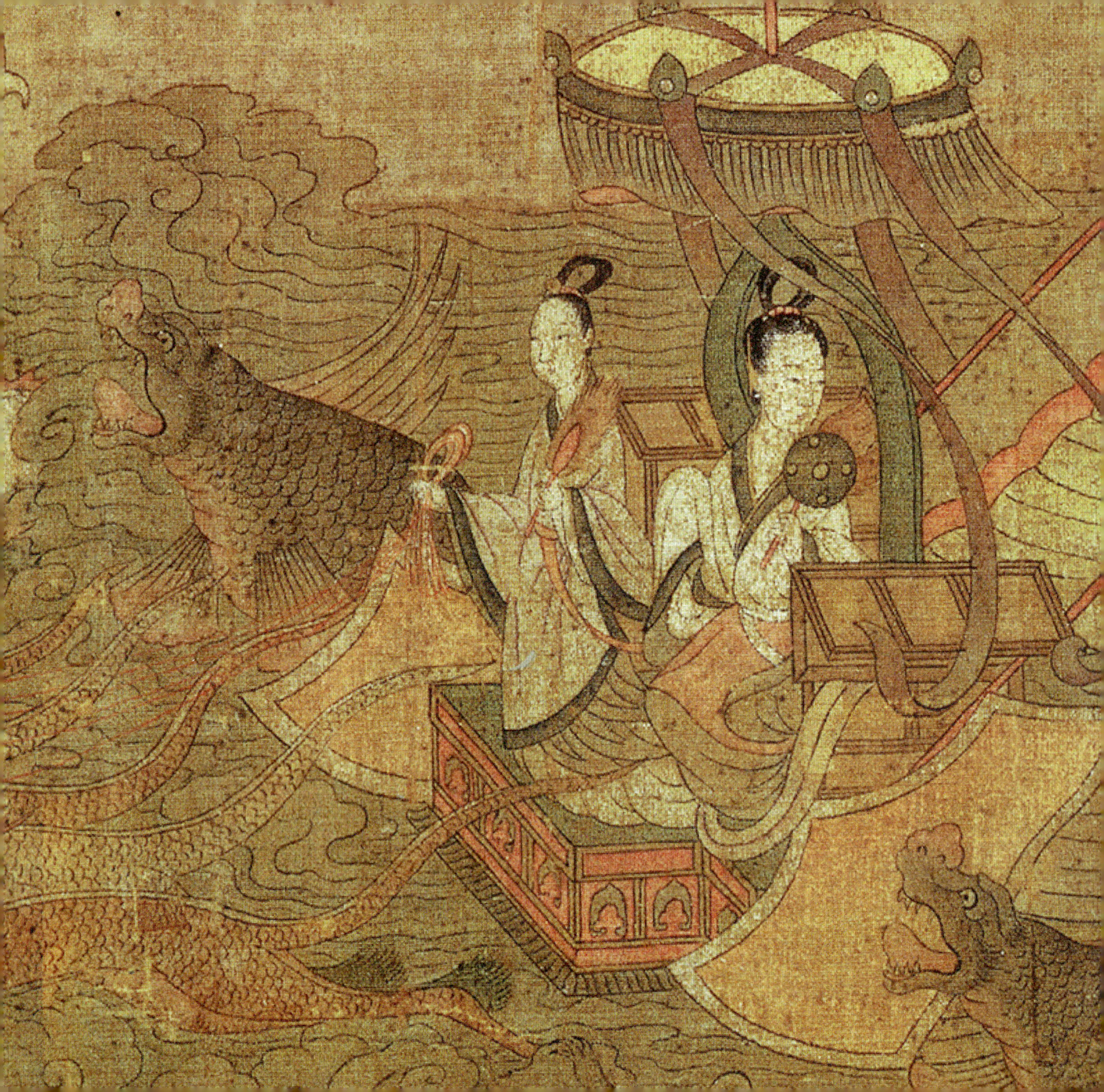

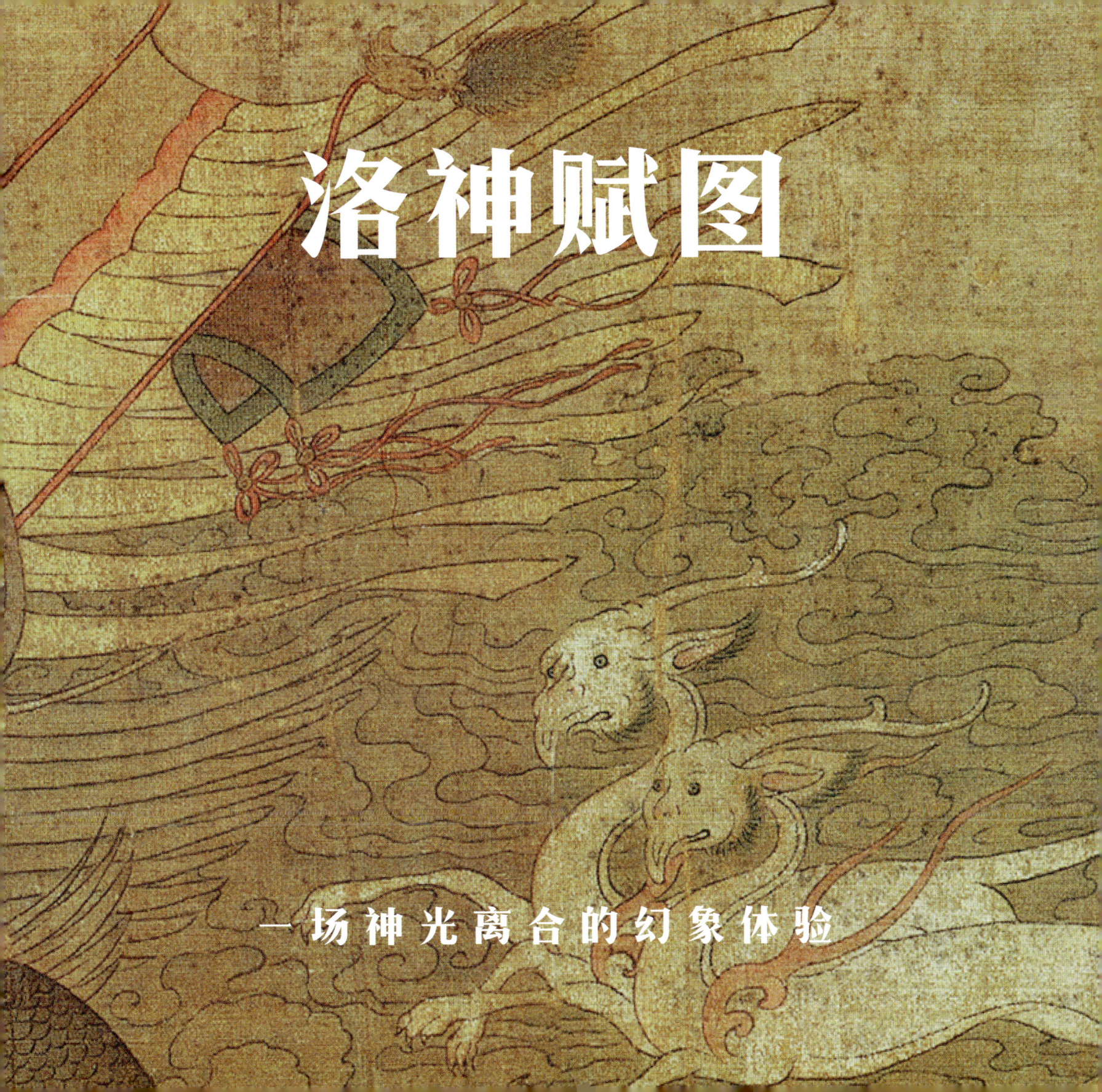

洛神赋图

一场神光离合的幻象体验

古画传奇
GUHUACHUANQI

才子曹植的人生低谷

黄初二年（221年），是魏文帝曹丕登基后的第二年。这一年，孙权向魏称藩，河西悉平，文帝诏祀孔子，推举孝廉之制，虽在政治上无大功绩，但也可谓海内清平。而对于魏文帝的同胞兄弟、经历过太子之争、被誉为"八斗才"的曹植来说，这一年却是多事之秋的开端。

这一年年初，监国谒者灌均秉承文帝意，上奏曹植"醉酒悖慢，劫胁使者"。加之此前魏王受禅之时，曹植在临淄"发服悲哭"，数罪并罚，在未及定罪之前，时任临淄侯的曹植被遣送到边远之地等待发落。

就在曹植一行抵达边远之地不久，来自洛阳的一纸诏令又命曹植"抱罪即道"，立刻奔赴洛阳。数日后，曹植行至延津（今河南省新乡市）又接到诏令：贬爵安乡侯。此安乡侯仅为虚封，没有封地，也不食本邑。曹植一时间竟无处可去，文帝下诏令曹植依旧赴京思过。曹植在接到安乡侯印绶回京的途中，惶怖地写下了《谢初封安乡侯表》，以表谢意。

在洛阳等待判决的那段日子，曹植如履薄冰，除了抄写灌均所上奏章、三台九府所奏事及诏书，还要"朝夕讽咏，以自警诫也"。以期感动圣心，免于刑罚。不久诏令下达："植，朕之同母弟。朕于天下无所不容，而况植乎？骨肉之亲，舍而不诛，其改封植。"黄初二年七月，曹植改封鄄城侯。

踏上鄄城封地的曹植长舒了一口气。此时正是初秋季节，上至王公贵胄，下到平民百姓，都有以时鲜的食品祭祀祖先的习俗。曹植在此情境之下，派了一两个仆人，带上祭品，前往邺城祭奠父亲、故人。这次邺城祭拜，又成为曹植日后治罪的导火索。

黄初三年（222年），东郡太守王机和防辅吏仓辑再次诬陷曹植，于是曹植再一次"获罪圣朝"，被诏至洛阳，随后引发了朝廷"百寮之典议"，曹植被议罪为"三千之首戾"。好在事情被调查清楚，曹植复还鄄城，四月获封为鄄城王。这已是曹植在黄初年间的第二次获罪，之后又是漫长的待罪、思过、复封、返乡。他因一个个莫须有的罪名，辗转于封地与洛阳城之间。

洛水遇神女的浪漫故事

某次，曹植逃离了令人恐怖的洛阳城，一路奔波，终于来到洛水河畔。秋七月的洛水之滨，虽然仍不时传来阵阵蝉鸣，但风中已夹带了一丝凉意。面对滔滔洛水，曹植进入精神幻觉状态，眼见一位丽人立于岩畔。有感宋玉对楚王神女之事，遂作《洛神赋》。

眼见丽人的曹植于半梦半醒之中拉着车夫问道："你看见那个美丽的姑娘了吗？她到底是谁？"车夫什么也没看见，有些茫然，只好说："我听说洛水有水神，您看到的恐怕就是她。她长什么样子？您跟我说说。"这证明曹植所见的洛水之神——宓妃只存在于他的精神幻境。

余告之曰：其形也，翩若惊鸿，婉若游龙。荣曜秋菊，华茂春松。仿佛兮若轻云之蔽月，飘摇兮若流风之回雪。远而望之，皎若太阳升朝霞；迫而察之，灼若芙蕖出渌波。秾纤得中，修短合度。肩若削成，腰如约素。延颈秀项，皓质呈露。芳泽无加，铅华弗御。云髻峨峨，修眉联娟。丹唇外朗，皓齿内鲜。明眸善睐，靥辅承权。瑰姿艳逸，仪静体闲。柔情绰态，媚于语言。奇服旷世，骨像应图。披罗衣之璀粲兮，珥瑶碧之华琚。戴金翠之首饰，缀明珠以耀躯。践远游之文履，曳雾绡之轻裾。

即便曹植清楚洛神是自己幻觉中的形象，他也不愿接

受现实，而是继续不厌其烦地为车夫描述宓妃"翩若惊鸿，婉若游龙"之美态。曹植钟情于洛神的美，不觉心旌摇曳。而洛神却如镜中花、水中月，只可远观而不能靠近。

接下来，曹植看到了众神出现的场景：南湘二妃、汉水之神、无偶之瓠瓜星、独处之牵牛星，一系列凄美的爱情神话主角纷至沓来，一起徘徊在多情才子的面前，再次暗示了这段感情的悲伤结局。洛神光润玉颜的容貌，气若幽兰的谈吐，华容婀娜的身姿，令曹植神魂颠倒。然而幻境中的良辰美景总是短暂而悲伤，人神之别，就此永绝。

当洛神离开后，曹植余情绻缱，不时回首顾盼。甚至驾舟逆流而上追溯洛神的脚步，满心期望洛神能再次出现。

返回后，他彻夜不眠，寂然枯坐到天亮，欲策马东归，却徘徊不忍离去。

唐代诗人李商隐《东阿王》有云："国事分明属灌均，西陵魂断夜来人。君王不得为天子，半为当时赋洛神。"曹植回首黄初三年间自己的遭遇，借《洛神赋》抒发自己的才情和不被知遇的感慨。后人附会曹植的《洛神赋》中有自己与文帝皇后甄氏的爱情，也有人认为曹植借《洛神赋》向文帝寄托忠正之心。面对正史中留白的这些争议之说，今人无须穷尽真相，也无须苛责附会之事。历史本没有真相，只残存一个道理，即任何一位著书立说者笔下的故事都留存着自己的影子。

《洛神赋图》　东晋　故宫博物院藏

《洛神赋图》诞生

曹植写成《洛神赋》及之后大约150年，中国处于历史上多种思想和文化交织碰撞、融会贯通的魏晋南北朝时期。出身官宦世家，家学渊源的无锡人顾恺之就诞生于这个自我觉醒的时代。《晋书·顾恺之传》有载："恺之有三绝：才绝、画绝、痴绝。"所谓"才绝"，是说顾恺之工诗赋、书法，最擅长绘画；"画绝"，专指他精于描绘人像、禽兽、山水；而"痴绝"，是赞誉他不媚流俗的精神人格。"才绝、画绝、痴绝"概括了顾恺之的绘画技巧与精神所在，他的画作意在以绘画语言展现思想情感。

也许正是《洛神赋》人神情缘故事的美丽与忧伤，给了顾恺之绘画《洛神赋图》的灵感，也正是《洛神赋》的悲情故事与曹植后半生的抑郁不得志，为顾恺之笔下的《洛神赋图》提供了一种共情。

顾恺之忠实于原作《洛神赋》的叙事内容，分场景逐节描绘出一幅人神情感画卷。画卷始于曹植一行在洛水之滨休整，他恍惚看到水域之上洛神的出现，于是注目凝神，欣赏仙裳飘举，如惊鸿、如游龙的倩影，凌波当风而来。随后曹植与洛神互赠信物，众神纷至沓来，与洛神一道嬉戏，或飞翔游移于空中，或徘徊行走于水波之上。紧接着风神收敛了风，河神止息了波涛，水神擂响神鼓，女娲唱出空灵的歌声，洛神乘六龙云车离去。曹植想驾船追赶洛神无果，整夜寂坐洛水河畔，盘桓不忍离去。最终曹植随一众人马远去，他坐在车中还不时回首怅望，无限依恋。

《洛神赋图》除反复出现曹植和洛神的形象外，还涉及众多纷杂的形象，画家巧妙地以背景山水、神兽将连续的画卷依照叙事的推进，有机衔接起来。整个画卷层次分明，引领观者进入一个幻境迭出、起伏跌宕的人神故事。

《洛神赋图》原作已佚，今有几卷宋代摹本传世，分别藏于故宫博物院、台北故宫博物院、辽宁省博物馆和美国弗里尔美术馆等处。故宫博物院所藏画卷绢本设色，纵27.1厘米，横572.8厘米，其上有清高宗弘历御笔"妙入毫颠（巅）"四字评语。

013

观复猫　《洛神赋图》

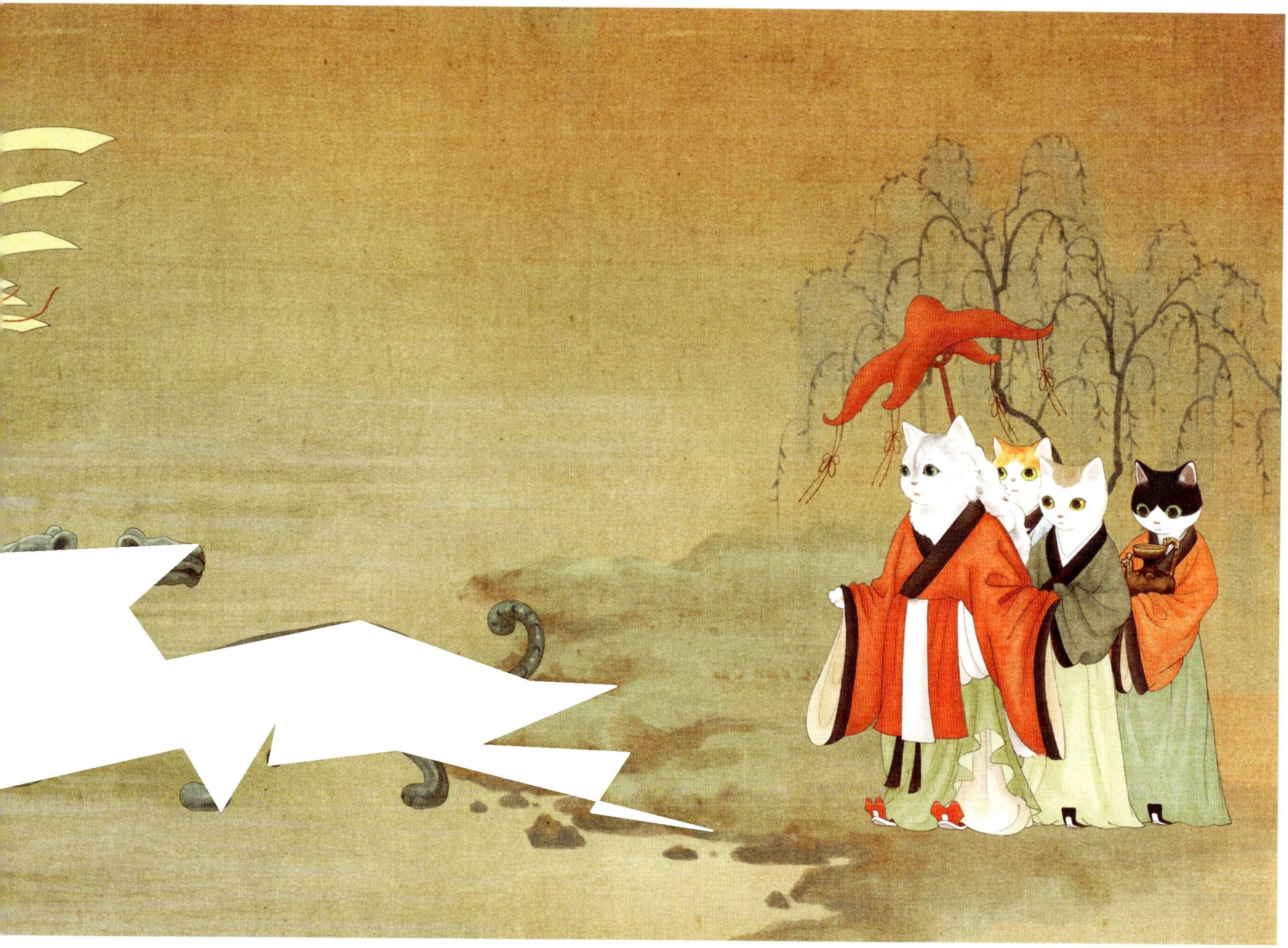

黄袍袍

杜拉拉

钻入古画的观复猫

爱情是永恒的主题，曹植与洛神的这段才子佳人故事，令后人回味不已。

洛神光华玉润的容貌，气若幽兰的气息，翩然婀娜的身姿，令曹植神魂颠倒。然而随同洛神纷至沓来的南湘二妃、汉水之神、无偶之瓠瓜星、独处之牵牛星，却都是一系列凄美爱情神话的主角，他们的出现暗示了这段感情的悲伤结局。果然，幻境中的良辰美景总是短暂而悲伤，"恨人神之道殊兮"，"悼良会之永绝兮"。曹植与洛神不得不分离，人神之别，就此永诀。

观复猫中颜值颇高且气质超群的黄枪枪与杜拉拉，携手钻进《洛神赋图》，杜拉拉扮演才华横溢、情感细腻的曹植，而"翩若惊鸿，婉若游龙"的洛水女神则由黄枪枪出演。只见杜拉拉翘首远望，眼中尽是挽留之情。神兽所驾云车上的黄枪枪也在回首相望，依依不舍。黄枪枪与杜拉拉精彩出演，再现了这一幅画面所蕴含的留恋意境。

观复猫说文化

GUANFUMAOSHUOWENHUA

黑釉双系鸡首龙柄盘口执壶

东晋　观复博物馆藏

在观复猫版《洛神赋图》中，曹植的扮演者杜拉拉身后有三位侍者随行，最后一位侍者手中捧着一个黑釉鸡首壶，此处是观复猫画者有意修改。鸡首壶诞生于三国末年，因壶肩部塑以鸡头而得名。它也曾流行于两晋至隋，也是当时南北方瓷器的主要造型之一。

西晋时期的鸡首壶造型较小，肩部贴塑的鸡首小而无颈，基本与壶体不通，纯属装饰。发展到东晋时，壶体更加壮大，鸡首下增短颈，喙由尖变圆并设引流孔，鸡首承担起了壶嘴的实际功用。

这件观复博物馆藏东晋黑釉鸡首壶，上设有盘口，细颈，壮圆腹。前设鸡首流，后设直柄，柄首为龙头造型，龙口与盘口相衔。肩部前后各设一系，方便穿带，宜迁徙使用。

自文帝登基以来，十一年三度负罪流徙的曹植，在颠沛流离中度过了自己的后半生。在他郁郁寡欢的生活中，唯有饮酒能暂时消除愁事烦恼，也许在他身边就有这么一把鸡首壶终日与他相伴吧。

铜错银涡纹虎形镇

汉代　观复博物馆藏

席镇早在战国时期就开始流行，放在席子四角，用来压住席子使其不移动。

此件铜错银涡纹虎形镇，猛虎前肢撑地，后肢蜷曲伏卧，回首远望，尽显庄严之态。

双首鼋鱼形陶砚

汉代　观复博物馆藏

鼋鱼，也叫"元鱼"，俗称"鳖"，其吻突短，圆形背甲，是生活在河中的爬行动物。该砚以陶土为胎烧制而成，鼋鱼双首高昂，共用同一身体。背甲刻龟背锦地纹，可开启，下凹设一圆形砚台。

铜错金银双首兽

战国—汉　观复博物馆藏

这件双首神兽，身形矫健，迈步前行。双兽首形态不一。一首向前，怒目圆睁，开口露出尖牙利齿；另一首闭口回首，双目洞察四周，呈机警提防状。神兽周身以金、银嵌出涡纹、菱形纹、卷云纹等精美纹饰，金银铜三种质地交错辉映，尽显战汉错金银器物玄妙绮丽之美。

金蛙

汉代　观复博物馆藏

自然界的青蛙捕食害虫，有利于农事，被视为吉祥物。

这件汉代金蛙尖头、圆目、肥身、短尾，四肢呈对称伏卧状，造型生动。还留有短小尾巴的蛙，是蝌蚪进化成蛙前的最后形态，此形态的蛙也有新生的寓意。该金蛙身上设有穿孔，可用以佩戴装饰。

伯玉車

列女仁智图

原来是部"教科书"

古画
GUHUACHUANQI
传奇

"戒天子"的《列女传》

相传汉成帝宠信赵飞燕姐妹，不理朝政，导致大权旁落。光禄大夫刘向想了一个办法，把古往今来史书上记载的贤妃、贞妇的故事编撰成《列女传》呈送汉成帝，希望他能以此为戒，从中吸取教训。

此书以文本与图像并存的方式呈现，全书分"母仪""贤明""仁智""贞顺""节义""辩通""孽嬖"七卷，以分门别类的方式把100余位女性置身于特定的历史环境，评价她们对社会发展起到的不同作用。班固《汉书》中有这样的记载："(刘)向以为王教由内及外，自近者始。故采取诗书所载贤妃贞妇，兴国显家可法则，及孽嬖乱亡者，序次为《列女传》，凡八篇，以戒天子。"可见刘向编撰《列女传》并非为了作史，他的首要的"读者"是天子，想为天子提供一种选择嫔妃的标准。

根据刘向所著的《七略别录》可知，《列女传》上的故事曾被注解和绘制成一座屏风："臣向与黄门侍郎歆所校《列女传》种类相从为七篇，以著祸福荣辱之效，是非得失之分，画之于屏风四堵。"屏风将刘向为皇帝提供的"选妃标准"图像化，以便直接影响皇帝德行。试想，当屏风围绕着皇帝的座位或床榻，拉近画中历史人物与皇帝距离的同时，也必定会影响皇帝的行为。此时，屏风的功能犹如镜子，向观赏者暗示着那些隐藏的历史规律与道德原则。

自汉代刘向编撰《列女传》并有了相应的图像后，以《列女传》为题材的《列女图》便被广泛地应用于生活中。据记载，汉光武帝刘秀的御座屏风上也绘有《列女图》，而且很美，引得刘秀"数观视之"；赵飞燕的宝琴上也绘制有"列女像"；再者，东汉武梁祠的图像石、北魏司马金龙墓室的漆画屏风也均带有列女题材。此时期列女题材的图像并非仅仅用于观赏，更主要的是起到教化作用，就如同刘向编撰《列女传》时所言"以感天子"，劝诫宫闱。

古代的智慧女性

根据《列女传》第三卷"仁智"中人物故事所用插图，传东晋顾恺之曾作《列女仁智图》，但原作已佚。现存北宋时期摹本，绢本，淡设色，且残缺不全，纵25.8厘米，横417.8厘米，收藏于北京故宫博物院。"仁智"卷共收集15个列女故事，由于画面残缺，现存的部分只有10段，每段上还书有人名及颂辞。画中人物体量感较强，衣褶部分有晕染，画法上线条较为粗健。15个列女故事中，"楚武邓曼""许穆夫人""曹僖氏妻""孙叔敖母""晋伯宗妻""灵卫夫人""晋羊叔姬"7个故事保存完整，"齐灵仲子""晋范氏母""鲁漆室女"3个故事只存一半，其余5个故事则佚失。

由于故事较多，观复猫仅选取了"卫灵夫人"的故事加以演绎。此段画面描绘的是卫灵公夫妇正在室内夜谈的场景：卫灵公坐在由三面屏风围成的一个空间里，屏风上还有山水图画，卫灵公夫人坐在他的对面。两人忽然听到有车马的声音，但车马似乎到达阙门就停了下来，于是卫灵公夫妇展开了讨论。

夫人说："是蘧伯玉。"

卫灵公问："何以知之？"

夫人说："……夫忠臣与孝子……不以冥冥堕行。蘧伯玉，卫之贤大夫也……是以知之。"这段话的意思是，君子不因为天色昏暗而降低自己的行为标准，蘧伯玉是卫国贤德之人，所以我猜一定是他。

为什么这么说呢？原来古时凡臣子路过王宫门前，都要下车致敬，这是朝中的礼节。忠臣既不在大庭广众之下故意做样子给人家看，也不在没人的地方疏忽自己的行为。卫灵公派人去了解情况，夜里行车的果然是蘧伯玉。但他想与夫人开个玩笑，于是故意说她猜错了。没想到夫人不慌不忙地斟了一杯酒，送到卫灵公面前。

夫人恭敬地说："祝贺您！"

卫灵公莫名其妙："贺我什么？"

夫人说："原来我只知道卫国就一个大贤人蘧伯玉，现在看来还有一位同他一样的贤大夫。这样说来，您就有了两位贤臣，当然要祝贺。"

卫灵公夫人的情商太高了。以她的聪慧程度，很可能已经猜出卫灵公没和她说实话，但她假装不知道，而是顺着话头说了丈夫最爱听的话，偏偏这话还合情合理。可想而知，卫灵公十分高兴。

《列女仁智图》　东晋　故宫博物院藏

独特的"异时同图"构图法

观复猫演绎了"卫灵夫人"这一片段。画面中同时出现了四个人物,从右至左分别是:跪坐在席子上的卫灵公夫人,坐在三面屏风内的卫灵公,坐在马车上的蘧伯玉,以及下车行走的蘧伯玉。看似不合理地在同一个画面中出现两个蘧伯玉,这是为什么呢?

这是为了表现伯玉驾车而行和经过宫门时下车走路的

连续性动作，画家采用了特别的构图方式——"异时同图"构图法。这种构图方式是中国画中体现空间的一种传统艺术手法。顾名思义，就是将不同时间、不同空间的人物和事物，通过巧妙构图描绘在同一幅画作上。这种画面仿佛突破了时空的束缚，让观众用不变的视角看到了跳跃性的场景，从而获得独特的观感效果。同样采用这种构图方式的国宝名画还有《韩熙载夜宴图》《洛神赋图》等。

观复猫 《列女仁智图》

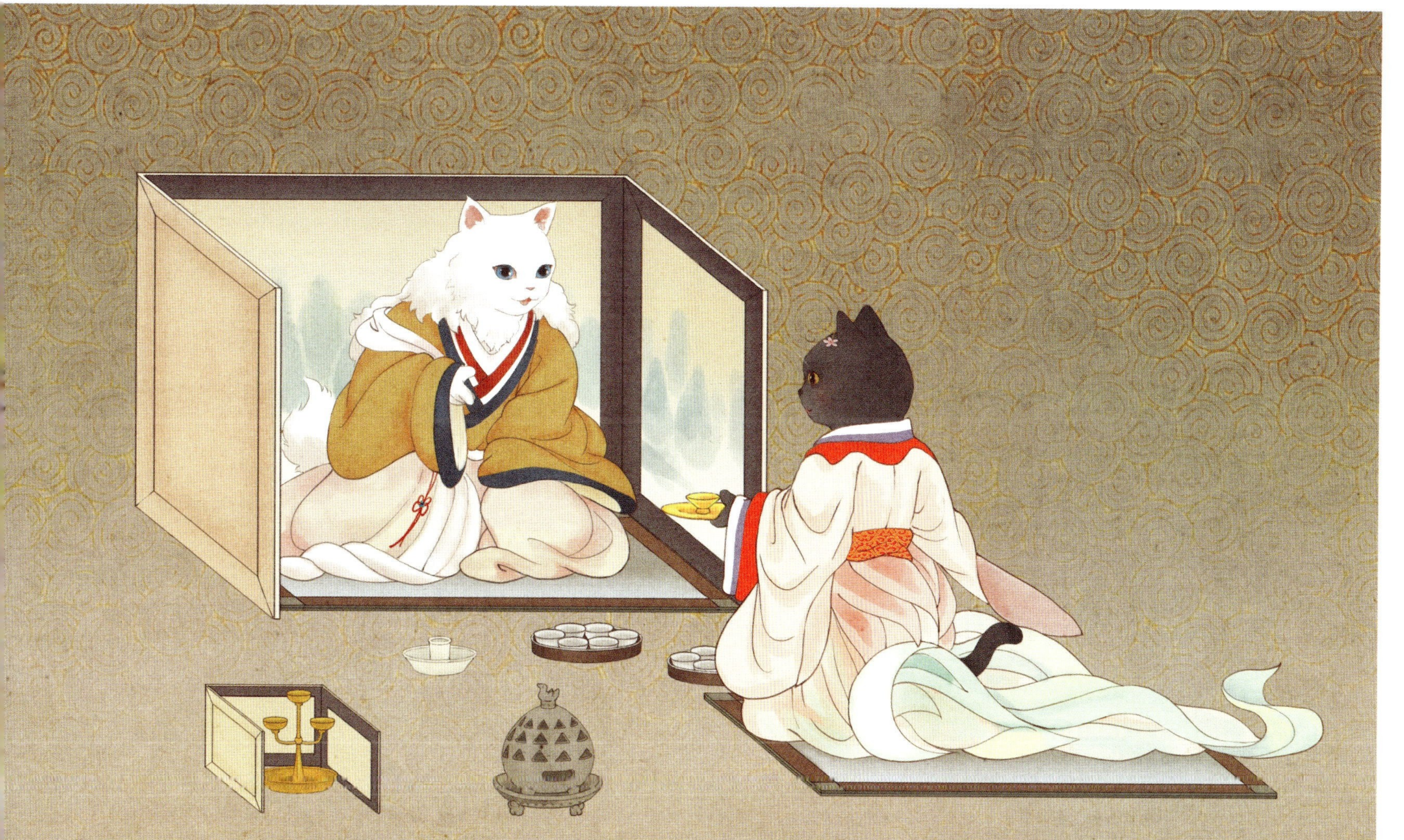

杉涼柁

塩毛毛

和小ム

岳家枪

钻入古画的观复猫

在《列女仁智图》中，观复博物馆的学术馆长蓝毛毛饰演主角卫灵公夫人，这种温婉贤良的角色十分适合毛毛。平时就和毛毛常住在一起的美男子和小幺饰演卫灵公，以高颜值出演一次国君。

由于运用了"异时同图"构图法，原画上另外两个人都是蘧伯玉，这个角色当然非"异父异母的亲兄弟"——杨家枪和岳家枪莫属，因为没有别的猫比它们更像彼此了。

"灵公夫人"这个故事传达出的知人善用、任人唯贤的道理，观复猫演绎得还不错吧！

观复猫

GUANFUMAOSHUOWENHUA

说文化

青釉球形熊足飞鸟镂空熏炉
西晋　观复博物馆藏

西晋时期，南方的青瓷制作水平得到了极大提高，能够较好地利用还原焰的烧制技术。此时期烧制的青釉大多色彩稳定，胎质细腻，装饰手法也趋于多样，除贴塑、镂空等装饰手法外，壶、罐、尊、洗等器物的肩部和口沿处多用装饰带，大多饰以细密的几何图案。

此件青釉熏炉呈球形，带有三个熊形足，顶部有飞鸟装饰，炉体满布三角形镂空，下方开有大孔，底部有三足托盘支撑。其釉色均匀，造型独特。

贤大夫——蘧伯玉

被卫灵公夫人称为"贤大夫"的蘧伯玉，到底是何许人也呢？他又怎么称得上贤德呢？

蘧瑗，字伯玉，是春秋时期卫国的上大夫，因为人贤德而闻名于诸侯。他与孔子亦师亦友，是孔子尊敬和称颂的君子。《论语》记载，子曰："……君子哉蘧伯玉！邦有道，则仕；邦无道，则可卷而怀之。"这段话的意思是说：蘧伯玉是君子啊！国家政治清明时，他就出来做官；国家政治黑暗时，就把自己的才能藏起来。

蘧伯玉被历代尊奉为"君子典范"，他的名言"耻独为君子"被千古传颂，意思是君子不应仅仅追求独善其身而不去教化世人。

银错金飞鸟异兽纹伞架

西汉　观复博物馆藏

原画中轺车上有伞架，支撑着车上伞盖。观复猫版画面将其换成了银错金飞鸟异兽纹伞架。这个伞架由金属制成，笔直坚固，可承受较大重量。伞柄表面做工繁复、精美细致，以银错金工艺打造出飞鸟与异兽的图案极其华丽，为汉代贵族所用。

轺车

"蘧伯玉"所驾的车子有着双曲辕，车厢上有盖，用一匹马拉着。在汉画像石、砖和墓室壁画里，这是最常见的一种车式，名叫"轺车"。

一般来说，轺车由车轮、车轴、车舆和伞盖等组成，而且车在组装完成后涂漆，即所谓"鞔之以革而漆之"。车的双辕前伸仰曲，车舆通畅并且四周有围栏，舆轵中插有伞盖，可收可放，既可遮雨，也是威仪的象征。单马牵引的叫"轺车"，双马牵引的叫"轺传"，三马牵引则称"骖驾"，一般为汉代官吏乘坐，具有严格的级别限制。

鸭头形金节约（对）

战国　观复博物馆藏

提到"节约"一词，我们最先想到的是"节省、俭约"的意思。

其实最初的"节约"是古代马具上的一种圆形配件，常用于马辔头上作为装饰物。马具"节约"在商代晚期就已经开始铸造使用，形制通常比较小，放在马的头部位置，作为颊带、项带、咽带、鼻带和额带的连接点，就像我们今天腰带上的扣子一般。

此对黄金节约主体部分为鸭头形状，两侧衔接成半圆形，满足配件作用之余丰富了装饰效果。鸭头浑圆，头顶两侧錾刻出两只圆圆的眼睛。鸭嘴被夸张表现成铲状并微微上翻，其上对称錾刻出 S 形花纹，简单却生动。

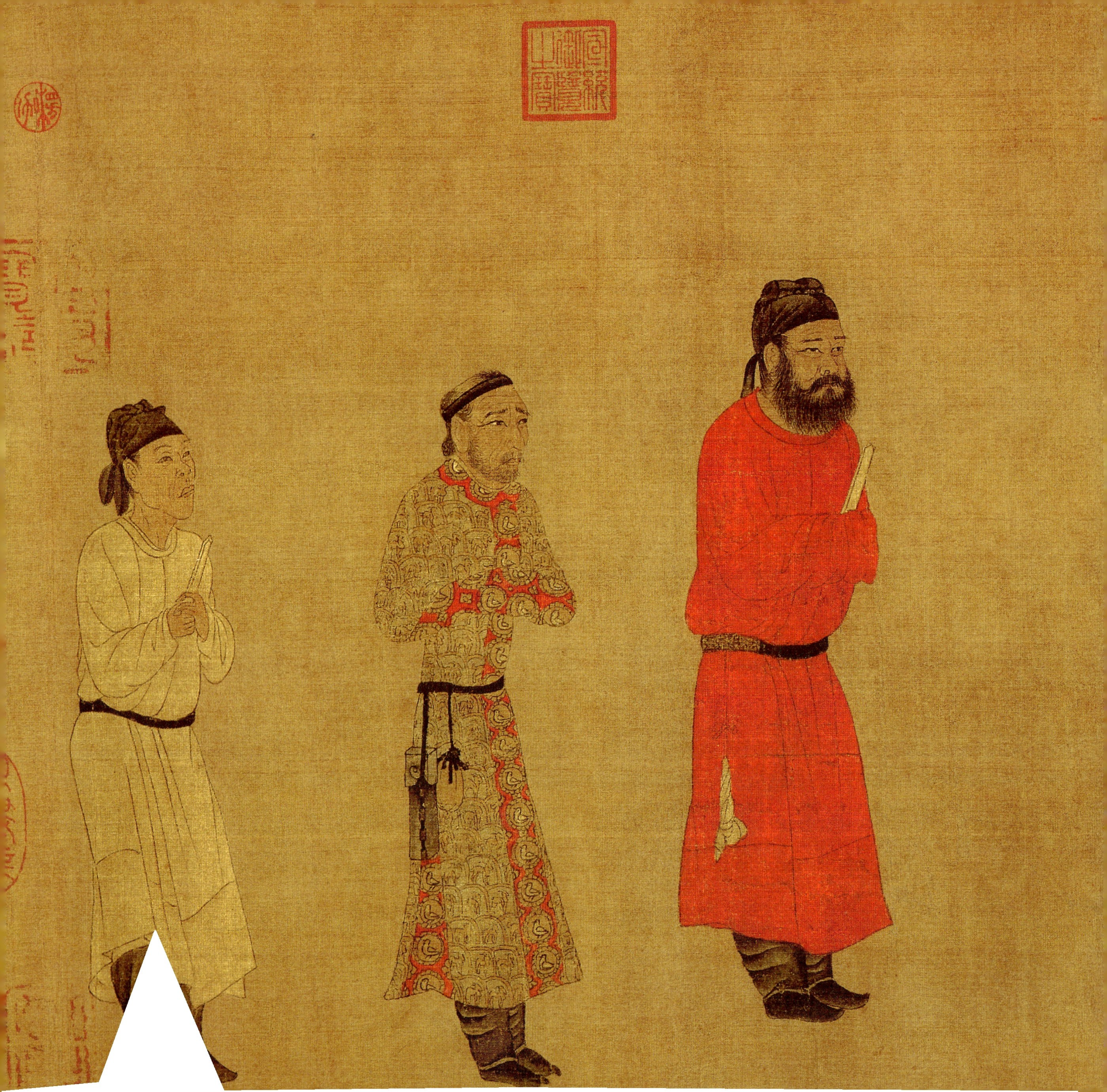

步辇图

一场传奇婚姻的前奏

古画
GUHUACHUANQI
传奇

坎坷求亲路

1300多年前，大唐贞观十五年（641年），唐太宗李世民接见了一位特殊的客人——来自吐蕃的使者禄东赞。禄东赞出使的目的很重大，为吐蕃赞普松赞干布求娶一位大唐公主。

求亲，多么美好的一次会面呀！但谁知道这次会面的背后，有着很多磕磕绊绊的往事。原来，从贞观八年（634年）开始，吐蕃赞普松赞干布就开始向强大的大唐求亲了，希望能缔结婚姻，稳固自己的政权。没想到，他的两次求亲都被大唐拒绝了。松赞干布沉不住气了，于是发兵进攻大唐，意图以武力施压。在唐太宗看来，这跟一个要不到糖吃就撒泼打滚的熊孩子没两样。碰到这样的熊孩子怎么办？揍一顿呗！于是唐军反击，大败吐蕃军队。

打输的松赞干布终于服了，他再一次派禄东赞去长安求亲。而这次，唐太宗终于同意。《步辇图》所画的正是唐太宗与禄东赞见面的时刻。可以看出这是一个轻松随意的场景，没有设在庄严肃穆的朝堂之上。也许是大唐与吐蕃结姻亲之好，这样的见面更显亲近之意。这次见面的结果大家都知道了：大唐文成公主下嫁吐蕃松赞干布，同时带去了和平与文化。

《旧唐书·吐蕃传》中记载了文成公主出嫁："贞观十五年，太宗以文成公主妻之，令礼部尚书、江夏郡王道宗主婚，持节送公主于吐蕃。弄赞率其部兵次柏海，亲迎于河源。见道宗，执子婿之礼甚恭……及与公主归国，谓所亲曰：'我父祖未有通婚上国者，今我得尚大唐公主，为幸实多。当为公主筑一城，以夸示后代。'遂筑城邑，立栋宇以居处焉。"

松赞干布亲自出行迎接文成公主，对送嫁主婚的宗亲李道宗行女婿的礼节，显得十分尊重公主。据说布达拉宫最初就是松赞干布为文成公主所修建，今天入内参观，还能看到文成公主入藏、松赞干布率众迎接的精美壁画。

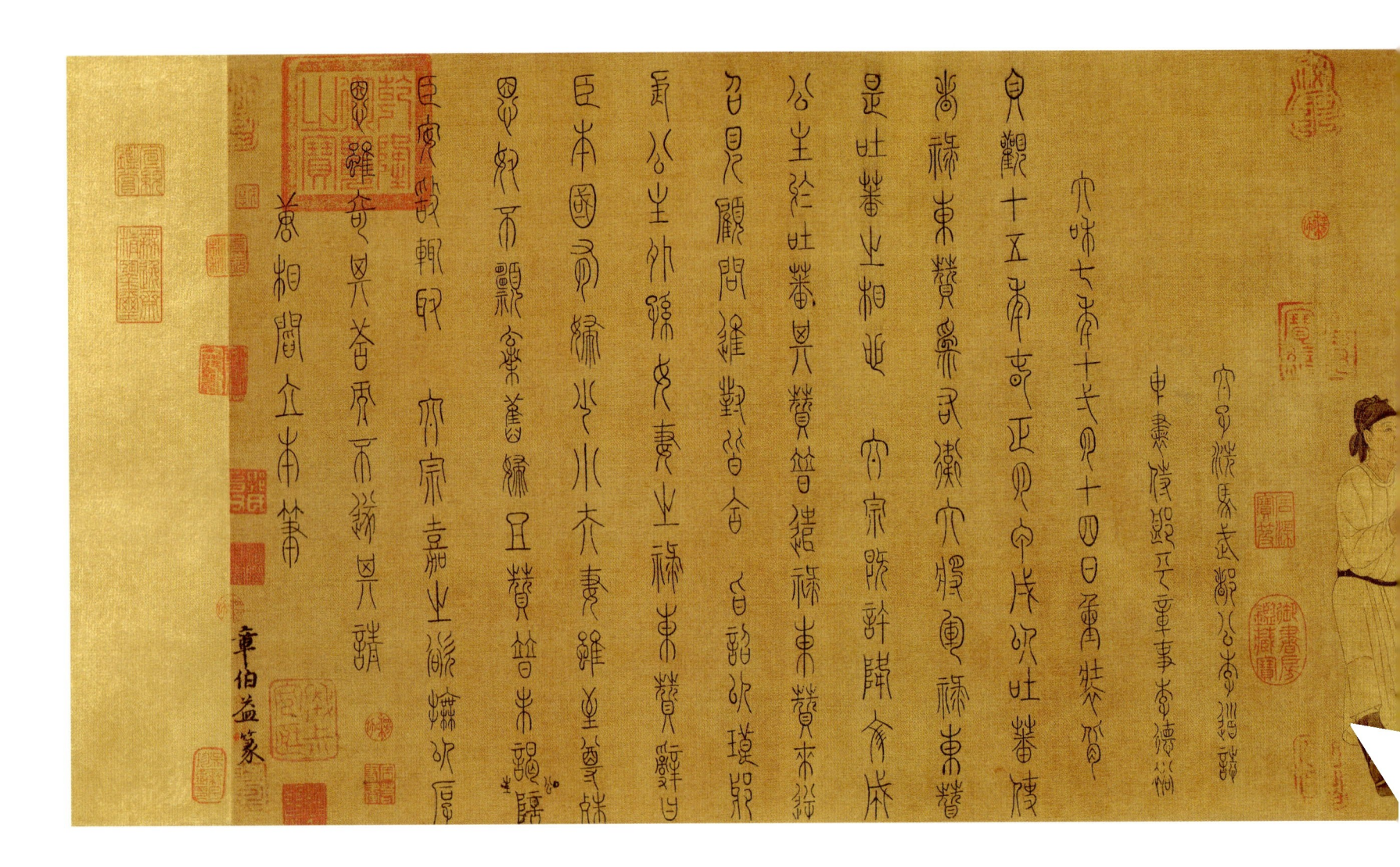

远嫁公主

在藏族的历史文献和民间传说中，将松赞干布和文成公主的姻缘描述得浪漫而神奇，其中流传较为广泛的一个故事如下。大唐的文成公主美丽而富有才情，周边五个蕃国同时来求亲，一女难嫁五国，于是唐太宗设下种种难题。最终吐蕃使者凭借聪明才智解开了所有题目，赢得胜利，为松赞干布娶得公主。文成公主嫁到吐蕃时，携带了丰厚的嫁妆，除去金银绸缎等物，还有大量涉及农业、文学、医药、佛教等方面的图书，甚至还有植物种子，为吐蕃的文化、艺术、民生等起到巨大的推动作用。

更为神奇的说法是松赞干布和文成公主身上都有佛教

《步辇图》 唐代 故宫博物院藏

光环：松赞干布是观世音菩萨的化身，文成公主则是绿度母的化身。文成公主不但才貌双全，还不时显露神通，在信奉佛教的吐蕃民众心中地位很高。

那么，历史上的文成公主真是这样吗？实际上，文成公主并不是唐太宗的女儿，而是得到"公主"封号的一位宗室女子。在大唐王朝决定和吐蕃联姻的时候，她在众多宗室女中被选出远嫁。古代女子婚嫁多不自由，皇室宗亲更是如此，对从小生活在锦绣堆里的文成公主来说，远嫁吐蕃并非心中所愿。然而皇命难违，最终文成公主还是远嫁"和蕃"了，也很好地完成了自己的使命。积极生活，不陨落于命运安排，还能凭借自身魅力赢得民众的心——抛开传说部分，历史上的文成公主确实值得尊敬。

阎立本笔下的历史人物

《步辇图》收藏在故宫博物院,绢本设色,纵38.5厘米,横129厘米,作者是唐代著名画家阎立本。阎立本出生于贵族家庭,历经隋唐两代,其父兄亦有才名。早在李世民还是秦王的时代,阎立本就追随其左右,贞观年间绘制了"昭陵六骏"和"凌烟阁功臣像",后官至丞相。他画的人物生动逼真,服饰细致入微,让我们从《步辇图》中欣赏一二吧。

唐太宗面容和蔼,头戴黑纱幞头,穿着黄色圆领长袍,乌皮六合靴,盘膝坐在步辇之上。画中9名侍女穿着交领窄袖襦,肩披纱帛,束胸长裙,裙内穿条纹长裤,脚上穿红色便靴。侍女们都青春年少,身材苗条,面容姣美。

原画中负责接引使者的礼仪官员戴幞头,身着红色圆领长袍,黑色靴子,手中执笏,腰中悬挂唐代官员象征身份官位的"帛鱼"。负责翻译吐蕃语言的译官最年轻,官位也最低,戴幞头,身着白色圆领长袍,手中执笏。

画中服饰最为华丽的是吐蕃使者禄东赞。他以长巾束发,身着圆领团花锦袍,腰间挂着装杂物用的帛囊和算袋,符合游牧民族随身携带工具的习俗。锦袍上的图案分为两种:一种是联珠纹内飞鸟;一种是鱼鳞纹内羊或驼,一禽一兽,一天一地,凸显游牧民族特色。此袍应为朱碧相间,可以想象初画成时的艳丽夺目。

智商情商双高的禄东赞

禄东赞是个情商极高的人,他面对唐太宗时,恭敬有礼,不卑不亢,应答的每一句话都合天子之意。唐太宗很欣赏他,假装没看见禄东赞满脸皱纹,要把琅琊长公主的外孙女嫁给他。这要是换成别人,马上得磕头谢恩,娶了如花似玉的小姑娘,而且从此和大唐皇帝成了亲戚,天上掉馅饼啊!

可禄东赞怎么回答呢?史籍记载他是这么说的:"我年轻时就已经在吐蕃娶了老婆,虽然您家的姑娘无比尊贵,可我不愿意抛弃糟糠之妻。再说,我是代替吐蕃的老大求亲的,现在老大还没娶到媳妇,我倒先娶一个,不像话啊!"

听听,禄东赞几句话,一个对婚姻忠诚、对主君忠诚的好男人形象拔地而起,唐太宗听了马上又嘉奖了他。之后这话传到松赞干布耳朵里,肯定感动极了,更大的奖赏和重用少不了。

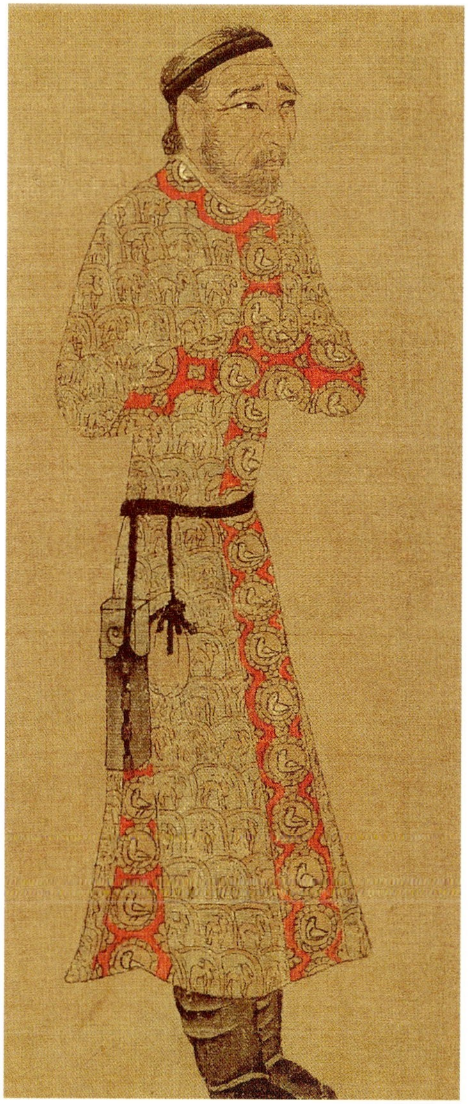

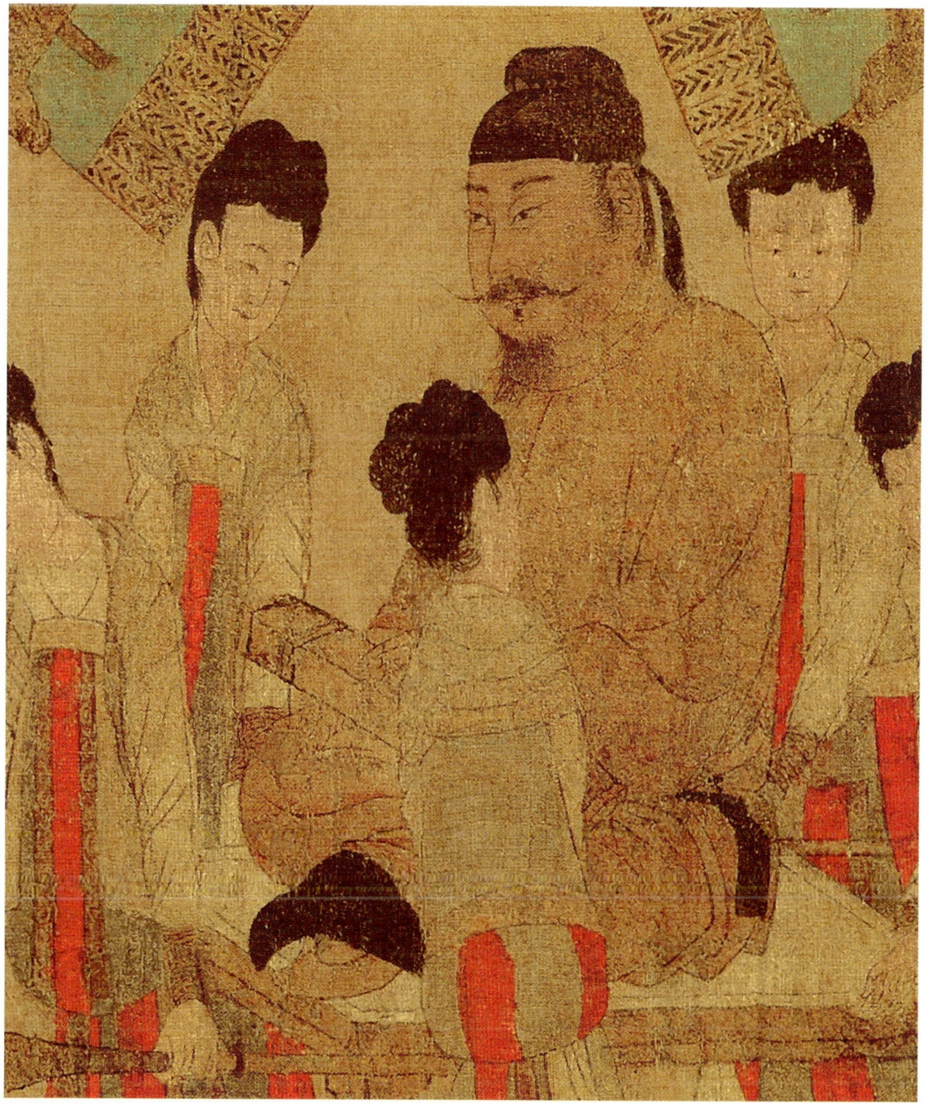

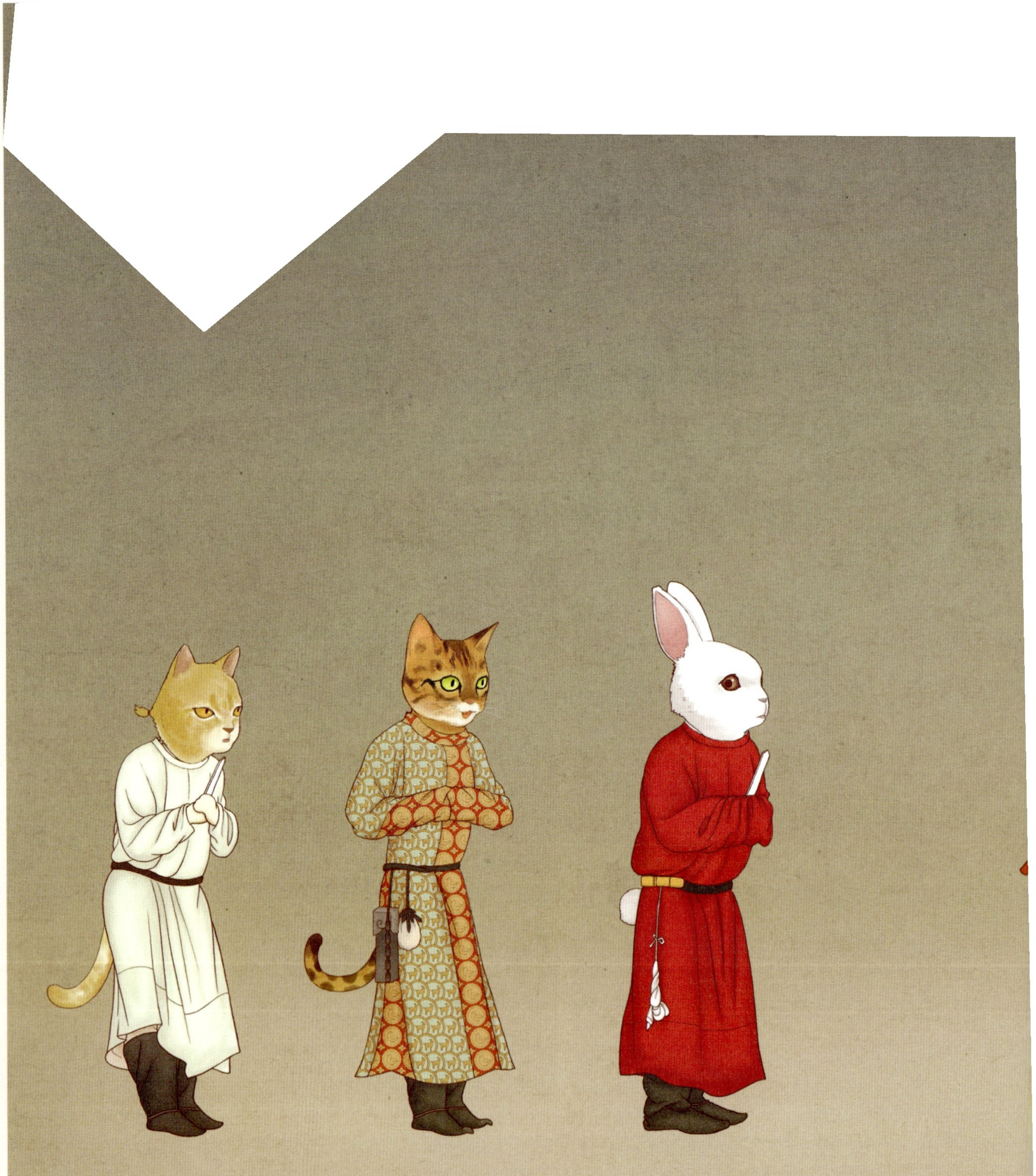

观复猫 《步辇图》

布能豹

金胖胖

钻入古画的观复猫

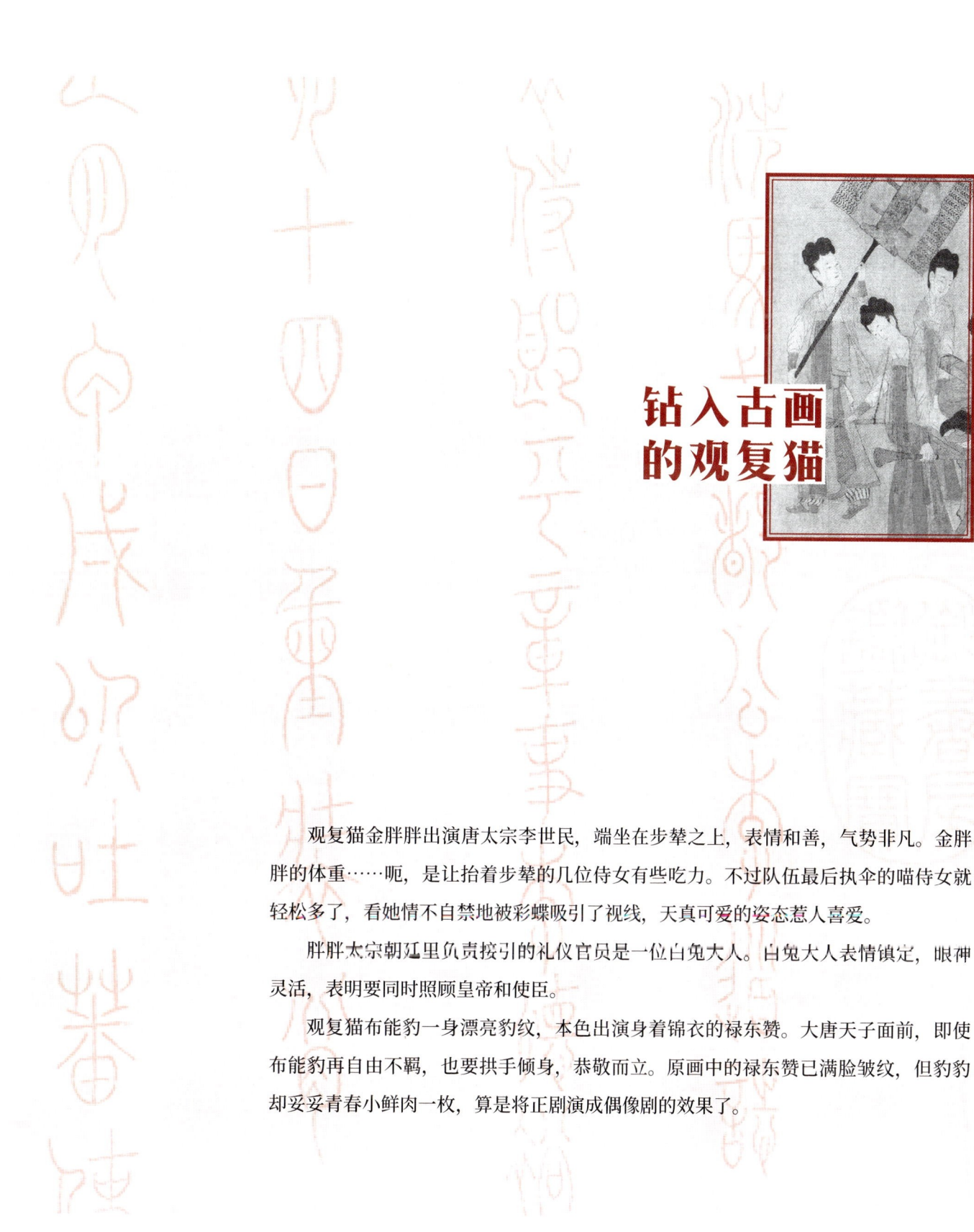

观复猫金胖胖出演唐太宗李世民，端坐在步辇之上，表情和善，气势非凡。金胖胖的体重……呃，是让抬着步辇的几位侍女有些吃力。不过队伍最后执伞的喵侍女就轻松多了，看她情不自禁地被彩蝶吸引了视线，天真可爱的姿态惹人喜爱。

胖胖太宗朝廷里负责接引的礼仪官员是一位白兔大人。白兔大人表情镇定，眼神灵活，表明要同时照顾皇帝和使臣。

观复猫布能豹一身漂亮豹纹，本色出演身着锦衣的禄东赞。大唐天子面前，即使布能豹再自由不羁，也要拱手倾身，恭敬而立。原画中的禄东赞已满脸皱纹，但豹豹却妥妥青春小鲜肉一枚，算是将正剧演成偶像剧的效果了。

观复猫说文化

GUANFUMAOSHUOWENHUA

帛囊、算袋

古人用帛制作束口囊袋，用皮革、金属制作方形"算袋"，将两者挂在腰侧，用于盛装各类随身杂物。

笏板

笏板用玉、竹、象牙制成。古时臣子在上面书写文字，相当于备忘录。

帛鱼

唐代官员按品级不同，腰间佩戴金、银、铜制作的鱼作为饰物凭信。唐初有"结帛为鱼形"的制度，即用帛制成鱼形悬挂腰间，称为"帛鱼"。

仪仗（执扇和伞盖）

画中有两名侍女执扇，一名侍女执伞，组成了一个简单的仪仗队伍。

扇子已有三四千年的历史。晋人崔豹在《古今注》中提到的"舜作五明扇""殷高宗有雉尾扇"，指出古时有一种长柄大扇，为帝王或王后障风蔽日所用，逐渐演变为日后的"仪仗扇"。仪仗扇在唐代得到进一步的完善和发展，政治功用愈加明显。

中国是最早使用伞的国家，最初可见使用于车上，如秦始皇陵出土的铜马车上有一伞形"盖"。至汉代礼制完备，伞不但可遮风蔽日，更是权力的象征，庶人不可使用。盛唐时期，为显示帝王威严，一把具有气势的大伞必不可少。

錾花鸂鶒花卉纹带盖金执壶

唐代　观复博物馆藏

观复猫版的《步辇图》中有一位喵侍女，捧着一把金灿灿的执壶。此壶纯金打造，盖呈宝顶式，莲花形纽。壶纽与把手通过细链连接，防止掉落。壶型饱满端正。壶身錾刻鸂鶒穿花纹饰。鸂鶒两两一组穿行花间，相互顾盼，精细微妙，展现出唐代鼎盛时期极高的金属工艺制作水平。

鸂鶒羽毛色彩美丽，常常成双成对出现，自古被视为爱情的象征。喵侍女为唐太宗胖胖和禄东赞豹豹的会面奉上此壶，象征着大唐与吐蕃即将发生婚嫁喜事。

步辇

　　身为帝王，排场很重要。帝王乘坐的代步工具称为"辇"，步辇算是最方便简单的一种。步辇被抬起时，高度只及腰部，所以又称为"腰舆"。步辇的形制一般比较宽大，没有顶盖，用绳索分别系住前后杠头，抬时将绳索挂在颈上。原画中共有六名侍女负责步辇，其中前后两人力气最大，负责抬辇，另有四人分列左右，用手扶辇，保持平衡。

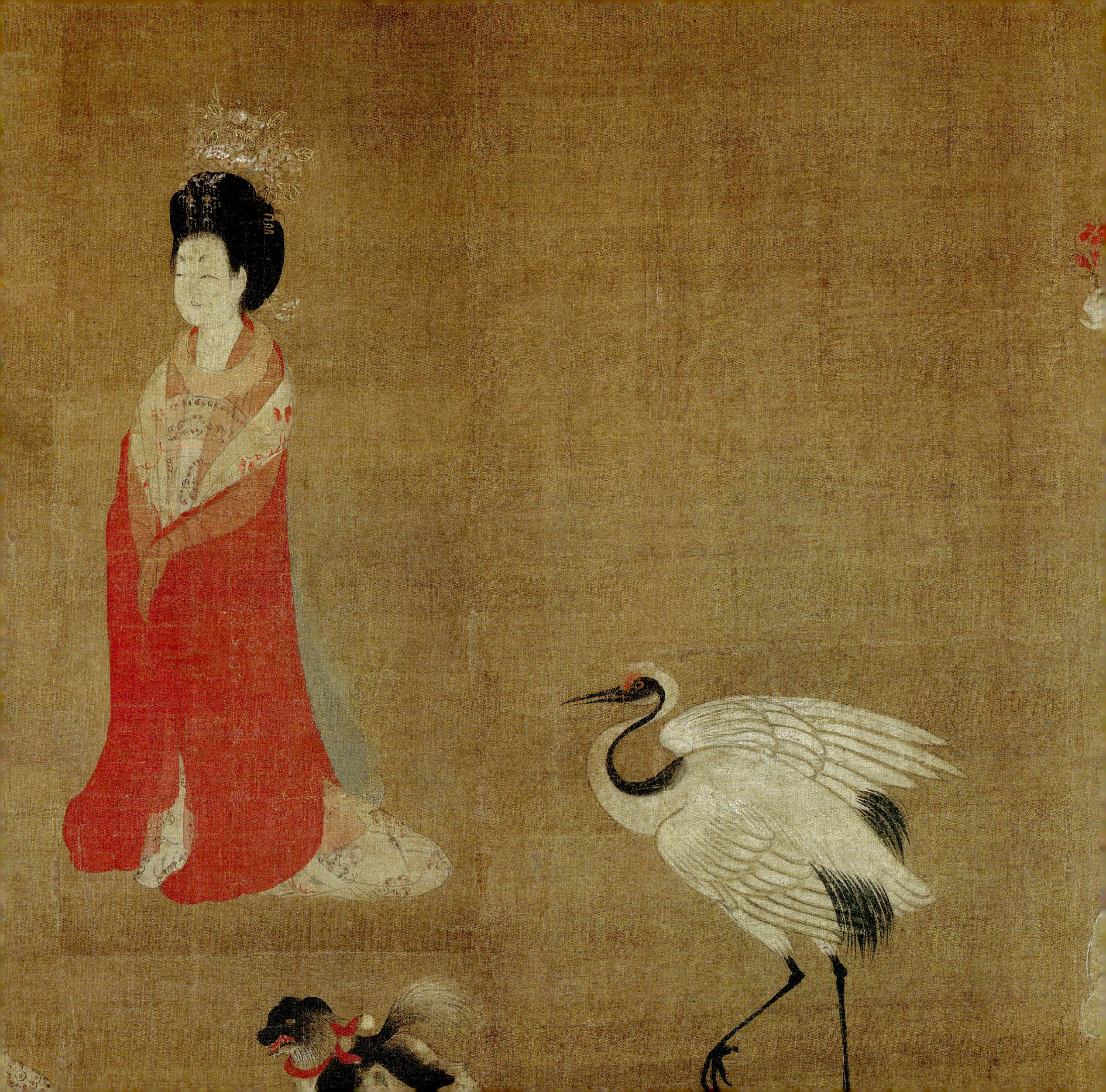

簪花仕女图

大唐红颜的美好生活

古画传奇

GUHUACHUANQI

寂寞长亭空欲晚，宫中戏犬寄悠闲

受开放包容与奢华大气的社会环境影响，唐代的仕女画别具一格。此时期的仕女画逐渐打破之前封建礼教的束缚，带有说教意味的烈女节妇形象渐渐被展现现实生活的贵族妇女形象取代。

画家周昉，享有"画仕女，为古今冠绝"的美誉。《簪花仕女图》是其仕女画创作中的经典——春夏时节，牡丹花开，庭院幽静深远，五位盛装贵妇以及一位执扇侍女依次出场，散步、戏犬、拈花、赏鹤，真实地为我们再现了当时的生活场景。

《簪花仕女图》，现藏于辽宁省博物馆，绢本设色，横182厘米，纵46.4厘米。

徐徐展开画卷，第一段为我们展现的是一位贵妇正在戏犬。她身材婀娜多姿，穿着红色的长裙，薄纱外衫，肌肤的质感若隐若现，看起来雍容华贵；头上高大乌黑的发髻插着金钗、花叶步摇和一朵盛放的牡丹，面庞圆润，眉眼含情。只见她右手轻挑披帛，左手握着拂尘，身体微微倾侧，逗玩着一只向她奔跑而来的小狗。

旁边另一位贵妇的高大发髻上同样插有金步摇和折枝花卉，妆容精致、身材饱满。她穿着朱红色团花裹胸长裙，身披白色纱质外衫，肩搭鸾鸟纹紫色披帛，正面向戏犬的贵妇，二人形成有趣的呼应。

画面上陪同两位贵妇游戏的这种小狗，古时称"拂菻犬"，据《旧唐书·高昌传》载："（高昌王）又献狗，雌雄各一，高六寸，长尺余，性甚慧，能曳马衔烛，云本出拂菻国。中国有拂菻狗，自此始也。"拂菻国古时称大秦，也就是我们熟知的东罗马帝国。

关于拂菻犬最有名的故事当属一次"搅局"事件：话说有一天，唐明皇与亲王下棋，眼看就要输了。杨贵妃见状，放出怀中"康国猧子"，搅乱了棋局，避免皇帝尴尬。这一举动令唐明皇龙颜大悦，这便是著名的"康猧乱局"典故。猧，指小狗。学界专家认为拂菻犬就是康国猧子，可见在唐明皇时期，拂菻犬便已是宫廷有名的宠物。

风吹仙袂飘飘举，犹似霓裳羽衣舞

画面中心的一位贵妇，发髻上簪着一朵荷花，身穿红色齐胸长裙，外披带有白色花纹的轻衫，紫红色花卉纹披帛，手拈花枝、闲适安逸。贵妇右侧随侍一名双髻侍女，身着红色裙衫，手执牡丹纹长扇，姿态和顺。依照中国古画中"主大仆小"的原则，侍女比前方的贵妇小了两圈，二人显现出截然不同的身份对比。贵妇左侧，则有一只丹顶鹤正在悠闲地散步，看上去华丽而优雅。

画卷再往右是一位站在远处的贵妇，看上去十分娇小，但衣着服饰却异常华丽，发髻上同样插满钗环步摇和硕大的花团，颈间戴着金项圈，身着朱红色披风，内穿团花长裙，

外披饰有红花的白色披帛，双手合拢，神情平和。

画作最后是一片盛开的辛夷花，旁边的贵妇娉娉而立，体态丰腴，红色的长裙上布满团花纹饰，宽大的轻衫外披于肩，臂上搭着仙鹤纹披帛。她手拈一只蝴蝶，上身微转，低头注视着旁边的小狗和缓步而来的白鹤。回首之间，展现着唐朝女子的娴雅优美、丰腴妖娆。

画中的几名女子几乎都内穿齐胸长裙、身披轻纱衣衫、外搭精致披帛。这样繁复华丽的装扮在唐代非常有代表性。唐代衣裙的款式，从初唐到盛唐有一个从窄小到宽松的演变过程。仕女们穿的裙子皆为半露胸款式，这样的衣裙装束足以反映出盛唐时期开放奢靡的社会风尚，让我们看到唐代妇女身上洋溢着的自信之美。

《簪花仕女图》 唐代 辽宁省博物馆藏

090

却嫌脂粉污颜色，淡扫蛾眉朝至尊

画面中几位女子的眉毛看上去很特别，她们将原本的眉毛剃去，画成一对倒八字形的蝶翅小眉。中国古代女子化妆时很少修饰眼妆，却十分重视对眉形的修饰，各种文献中对眉毛的妆饰手法、形状、颜色记载非常多。"虢国夫人承主恩，平明骑马入宫门。却嫌粉黛污颜色，淡扫蛾眉朝至尊。"自恃美丽的虢国夫人不施粉黛，却也要画好眉毛，足见画眉在唐代的重要地位。

唐代眉妆样式众多，各领风骚，比如细长像蚕蛾触须的称为"蛾眉"，宽阔的称为"广眉"。宋人陶穀在《清异录》里总结说："五代宫中画开元御爱眉、小山眉、五岳眉、垂珠眉、月棱眉、分梢眉、涵烟眉。"可以看到五代时期还在延续着盛唐的眉形，然而被记录下来的仅为冰山一角。古时女子画眉，通常先将自己原有的眉毛剃掉，然后用画眉专用青黑色颜料来描画，名为"黛眉"。

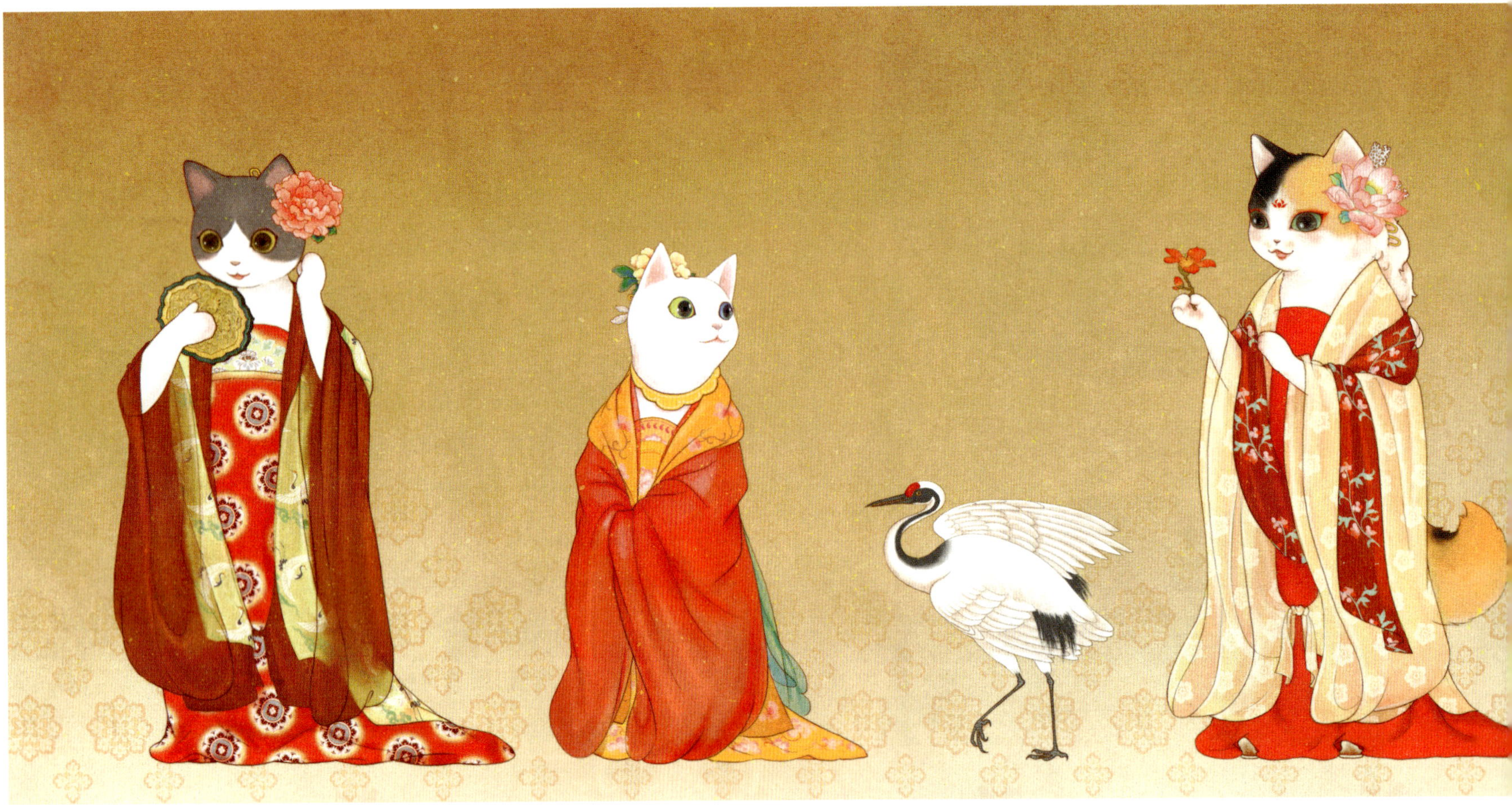

观复猫 《簪花仕女图》

苏三三　　　　　　　　　黄仓仓

杨玉环　　　　　　　　　谢鸳鸯

黄小仙

云朵朵

钻入古画的观复猫

追赶流行的小心机可不是现代人才有的，在贵气逼人的大唐盛世，女子头上戴一朵大牡丹花也算是当时的一种流行趋势。高髻簪花、晕淡眉目、丰腴体态、服饰华美，如此一幅大唐盛世下的贵妇图，观复猫又应该如何演绎呢？必须要足够大气，足够美丽！

最先出场的是苏三三，她正眉眼含笑地逗着脚边的小狗；旁边的黄枪枪也流露出对小狗的喜爱，一看就是生活安逸又富有情趣。画面中央是观复猫中最具贵妃做派的杨玉环，身后跟着黄小仙演绎的文静秀美的执扇宫女。再往左侧是正在赏鹤的谢鸳鸯，她专心致志又略带矜持。压轴出场的小公主云朵朵手持铜镜，对镜簪花，浓妆华服，足以勾起人们对大唐盛世的向往。

"丽质天生难自捐，承欢侍宴酒为年。六宫粉黛三千众，三千宠爱一身专。"大唐盛世下的美人们，由内而外的自信无疑是她们最大的魅力。她们相信自己最美，便不必对谁卑躬屈膝。说来也巧，刚好喵星人不也是这样的吗？观复猫版的《簪花仕女图》，算是画对了！

观复猫

GUANFUMAOSHUOWENHUA

说文化

铜嵌金兽鸟纹菱花形镜
唐代　观复博物馆藏

在玻璃镜没有发明前，古人梳妆打扮靠的是铜镜。铜镜照容的正面要不时打磨，才能保持光洁明亮，而镜子背面常铸有纹饰。目前，我国发现最早的铜镜属新石器时代的齐家文化。铜镜在战国时期已很盛行，它没有现代用的玻璃镜清晰，所以照铜镜最好要在光线明亮的地方，因此《木兰辞》中写"当窗理云鬓，对镜贴花黄"。

云朵朵手中执铜镜，以菱花为外形，共计八角，青铜铸造。镜背嵌黄金，中间铸造一只伏坐瑞兽，四周环绕体形稍小的瑞兽飞鸟，姿态各异，其间饰以缠枝花卉图案，花枝弯曲多姿。做工精致，造型考究，为当时的精品。

银鎏金镂空交结花卉纹双片发簪
唐代　观复博物馆藏

簪是由"笄"发展而来的，单股，是古人用来固定发髻或将冠发连接在一起的首饰。在我国古代，男女都可以戴簪子。女子用簪，保持发髻不散，但更多是起到装饰作用。男子用簪，主要是维系发冠避免掉落。大家耳熟能详的《春望》一诗里的"白头搔更短，浑欲不胜簪"说的就是男子用簪。

杨玉环头上插戴的这支银鎏金发簪来自唐代，簪身细长扁平，簪尾处收窄，便于插入发髻。簪头处以镂空手法表现花卉纹，花瓣叠压，如编织花结般充满韵律感，细节十分饱满。簪头为双片，动则微颤有声，充满生活趣味。

披帛

披帛为古代服饰一种，通常以长条形轻薄纱罗制成，带有纹样，披搭在肩臂之间。隋唐时期的女服常用披帛，走路时飘逸摆动，优美好看。

玉鹦鹉

唐代　观复博物馆藏

　　鹦鹉用白玉制成，玉质温润。鹦鹉眉眼刻画清晰，双翅收拢，呈静卧侧视状，很是可爱。鹦鹉的肩部装饰有如意云纹，雕刻手法简洁，立体感很强。同时，喙部巧妙地雕刻出一圆环形状，可方便穿系。鹦鹉谐音"英武"，又善于学舌，全身羽毛颜色丰富，极具观赏性，在唐宋极为流行。

　　观复猫版的《簪花仕女图》中，这件玉鹦鹉幻化成一只真鹦鹉，羽毛炫目，飞舞游戏，深受猫仕女的喜爱。

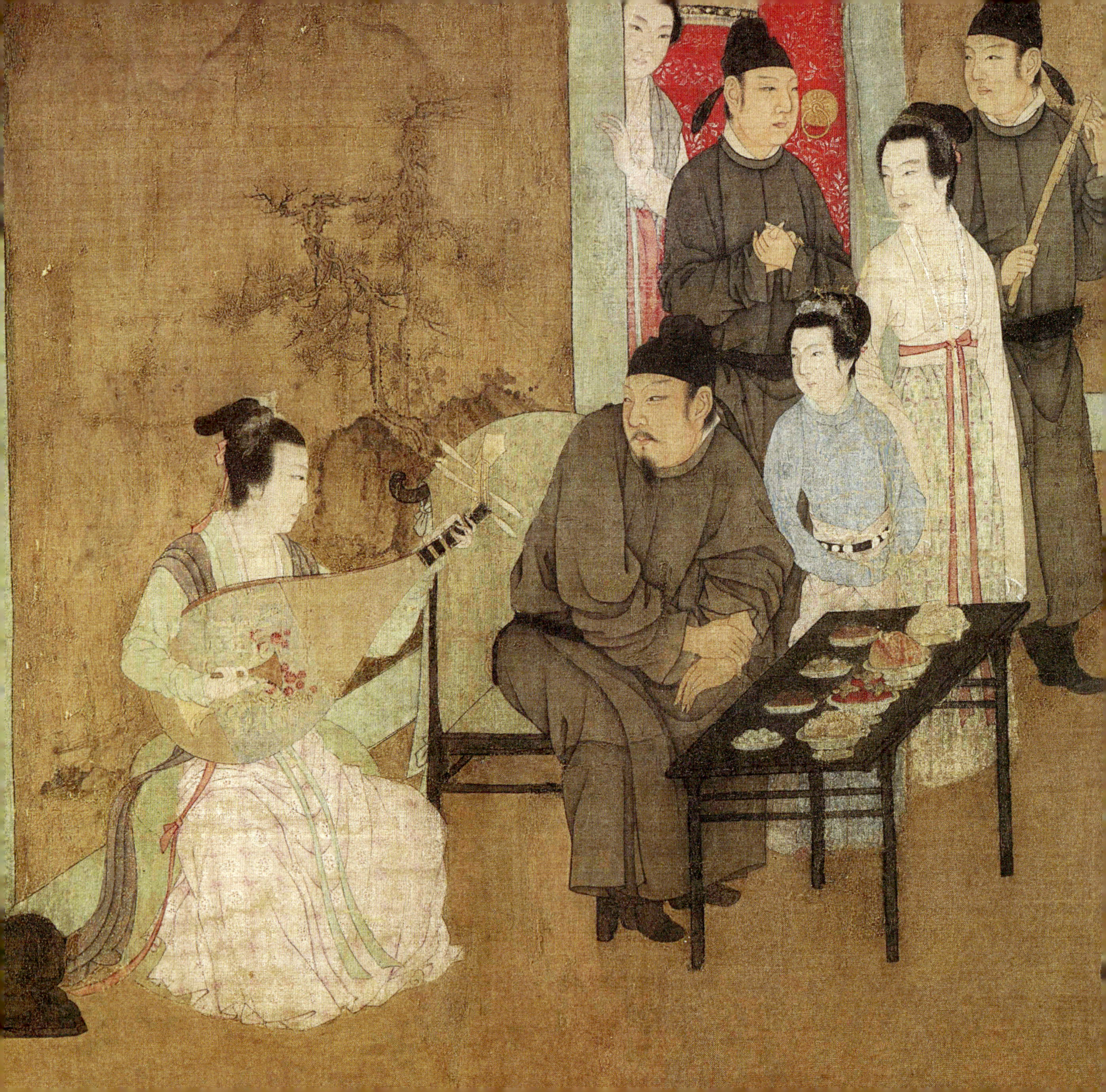

韩熙载夜宴图

逃命才子开夜宴，没落南唐唱挽歌

古画传奇

GUHUACHUANQI

小楼昨夜又东风，故国不堪回首月明中

　　五段既独立成章又互有关联的场景，46位人物，举手投足，雅韵深致；27件家具，桌、椅、案、几、柜、架、屏、榻，美器无所不包；18件乐器，琵琶、羯鼓、响板、笛、箫，八音克谐，一唱三叹……这不是一部现代歌舞剧的场景布局，这是距今一千多年，南唐一位文人的家中夜宴。

　　南唐画院待诏顾闳中将此夜宴描画于绢上，取名《韩熙载夜宴图》。韩熙载为何许人？宫廷画师奉谁的诏令以韩家夜宴入画？画卷背后隐匿何种玄机？看懂这幅画还要从一段南唐颠沛史说起。

　　955年，后周军队在世宗柴荣的率领下，起兵南下攻荼南唐，两年间南唐大部州县接连陷落。958年，后周水师布列长江口，南唐中主李璟为求苟安，将江北各州拱手献出，并愿自去帝号，请为附庸。此时的南唐如风雨飘摇中的一叶孤舟，在汪洋瀚海中做最后的挣扎。960年，后周殿前都点检赵匡胤陈桥兵变，篡周立宋。李璟为避祸患，仓皇迁都洪州（今江西南昌），不久便忧虑而死，时年46岁。

　　南唐的终结开始进入倒计时。961年，后主李煜继位。974年，宋太祖赵匡胤发兵南下。李煜虽不满而反抗，但这位拥有隽秀之貌和文雅之心的继位者，还是没能挽回南唐颓势。975年，李煜率众臣肉袒降于曹彬军门，遂被解往汴京（今河南开封）。

　　春花秋月何时了？往事知多少。
　　小楼昨夜又东风，故国不堪回首月明中。

　　雕栏玉砌应犹在，只是朱颜改。
　　问君能有几多愁？恰似一江春水向东流。

　　这首词是南唐后主李煜的《虞美人》，大概是沦为阶下囚的李后主最后的哀叹了。976年，赵光义太平兴国三年，李煜鸩亡于汴京，时年42岁。李煜的离世意味着南唐短暂38年的国祚彻底终结。

仆本江北人，今作江南客

潍州北海（今山东潍坊）人韩熙载，字叔言，后唐同光进士。其父韩光嗣原是军中统帅，后因得罪朝廷被杀，韩熙载被迫改扮成商人逃离中原，投奔吴国，踌躇满志的他曾立下豪言："江淮用吾为相，当长驱以定中原。"这种胆识和抱负被当时掌权者徐知诰，也就是日后成为南唐开国皇帝的李昪接纳。南唐烈祖李昪即位，韩熙载官至吏部侍郎，辅佐太子李璟。

中主李璟继位后，韩熙载渐受中主亲顾，出任太常博士，官至知制诰。性格刚正不阿的韩熙载，常与权臣发生摩擦，一度被贬外州。中主晚年，韩熙载官复原职。后周世宗攻袭淮南期间，李璟数次求和，均未得结果。求和未果的李璟决心北伐，于是派遣齐王李景达和监军使陈觉率军抵御周军。韩熙载审时度势，深知陈觉才略有限，若派此人统兵打仗，胜算渺茫，于是极力上疏反对陈觉率军北伐。李璟因害怕齐王李景达有篡位之心，故未采纳韩熙载直言劝谏。陈觉意在谋得兵权，最终导致大将临阵叛逃降敌，南唐落败的下场。无奈之下，南唐不得不向后周割让淮南十四州，并对后周纳贡称臣。

961年，后主李煜嗣位，南唐的党争愈演愈烈，朝政日趋混乱。一边是李后主对韩熙载的文采和政治才能颇为赏识，欲拜韩熙载为相。另一边是韩熙载预知南唐国势衰颓已成必然，于是终日纵情声色，不问政治。"颇闻其荒纵，然欲见樽俎灯烛间觥筹交错之态度不可得，乃命闳中夜至其第，窃窥之，目识心记，图绘以上之。"（《宣和画谱》）后主李煜听闻韩熙载"多好声妓，专为夜宴"，便派宫廷画师顾闳中、周文矩夜访韩宅，前去探看韩熙载究竟是否值得重用。这也是《韩熙载夜宴图》诞生的缘由。

作为南唐颇负盛名的三朝元老，韩熙载见证了南唐三帝的政治韬略，也看清了南唐覆灭的结局。

075

《韩熙载夜宴图》 五代 故宫博物院藏

清夜开乐宴，行歌送流年

现藏故宫博物院，绢本设色的《韩熙载夜宴图》，纵28.7厘米，横335.5厘米。全卷以一位观者的视角，细致入微地描绘了弹丝静听、击鼓观舞、漫谈休歇、清吹听曲、宴散送客的场景，生动再现了韩熙载夜宴宾客的全过程，颇具写实感。全卷以不同形制的屏风、坐具，按时间顺序，将夜宴划分为五幕。

第一幕，听乐。夜幕之下，随着一曲琵琶、檀板的合奏，夜宴的主要宾客一一登场：踟跌坐于榻上，身着皂袍，头戴高帽的长髯者，便是夜宴的主人韩熙载。同坐于榻上，身着一袭红袍者为状元郎粲，随后书法家朱铣、太常博士陈致雍、门生舒雅、家伎王屋山等依次列座，一同倾听教坊副使李嘉明与其妹李姬的琵琶、檀板合奏。

第二幕，观舞。琵琶曲终，主人韩熙载率众宾客移步一敞厅，观赏他最宠爱的家伎王屋山表演的"六幺舞"。韩熙载亲自击羯鼓，为舞蹈助兴。

第三幕，歇息。演乐暂停，宾客各自休歇。韩熙载不拘礼节，与众家伎同坐于床榻之上，接过侍女端来的水盆，一边净手，一边漫谈。

第四幕，清吹。五位乐伎排坐中央，吹奏筚篥、笛子、箫，分坐一旁的李嘉明轻敲檀板，竹木之声顿挫悠扬。褪

去外袍，仅着内服的韩熙载，手执摇扇袒胸盘坐在禅椅上，一边与家伎交谈，一边听曲。

第五幕，宴散。夜宴落幕，众人散去。韩熙载侧立一旁，注目送别，任由意犹未尽的客人与家伎相携调笑。

画面中的五幕场景既独立成章，又互相联结，叙事也随着画中人物的神情、姿态，有起有落、张弛有度。整幅画卷以"墨随色变"的工笔细绘，兼具瑰丽多变的色彩表达，堪称中国绘画史上的扛鼎之作。

奉唐后主诏令潜入韩府参加夜宴的画师顾闳中，极尽用笔之能事，从姿态到神情，对参与夜宴的人物做了细微的描画。风姿绰约的歌舞乐伎王屋山举手投足间，眉目留情；持重拘谨的明德和尚眉头紧锁，持叉手礼；俊朗秀美的门生舒雅能言善辩，洒脱不羁；还有教坊副使李嘉明注视其妹李姬时流露出来的拳拳怜爱之情……各式情感交织于繁杂的夜宴场景之中。与周围人形成强烈对比的竟是夜宴主人韩熙载，无论是为宠伎王屋山击鼓助兴，还是敞胸露怀与他人交谈，韩熙载的脸上始终保有一种落寞和忧郁的神情。这种默然寡欢的神情与终日纵情、夜夜笙歌的行为形成一种强烈的反差。这种反差是韩熙载对南唐走向末路的预言和逃避。

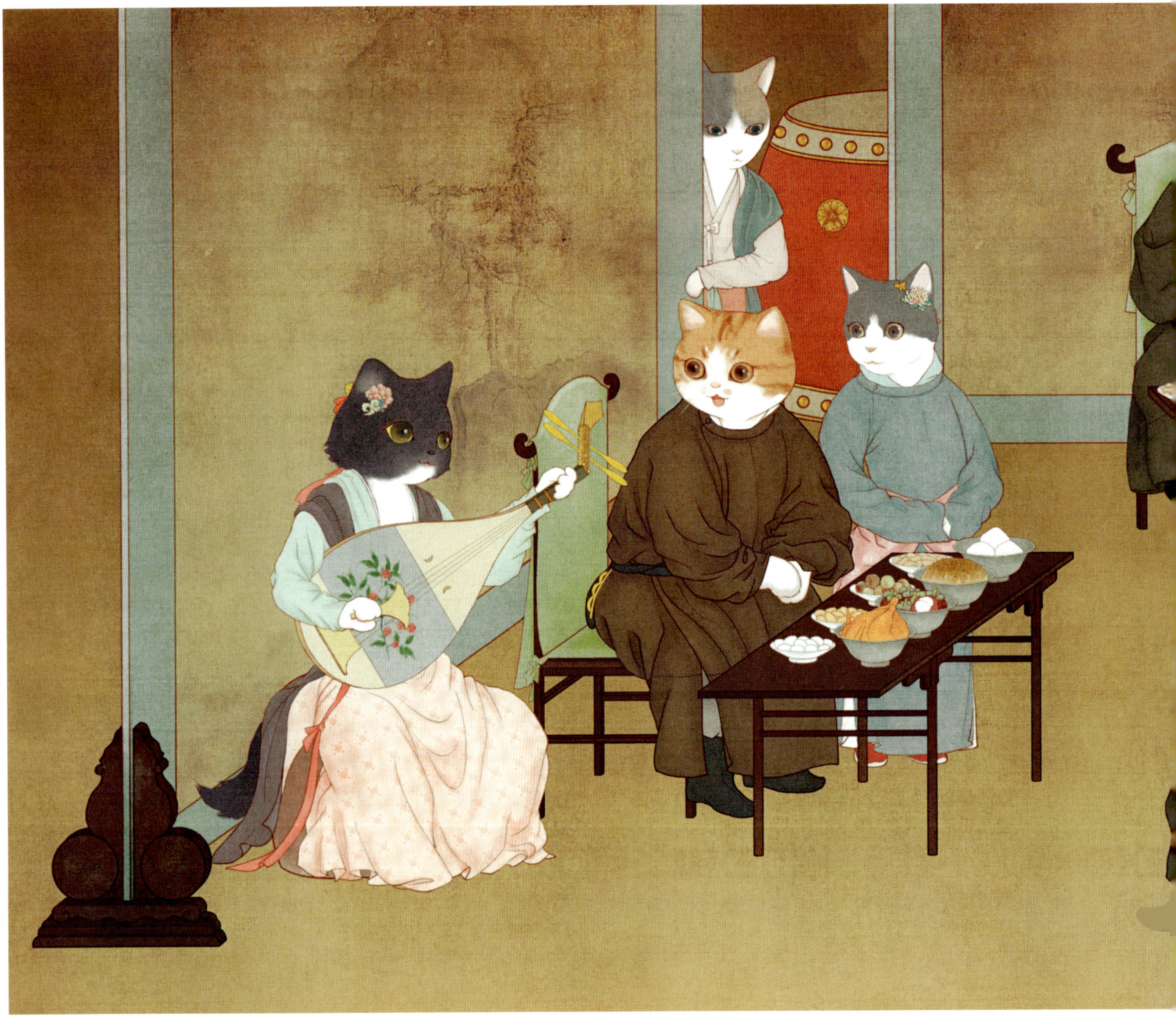

观复猫 《韩熙载夜宴图》

孟大咖

李对称

钻入古画的观复猫

段花花

有人说这是一部谍战大戏，韩熙载对中主寒心，对后主无望，明知南唐气数将尽，所以不愿出仕，故而演绎出这幅不问世事、夜夜笙歌的图景。于是，观复猫版《韩熙载夜宴图》在选角时注重体现人物心境——一个如此心事重重的角色，交给经常一脸严肃的孟大咖简直再合适不过。

观复猫所演绎的是"听曲"一幅，孟大咖饰演的韩熙载盘坐榻上，旁边的段花花身着一袭红袍，饰演风度翩翩的南唐状元郎粲。平时就端庄优雅的李对称这次抱起了琵琶，饰演教坊副使李嘉明的妹妹李姬，不知对称弹奏的哪首曲子令在场的各位如此痴迷，有喵轻击节拍，有喵敛声屏气，还听呆了席上的一位汪星人。希望音乐的慰藉能令韩熙载暂时忘却心中的愁闷，思悠悠，恨悠悠，万千愁绪付水流。

观复猫

GUANFUMAOSHUOWENHUA

说文化

琵琶

琵琶是中国古老的弹弦乐器,《释名·释乐器》曰:"批把,本出于胡中,马上所鼓也。"可知琵琶并非中原固有乐器,最初与游牧民族的生活联系在一起。琵琶在唐宋以后逐渐定型,圆体长柄,一般有四弦。演奏方式也从最早的横抱改为竖抱。

越窑青釉五瓣花口碗

五代 观复博物馆藏

越窑是唐代烧造青瓷最著名的窑口。唐代文人陆龟蒙在《秘色越器》一诗中对越窑有"九秋风露越窑开,夺得千峰翠色来"的溢美之词。此外,茶圣陆羽对越窑青瓷也有"类冰""似玉"的美誉。

此碗口沿微微外撇,呈现五瓣花口。碗壁自口沿向下逐渐倾斜、微收,腹壁自碗口凹陷处起暗棱线,浅圈足。整只碗釉色青绿,有如冰似玉的莹润感。

孟大咖举办的夜宴中,使用了质量上乘的珍贵越窑瓷器,快去找找吧。

越窑青釉龙纹粉盒

五代　观复博物馆藏

此件青釉粉盒内外施满釉，通体翠绿凝润。盒盖平坦，其上浅刻龙纹装饰，盒盖和盒身均设有釉斑"定位标记"。使用者只需将盒盖和盒身上的定位标记对齐，开合就十分方便妥帖。

越窑青釉宝珠纽带盖执壶

五代　观复博物馆藏

执壶，顾名思义是带有执柄，可手持的壶。执壶是唐代出现的一种酒具，唐人多称之为"注子"。古人喜欢饮用温酒，所以在饮酒前，会先准备一只盛有热水的大碗，再把注子放入碗中，这样碗里的热水间接将注子里的酒加热，同时还能起到一定的保温作用。

此观复博物馆藏五代越窑青釉宝珠纽带盖执壶，釉面莹润翠绿，通体素面无纹。值得一提的是，它的造型别具一格，壶盖为葫芦形，顶部圆纽如一粒宝珠，熠熠生光。壶身圆润饱满，壶流细长，执柄曲线变化更富美感。

耀州窑青釉刻缠枝牡丹纹带盖执壶

五代　观复博物馆藏

　　耀州窑的窑址在今天陕西省铜川市。此五代耀州窑青釉执壶，壶身圆硕，壶颈和注子细长，优雅的弧形执柄将壶颈与壶肩部完美衔接起来，如此别致的执柄设计为使用者提供了更多便利。

　　五代耀州窑工匠擅长在器物釉面上展示各类装饰技巧，这件执壶肩部以下以刻、划的方式塑造出缠枝牡丹纹。耀州窑工匠采用斜向入刀、刀刀见泥的独特技法，增加了牡丹花的立体充盈感。

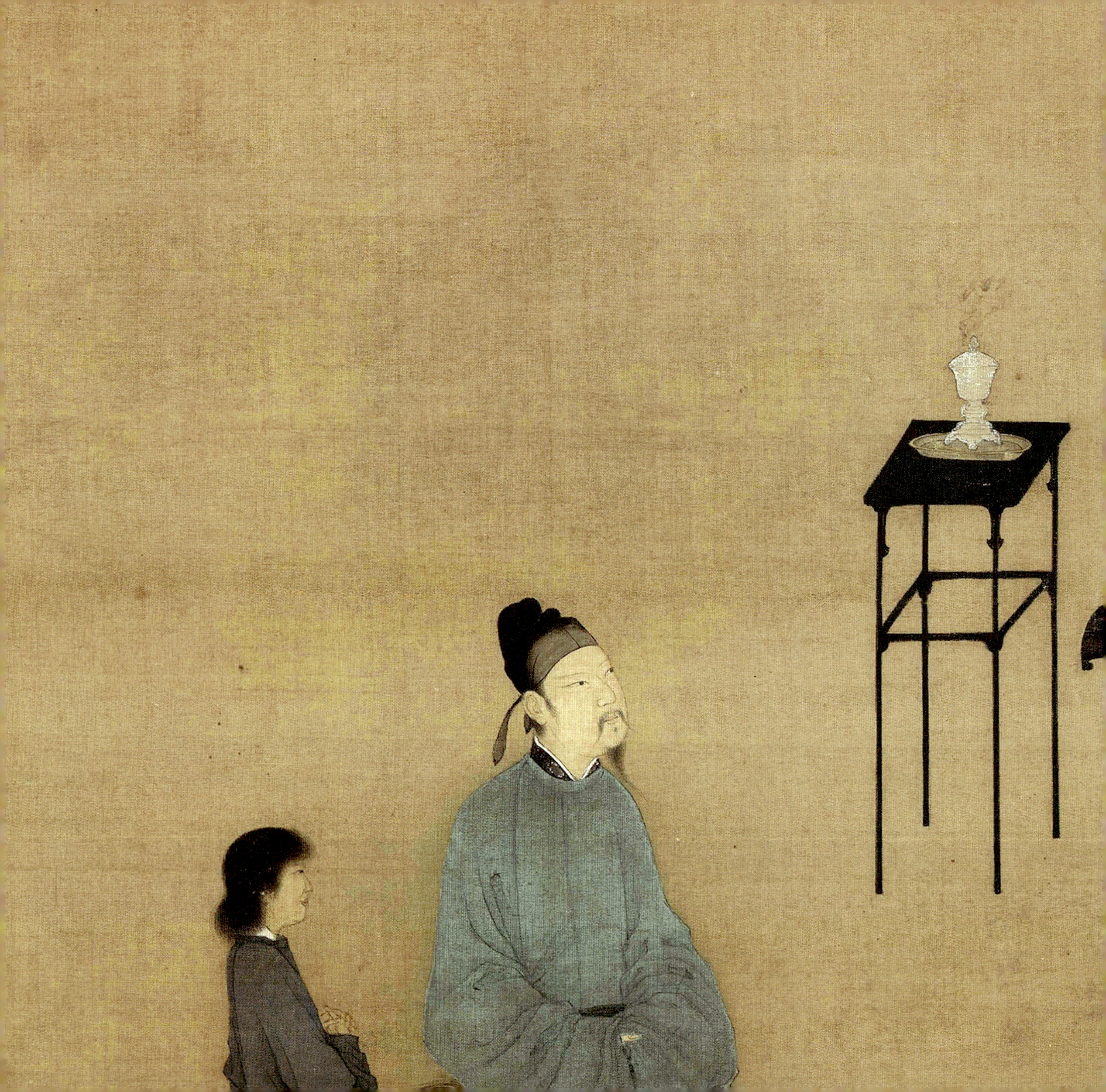

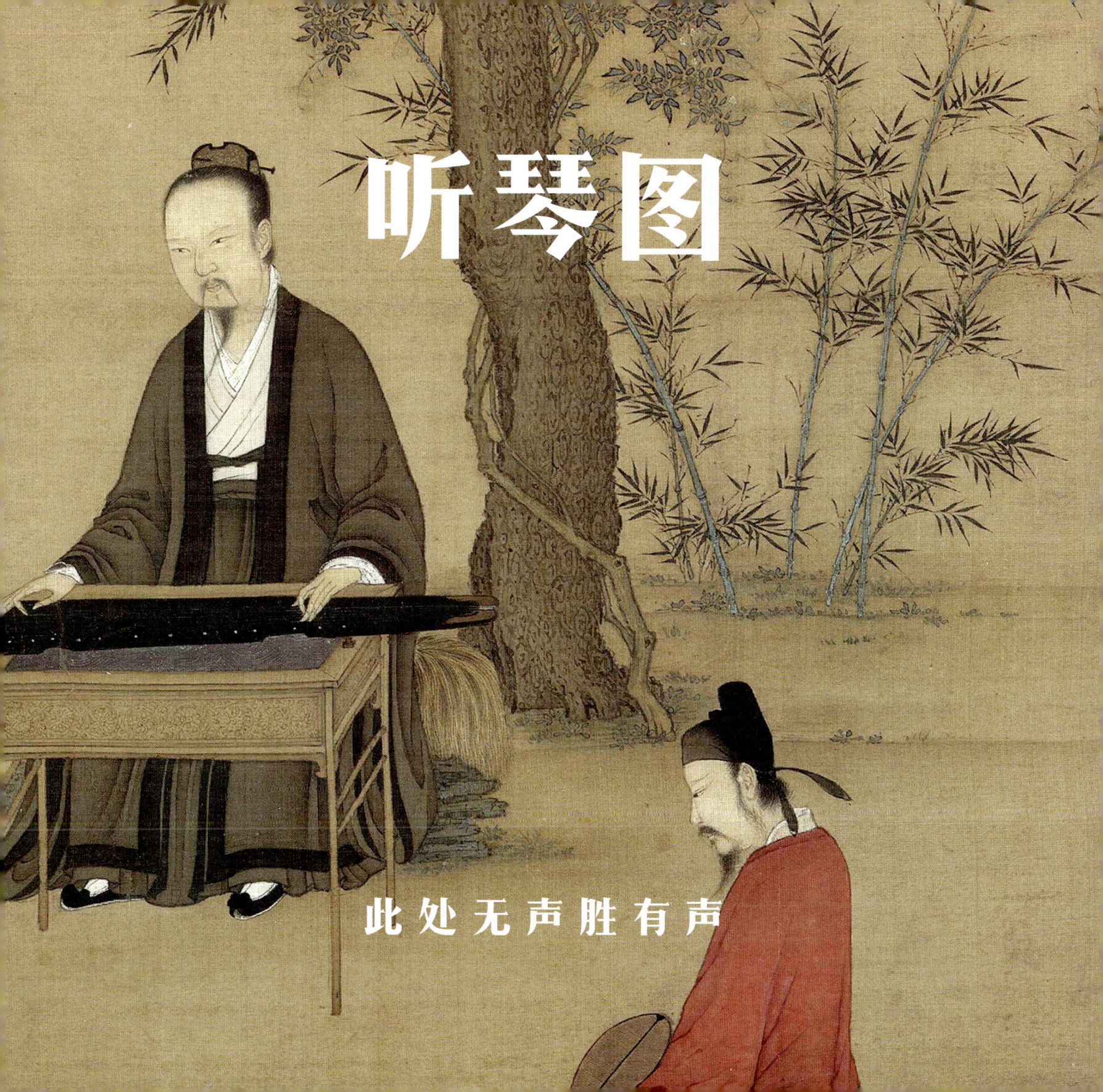

听琴图

此处无声胜有声

古画
GUHUACHUANQI
传奇

艺术皇帝宋徽宗，《听琴图》里觅踪迹

说起人生经历最曲折但也最有趣的皇帝，那宋徽宗赵佶必定算得上其中之一。他是北宋的第八位皇帝，号宣和主人，政治上没什么追求，却唯独对艺术情有独钟。相传，赵佶之父宋神宗曾观赏南唐后主李煜的画像，"见其人物俨雅，再三叹讶"，随后赵佶出生，因此后世常将赵佶和李煜做比较。赵佶在文学艺术领域的兴趣与成就，确实与李煜有很多相似之处。

赵佶自幼喜丹青、骑射、蹴鞠等，长大后更是在书法、绘画方面显现出非凡的天赋，创造"瘦金体"书法，并留下诸多绘画佳作。在宋徽宗的"艺术统治"之下，宫廷绘画大力发展，创立了宣和画院，培养出李唐、苏汉臣等一大批优秀的画家。徽宗在位时编撰的《宣和书谱》《宣和画谱》《宣和博古图》等著作对今天的美术史研究具有重要的价值。艺术之外，宋徽宗笃信道教，大建宫观，自称"教主道君皇帝"。道教崇尚青色，于是徽宗在位时青釉瓷器大受欢迎，还创烧了著名的汝窑瓷器。

故宫博物院所藏《听琴图》，绢本设色，纵147.2厘米，横51.3厘米，纵横比例近3∶1，画卷呈瘦长形，十分别致。画面描绘了一处优美别致的皇家庭院，院中一名长袍道冠的人抚琴，二人听琴，看上去是一场很常见的文人雅集。画中人物、琴几和树石占比很小，背景中高大挺拔的松树让整幅画面充满疏朗之感。一名抚琴之人，两名听琴伙伴，一高几、一香炉、一琴桌、一古琴，《听琴图》的作者有意营造出一个艺术世界——只见拨琴不闻声，此时无声胜有声。

画面上方带有瘦金体书写的"听琴图"三字，一旁是宋徽宗宠臣蔡京的题诗：

吟徽调商灶下桐，松间疑有入松风。
仰窥低审含情客，似听无弦一弄中。

画面左下角是徽宗"天下一人"的画押，钤"御书"朱文印。题字、题诗、画押，无不让人联想这幅画是否为徽宗所作。此外，因《听琴图》曾被收入清内府，因此画面上方还钤有"石渠宝笈""三希堂精鉴玺""宜子孙""嘉庆鉴赏""嘉庆御览之宝""宝笈三编"六枚清代乾嘉时的收藏印章，其珍贵程度，可见一斑。

何人绘画画何人，《听琴图》里有疑云

历史长河中总有诸多谜团。《听琴图》这幅画作有素来争议较大的两个疑点：其一，宋徽宗赵佶是否为《听琴图》的作者？其二，画面中间的人物是否为徽宗本人？

尽管画面上的种种信息都有将作者指向徽宗，但后世学者对此一直争议不断。在清嘉庆二十一年（1816年）的著录《西清札记》和《石渠宝笈》以前，几乎没有相关的史料记载，且存世的许多带徽宗题字的作品大多难辨真伪，无法提供有力参考。有学者认为这是画院的画家代笔，被误传为徽宗亲笔；也有学者认为《听琴图》可能并非徽宗亲笔，也并非代笔，而是徽宗所欣赏的院画，因此在上面题字又命蔡京题诗。认为此画为徽宗亲笔的学者仅为少数。

此画的第二个谜团是"画中所绘为何人"，探寻这一谜团的同时，我们可以对徽宗时期的审美窥探一番。

仔细观察《听琴图》这幅作品，抚琴之人头戴道冠，身着玄袍，面容俊逸，正神态自若地拨弄着琴弦，身旁高几上的香炉缭绕着缕缕轻烟。前方一左一右分坐两名听琴人。左侧青衣人双手交拢，头部微仰，若有所思。右侧红衣人手中持扇，头部低垂，似乎听得入迷。青衣人身后站有一仆童，叉手侍立。

清代人胡敬在《西清札记》中说："此徽庙自写小像也，旁坐绯衣者，当是蔡京。"这条记述影响了后世许多学者。首先从画面设置上看，抚琴者虽居远处，但构图上却略有放大，应该是有意突出其重要性。其次，抚琴者的面部特征也与清宫旧藏《南薰殿历代帝王像》中的宋徽宗十分相似，都是圆脸、圆鼻、眉眼细长，只是抚琴者貌似更加年长，但结合《听琴图》的成画时间——宣和年间，画中的"徽宗"年长也应为正常现象。此外，画中环境高雅幽静，熏炉吐香，古鼎栽花，更衬托出抚琴之人如世外仙人。联系徽宗皇帝信奉道教，自称是"昊天上帝长子神霄帝君下凡"，后人认为他就是抚琴者也不是没有道理。

画中古琴多别致，崇尚风雅属赵佶

抛开对人物原型的探寻，画中所放置的器物也非常值得细品。蔡京的题诗"吟徵调商灶下桐"，这里所说的"灶下桐"指东汉时期蔡邕所制古琴，也称"瑶琴""玉琴""七弦琴"。据《后汉书·蔡邕传》中记载："吴人有烧桐以爨者，邕闻火烈之声，知其良木，因请而裁为琴，果有美音，

而其尾犹焦，故时人名曰'焦尾琴'焉。"制琴的良材桐木因为火所烧，致使做成的琴尾为黑色，故称"焦尾琴"，是古代最著名的古琴之一。蔡京借此典故，暗喻画中所弹之琴亦为绝世名琴。

古琴有14个普通琴式：仲尼式、伏羲式、列子式、连珠式、灵机式、落霞式、伶官式、蕉叶式、神农氏、响泉式、凤势式、师旷式、亚额式、鹤鸣秋月式。《听琴图》中所绘的古琴整体风格内敛，琴身素雅，基本没有装饰，琴颈处呈圆形凹角，琴腰处呈方形凹角，样式介于伶官式与仲尼式之间，体现了宋代高雅内敛的审美。与古琴所配的琴桌造型简约，线条流畅，素牙板，两侧有双枨，桌身雕刻卷草花卉纹图案，彰显北宋时期的家具风格。

宋徽宗是一位狂热的古琴爱好者，在位时设有单独的古琴机构"万琴堂"，主要用来收藏各种珍贵的传世古琴。统治者与文人对古琴的喜爱，极大地促进了古琴的发展，古琴技法不断升级，新的琴曲不断诞生、造就了高雅的音乐情趣。

《听琴图》 北宋 故宫博物院藏

观复猫 《听琴图》

宋球球

钻入古画的观复猫

观复猫里有一只号称从宋朝"穿越"而来，他就是宋球球。早在五代时期周文矩的《仕女图》上就曾出现过宋球球的同款花色——"鞭打绣球"。所以这次，就请宋球球穿越回宋代，扮演一下这位疑似宋徽宗的抚琴者吧！

同时穿越的还有左罗罗和马霸霸，一起来聆听宋球球演奏的美妙音乐。马霸霸穿青衣，双手合于袖中，彬彬有礼地端坐着聆听音乐。左罗罗穿红衣，脸微侧向，手中执扇，腰间佩戴了一件旧玉透雕螭虎佩，真是位翩翩贵公子呀。

观复猫

GUANFUMAOSHUOWENHUA

说文化

旧玉透雕螭虎佩

宋代　观复博物馆藏

螭，是古代传说中的一种神兽，龙属。《说文解字》说："螭，若龙而黄……或云无角曰螭。"蔡邕《独断》："天子玺以玉螭虎纽。"由此可见螭的形态多样，有的与龙更近似，称为"螭龙"；有的与走兽更近似，可称为"螭虎"。

螭虎纹在战国玉器中十分常见，汉以后使用更为广泛。汉人崇尚螭虎，班固《封燕然山铭》有"鹰扬之校，螭虎之士"的句子，说明螭虎在中华民族的古老文化中代表勇武、力量。

观复博物馆藏的旧玉透雕螭虎佩，沁色古朴，不对称设计，线条回旋灵动。中心镂空处一只螭虎回首，尾部呈分叉卷草状，四足有力蹬地，张口露齿嘶吼，尽显凶猛之态。

越窑青釉贴塑叶纹镂空带盖熏炉
北宋　观复博物馆藏

瓷质的熏炉最早出现在三国东吴时期，两晋南北朝时比较流行。熏炉的出现是为了适应当时贵族子弟"无不熏衣剃面，敷粉施朱"的生活需要。画中抚琴者的身旁置一高几，几上有一熏炉通体白色，顶部有盖，底有承盘。三人端坐，熏炉中香烟袅袅，与前景的瑞花古鼎相呼应，更增雅趣。

观复猫版《听琴图》中所用的是越窑青釉熏炉，釉色沉稳，造型规整，顶部带有铜钱纹镂空炉盖，烟雾可从镂空处飘出。炉身四周带有叶形贴花，层层叠叠，叶脉清晰，精美细致，工艺难度颇高。

汝窑青釉圆形洗
北宋　观复博物馆藏

观复猫版的《听琴图》还增加了一件汝窑的青釉圆形小洗。汝窑为"宋代五大名窑"之一，窑址在今天河南省宝丰县清凉寺，宋时属汝州，故名。宋人叶寘在《坦斋笔衡》中记载："本朝以定州白瓷器有芒，不堪用，遂命汝州造青窑器。"可见汝窑是继定窑之后为宫廷烧制贡瓷的窑场。

汝窑烧造时间仅20年左右，约在北宋哲宗元祐元年（1086年）到徽宗崇宁五年（1106年），故传世品极少，被后世视为稀世之宝。汝窑的色调是"天青色"，清淡含蓄，迎合了北宋社会主流知识分子的审美情趣。此件汝窑圆形洗色泽淡雅，造型小巧。拥有一件汝窑，可是历代藏家文人的愿望。

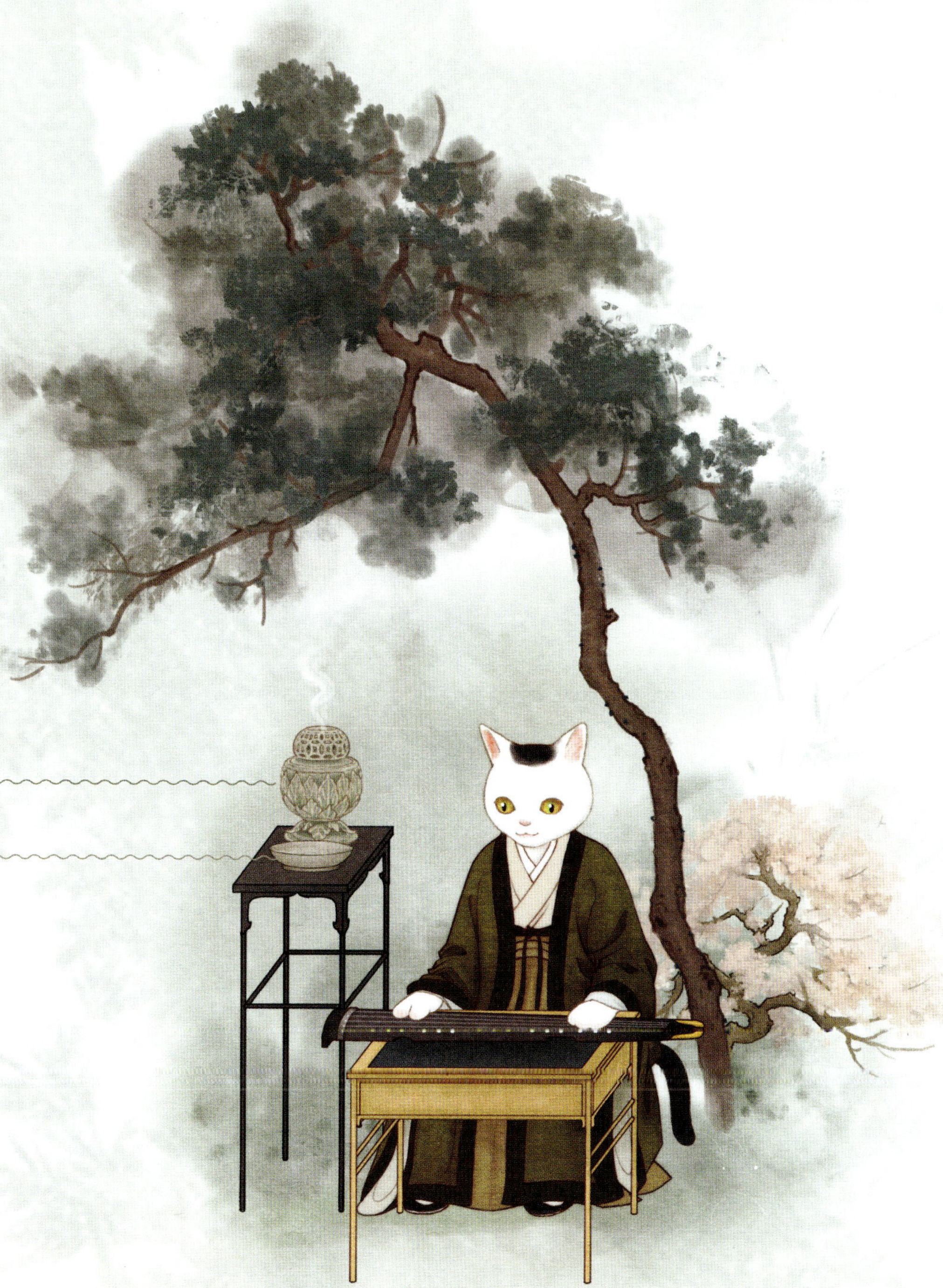

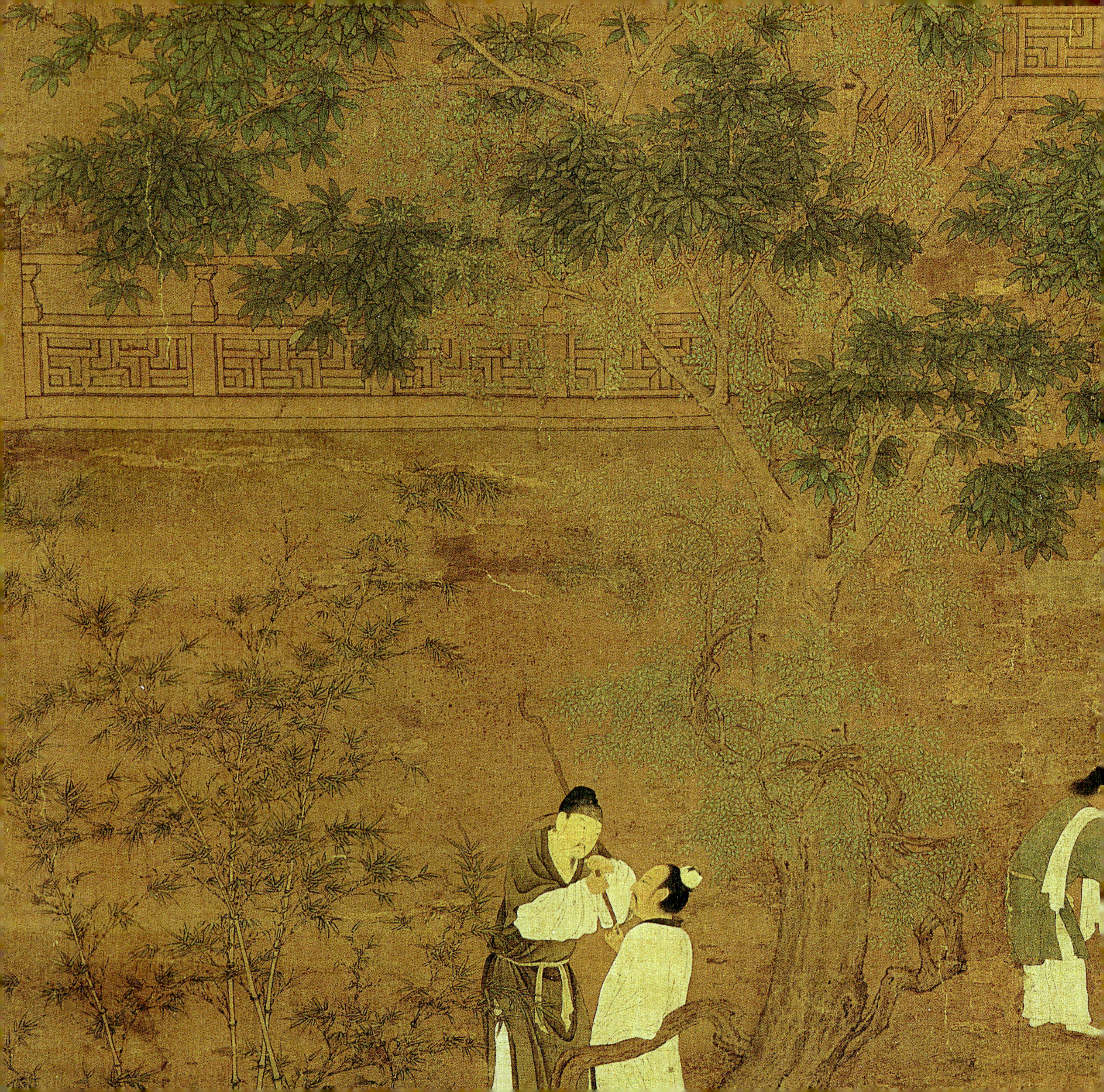

文会图

古人是如何开趴的

古画
GUHUACHUANQI
传奇

"文会"活动

"文会",是古代文人雅集的形式之一,意为文人雅士们聚在一起,吟咏诗文,切磋学问。传世名画《文会图》描绘的就是这样的场景,古人聚会讲究雅致,环境要优,气氛要好,饮食音乐,一应俱全。

《文会图》现藏台北故宫博物院,绢本设色,纵184.4厘米,横123.9厘米。画中的雅集设在室外,说明正是气候适宜的季节。四周围栏环绕,植物丰茂,清风徐来,幽静素雅。超大号的壸门黑漆方案放置在树下,案上摆着许多成组餐具与各种美味佳肴,令人眼花缭乱。方案四周散放着藤编圆凳,凳上铺设锦垫,参加雅集的文人雅士舒适地坐在圆凳上。

这幅画中的人物多达20人,或端坐,或寒暄,或忙碌,画面丰富,神态各异。画面中八九位文士围坐桌旁,少数几位还有仆人侍奉,大家高谈阔论、吟咏取乐;左侧树下两位文士正在寒暄,神情平和,彬彬有礼;近处,侍从们正在备茶,旁边有茶炉、茶箱、茶床等装备,一童子正在将茶汤倒入茶盏,其他人也均在忙碌,只有左侧一童子坐在一旁,正在饮茶休息。此画采用全景式构图,刻画细致,场景写实。

关于作者

有说法认为《文会图》的作者是宋徽宗赵佶,这是一位颇为著名的皇帝,他的政治成就不高,但在艺术上的造诣极高。徽宗在位25年,对当时的艺术审美水平产生了极大的影响。他钟爱茶道,精通茶艺,撰写过茶书《大观茶论》;同时在书画方面也十分擅长,花鸟和人物画尤为突出,存世画作有《芙蓉锦鸡图》《池塘秋晚图》《四禽图》《雪江归棹图》等;此外由他创立的书法字体"瘦金体"更是别具一格,这一字体清瘦俊雅,给人带来无限美感。

相传此画是宋徽宗画的自己和两位近臣。很多学者认为,宋徽宗设立宣和画院,画院中有大批优秀画师可以作画。

《文会图》上虽有徽宗赵佶的"瘦金体"题诗、"天下一人"画押,以及宰相蔡京的和诗,但却仍不确定这幅画是否为徽宗赵佶的真迹。《文会图》创作于北宋时期,并受到徽宗赵佶的肯定,这是毋庸置疑的。

题诗与和诗

徽宗曾在喜欢的画作上题字、题诗,并且签名画押。比如画面右上方是徽宗赵佶的题诗:

儒林华国古今同,吟咏飞毫醒醉中。
多士作新知入彀,画图犹喜见文雄。

这首诗中徽宗首先描写了当时文人在参与文会活动的时候,喝酒吟咏、文采焕发的场景,然后引用了唐太宗李世民在位时的一则逸事,这则逸事出自晚唐诗人王定保《唐摭言》卷一:"(太宗)尝私幸端门,见新进士缀行而出,喜曰:'天下英雄,入吾彀中矣!'"此处题诗中徽宗赵佶自诩为唐太宗,能够做到知人善任,招揽天下学士为己所用。

左上方为宰相蔡京的和诗,和诗讲究"步韵、依韵、从韵",因此和诗的第一、第二和第四句最后一个字运用了与徽宗题诗中相同的字,他这样写道:

明时不与有唐同,八表人归大道中。
可笑当年十八士,经纶谁是出群雄。

蔡京附和并夸赞了徽宗所召集的文会热闹万分,手下有众多有才能的人,徽宗知人善任的程度甚至超越了唐太宗李世民。其中"当年十八士"表明《文会图》借鉴了"十八学士"这一主题。

据《资治通鉴·唐纪五》记载:公元621年,唐太宗李世民做秦王时建文学馆,召集天下才子贤士为参谋,以杜如晦、房玄龄、于志宁、苏世长、姚思廉、薛收、褚亮、陆德明、孔颖达、李玄道、李守素、虞世南、蔡允恭、颜相时、许敬宗、薛元敬、盖文达、苏勖十八人并为学士。后薛收死,补刘孝孙。为彰显太宗礼贤下士、善用人才之德,命丹青宰相阎立本为十八学士画像,后世画家均喜好援引此典故为画题。

題文會圖
儒林華國古今同
吟詠飛毫醒醉中
多士作新知入彀
畫圖猶喜見文雄

臣京謹依
韻和進

明時不與有唐同
八表人歸大道中
可笑當年十八士
經綸誰是出羣雄

《文會圖》 宋代 台北故宮博物院藏

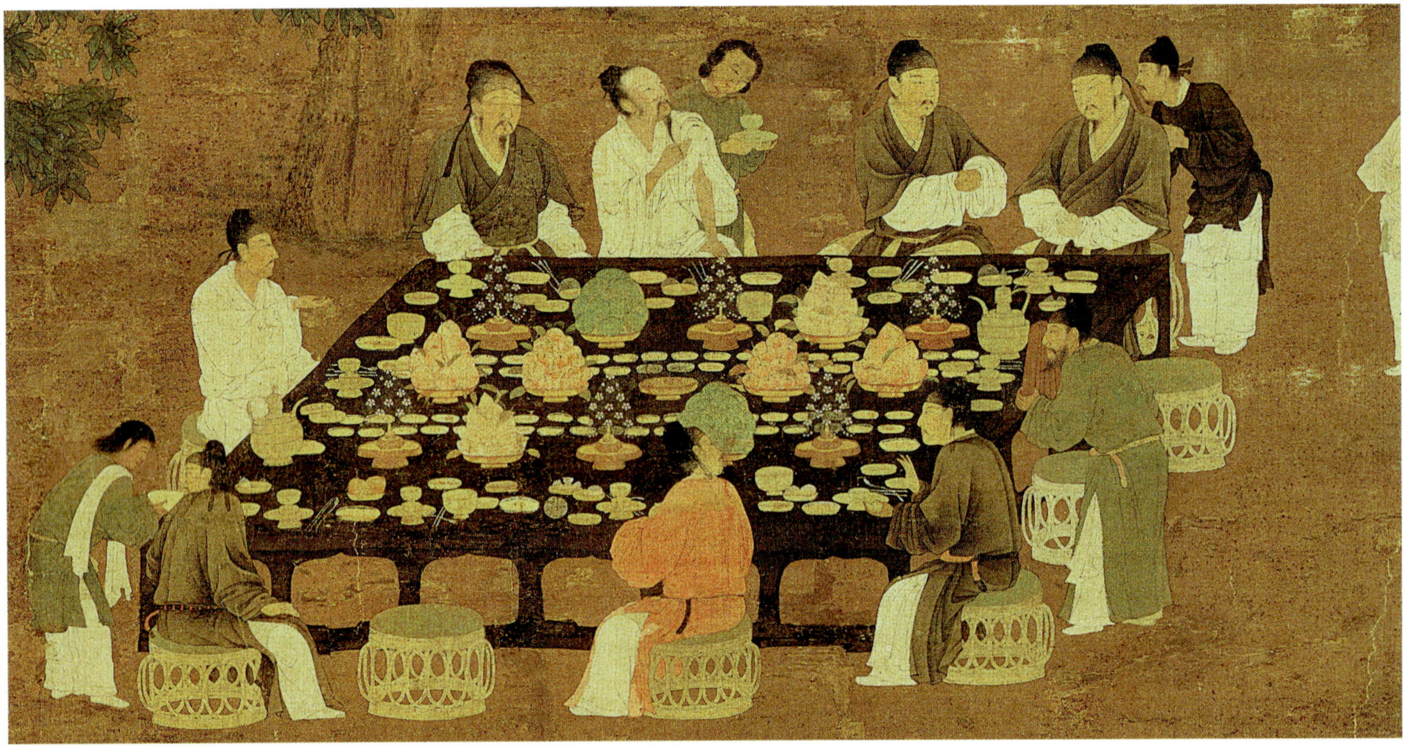

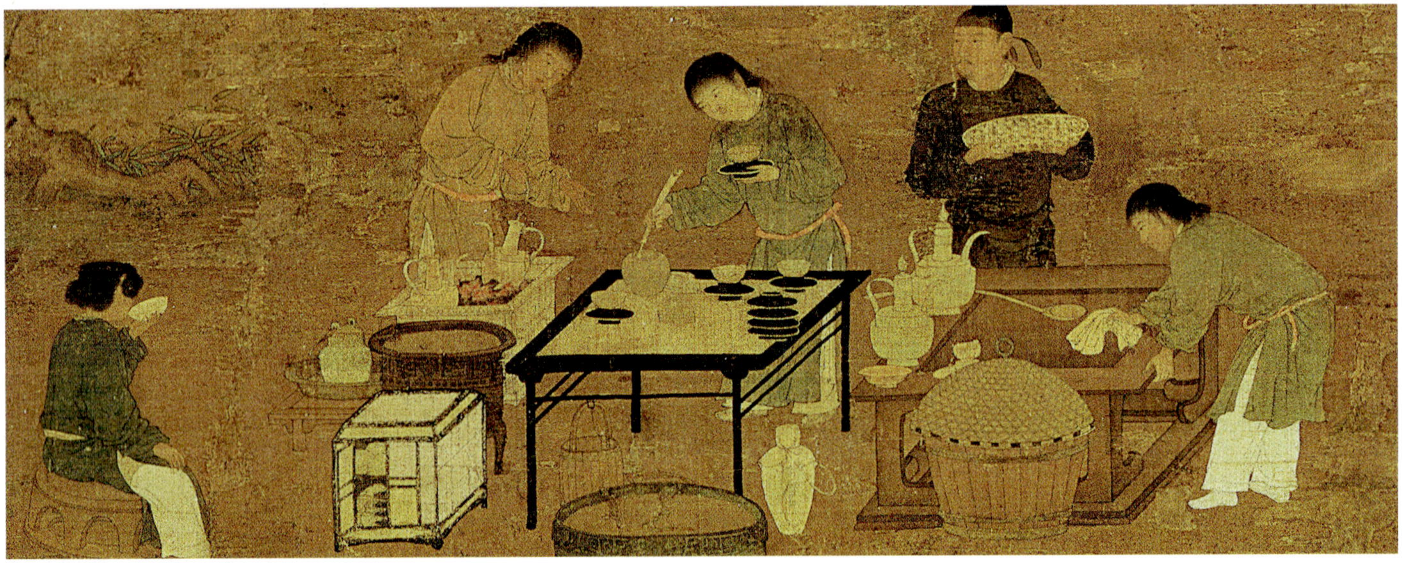

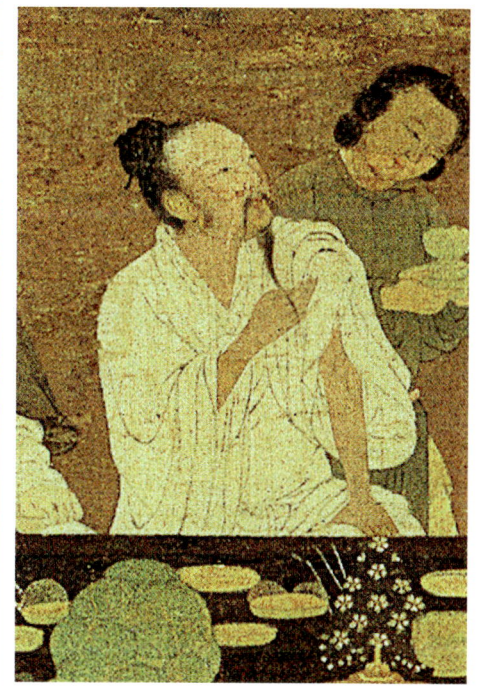

雅集音乐

在古人的雅集活动中，音乐往往是不可或缺的一项内容。《文会图》中，垂柳后若隐若现着一张石几，石几上放有瑶琴、香炉、琴谱，仔细观察可以发现瑶琴的琴囊是解开的，应该是刚刚有人弹过，可以推测宴饮之前大家应该是先欣赏了某位文士的琴音助兴。

方案右侧站立一人，微微躬身，手持檀板，正在为聚会众人演奏吟唱。

檀板，是连在一起的几块拍板，因常用檀木制作而得名。这种乐器由少数民族传入，唐宋时期已诸多应用，还是元杂剧的主要伴奏乐器之一。

檀板在宴饮场景中出现，为饮酒者助兴。唐代杜牧写道："画堂檀板秋拍碎，一引有时联十觥。"宋代林逋的《山园小梅》也有："幸有微吟可相狎，不须檀板共金樽。"

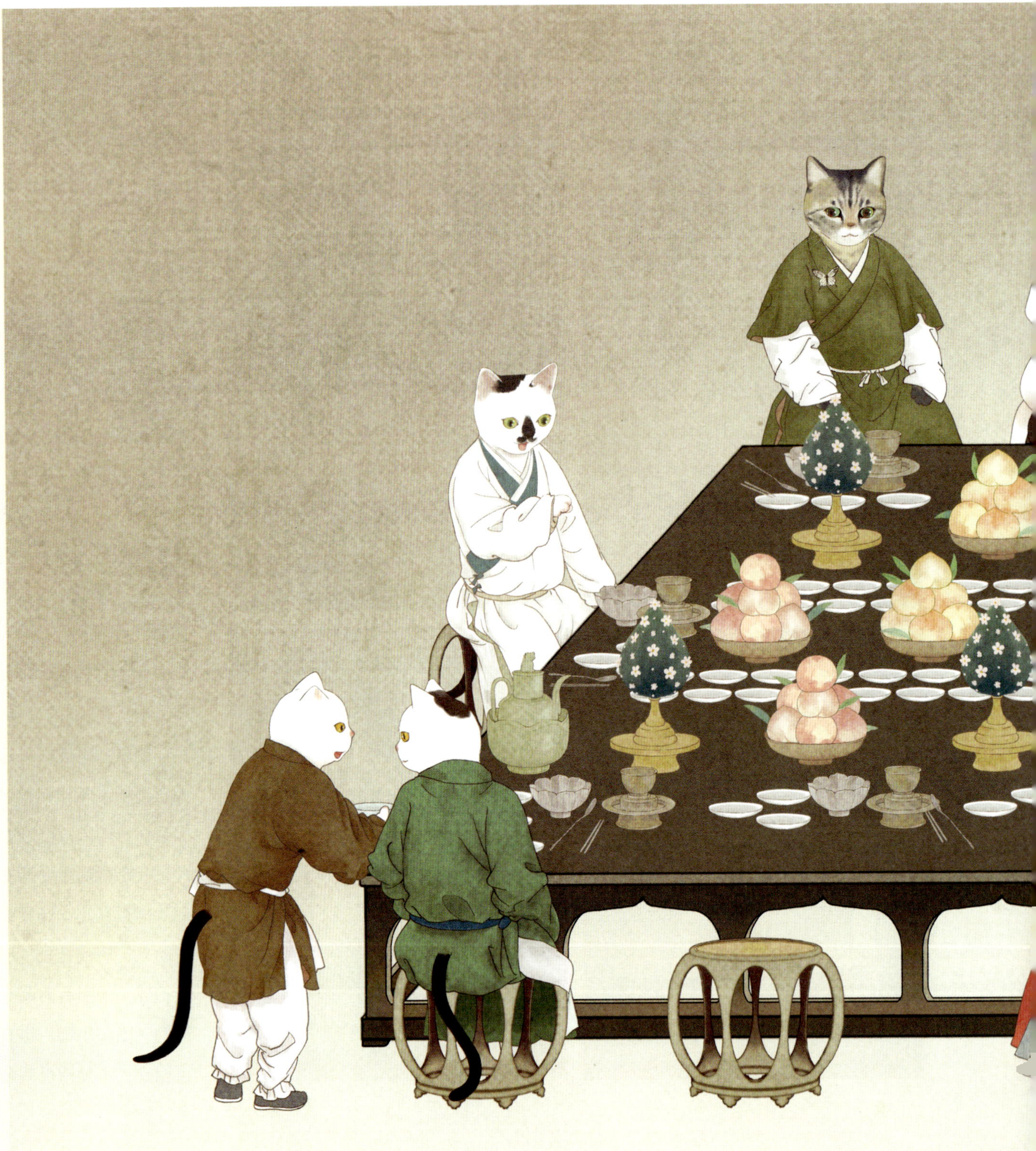

观复猫 《文会图》

帝能豹	大阿宝	戴南瓜
杜拉拉	花飞飞	花肥肥
金胖胖	马都督	小八郎

钻入古画的观复猫

宋球球

王情圣

岳家爸

左罗罗

观复猫版的《文会图》选取的是画面最为重要的部分——围桌宴饮，这其实跟观复猫的生活很像。于是，共有13位观复男喵出镜，穿越回宋代一起开个大趴！

画面最抢眼的地方在右上方，理事长花肥肥和宣传馆长马都督正在谈笑风生，花肥肥面容祥和，一副长者姿态，素来傲娇的马都督此刻一番毕恭毕敬的样子，对花肥肥十分敬仰。其他猫咪围坐桌旁，或深思，或谈笑，活灵活现地为大家展现了古时文人雅士的文会场景。好想回到宋代，感受那时的生活乐趣啊！

观复猫

GUANFUMAOSHUOWENHUA

说文化

福建窑口青白釉兽纽执壶及温酒器
宋代　观复博物馆藏

在宋代，温酒的方式主要有两种，一是直接将盛酒器放在炉火上加热，待温热以后再行饮用；二是用温碗和执壶给酒加热，在温酒时先在温碗内加入热水，再将盛酒的执壶放入温碗，借助热水的温度给酒加热，碗内热水可以更换，因此起到随时都可以温酒的作用。宋代人使用成套温酒器温酒的习惯颇为流行，这件文物即为观复博物馆所藏的成套宋代温酒器。

此温酒器为福建窑口生产，福建窑口受景德镇瓷器影响，大量烧造青白瓷，但因瓷土质量差异，色泽较景德镇偏灰。此件执壶直颈，宽肩，瓜棱腹，壶盖顶部装饰兽形纽，平添了一丝生活情趣。温碗形似一朵盛开的莲花，盛入开水，可将执壶里的酒烫热。

银盏托及盏（对）

辽代　观复博物馆藏

辽代金银器吸收中原金银器在制作技术上的精巧细致，又融入了北方草原民族所特有的雄浑大气，形成独特的风格。

此件盏与托皆为银质，捶打而成，光素无纹。盏唇口、深腹、圈足。盏托折沿，高圈足，中起三层高台，高台中间有圆形凹槽与盏足相配。在宋辽墓葬壁画上多见盏与托成套使用的情景，古人讲究的生活可见一斑。

竹节双鱼柄银勺

辽代　观复博物馆藏

辽代契丹族在吃饭时会使用勺、匕、箸等器具。这是一件做工精美细致的银勺，勺柄呈竹节状，尾端有双鱼造型。鱼纹是我国传统的吉祥图案，一直以来都十分受欢迎。辽代的鱼纹外形似鲤鱼，多以錾刻的手法装饰于碗、盘内侧底部中央。

影青釉狗头纽执壶及花口温酒器

北宋　观复博物馆藏

青白瓷，是宋代景德镇窑烧制的一种具有独特风格的釉色，其釉色介于青白二色之间，青中有白，白中显青，具有强烈的玉质感，后世称之为"影青"。

此件器物分为执壶与温碗两部分。执壶整体器型周正，壶盖顶部以狗头形纽做装饰。温碗为热酒的用具，敞口深腹，容量较大，实用的同时也颇具生活情趣。

八瓣花口银杯

宋代　观复博物馆藏

两宋时期，金银器的商品化程度较高，艺术风格更偏素雅而富有生活气息。

此杯由纯银制作，造型别具一格，表面光洁素雅，无过多装饰。腹部较深，杯口呈花瓣状，共计八瓣。实用的同时兼具审美效果，突出体现了当时人的审美情趣。

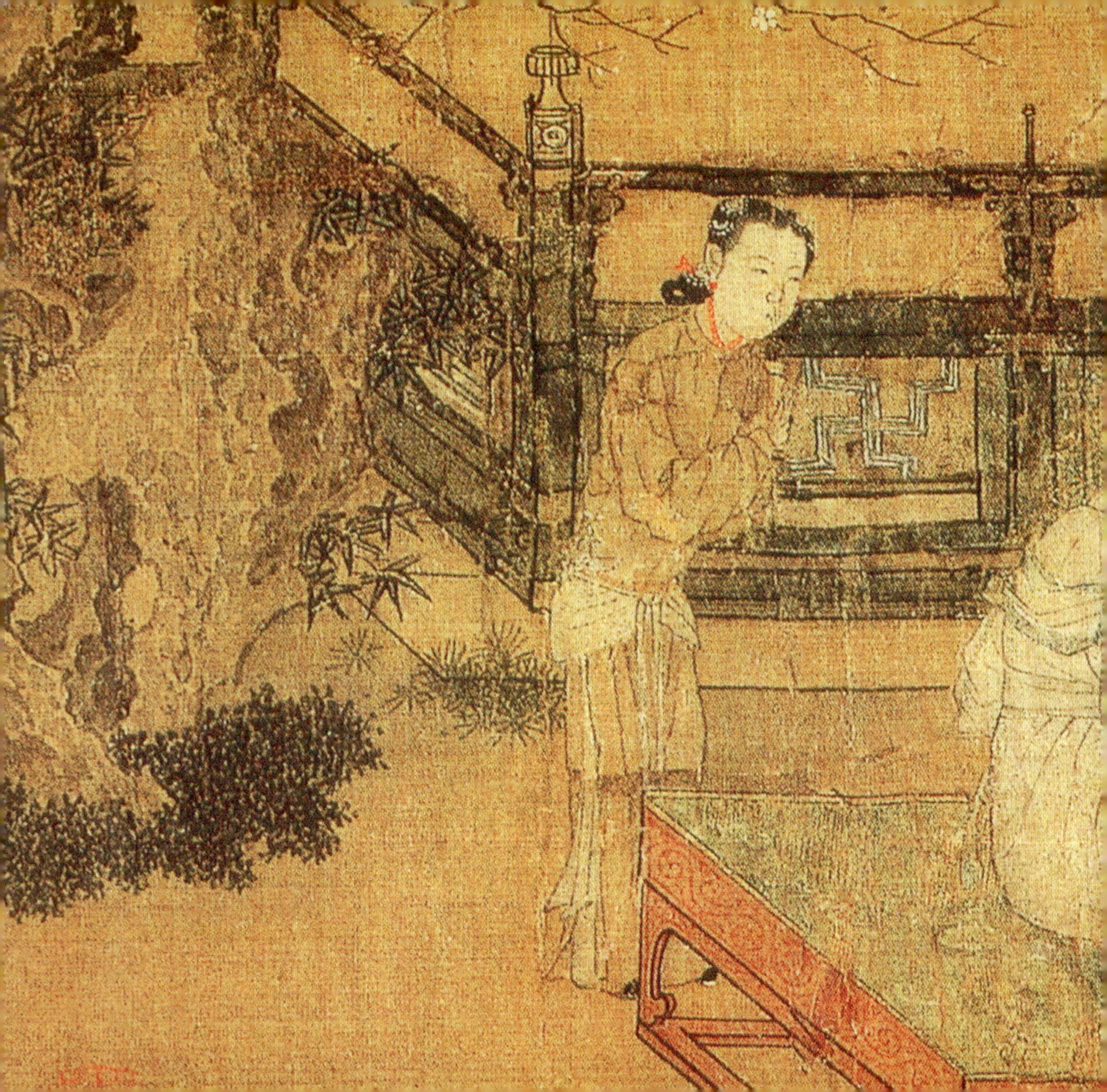

靓妆仕女图

宋代女孩就是靓

古画
GUHUACHUANQI
传奇

懒起画蛾眉，弄妆梳洗迟

从古至今，化妆都是女子日常生活中的重要环节，化妆能够修饰容颜、取悦身心，不同时期的化妆风格体现着不同时期的审美特征。中国古代的仕女画多描绘的是女子的生活日常，而当时女子的妆容也就这样被保留在了画卷之中，容妆背后所表达的深意常常颇可玩味，值得深思。

美国波士顿美术馆所藏宋代画家苏汉臣的《靓妆仕女图》，绢本设色，纵25.1厘米，横26.7厘米，是一幅表现女子梳妆的画作。画面中一位身着华服的年轻贵族仕女身处庭院露台，正坐在梳妆台旁的镜子面前，镜子里反射出仕女的脸庞——鹅蛋脸型，额头较宽，五官精致，妆容淡雅，显得十分恬静。站在梳妆女子身后的侍女微微躬身，也是面容清秀。从两者的面部刻画来看，此时的仕女不再像唐代画中女性的那种浓妆艳抹，而是已渐渐接近南宋文人士大夫的审美，面庞变得淡雅精致。

宋代诗人陆游在《入蜀记》里写道："未嫁者，率为同心髻，高二尺，插银钗至六支，后插大象牙梳，如手大。"陆游所说的"同心髻"，正是画中梳妆女子头顶所梳的发髻。这种发髻梳法简单，只需要将头顶的头发梳成一个圆形，再根据自己的喜好添加各类饰物即可。同心髻不仅好看，而且简单方便，在南宋时期十分流行。

画面的贵族女子头发虽已梳理整齐，但仿佛还在理妆。唐宋时期女子化妆大致包含敷粉、上胭脂、染额黄、贴花钿、画眉、面靥、点唇等步骤。可以看到画中梳妆台上的多层妆奁里，放着大小不一的小盒，想必就是盛放胭脂香粉等化妆用品所用。这位女子的面容素雅，没有贴时下流行的花黄、花钿，面庞有种淡淡的忧愁，叫人想起温庭筠那首著名的《菩萨蛮》。

小山重叠金明灭，鬓云欲度香腮雪。
懒起画蛾眉，弄妆梳洗迟。
照花前后镜，花面交相映。
新帖绣罗襦，双双金鹧鸪。

浅拂胭脂轻傅粉，弯弯纤细黛眉长

正常来讲，宋代的贵族女子化妆都有哪些步骤呢？

宋代女子化妆的步骤大体与唐代类似，前期受唐至五代浓妆的影响，后期则以温和淡雅为美。为展现士大夫眼里窈窕秀美、端庄贤淑的形象，宋代女子尤其注重粉妆。宋之前的粉一般是米粉或者铅粉，敷在脸上可使皮肤看上去白皙细腻。宋代女子化妆所用的粉类更为丰富，白、黄、朱、粉等多种颜色都有，但使用时仍然以白色为主，常和胭脂搭配，能让人脸色红润，看起来更有精神。

除了敷粉和上胭脂，染额黄和贴花钿也是十分重要的化妆修饰手法。额黄，就是把额头染上黄色，也叫"鹅黄""鸦黄""约黄"等。额黄的起源和魏晋南北朝时期佛教的盛行有一定关联，当时的女子效仿涂金的佛像，将额部涂黄。涂额黄有两种方式：一种是将染料直接涂在额头上；另一种是把黄色的材料剪成薄片，然后贴于额头。由于裁剪的形状大多以花卉造型为主，所以也叫"花黄"。《木兰诗》中所提到"当窗理云鬓，对镜贴花黄"，描写的就是这种化妆方式。

花钿是将彩纸、云母、鲜花、珠翠等材料，制成各种薄薄的、好看的形状，贴于两眉之间和脸颊上，起到装饰作用。花钿在唐、五代至宋都非常流行，甚至会贴满一张脸。《宋仁宗皇后像》中可见，皇后长画蛾眉，薄涂胭脂，贴有花钿和面靥。这里的花钿采用的是珍珠材质，看起来华贵却不失娴雅。

画面中梳妆女子的眉毛细长而弯曲，与唐代那种粗阔浓重的眉形截然不同。这种眉形显得温婉娴静、清新动人，更贴合当时士大夫阶层的审美眼光。宋朝仕女的唇妆也与前朝大不相同，不再一味强调樱桃小口，而是以自然的唇形为基础涂抹红唇，如同点睛之笔一般，点亮整个妆容，实实在在、楚楚动人。

整体来说，宋代的妆容大都较为素雅。宋画上表现的女子形象大多外表窈窕秀美，举止端庄娴静，表情温厚柔顺，这与当时程朱理学的兴起有着至关重要的联系。

《靓妆仕女图》 宋代 美国波士顿美术馆藏

观复猫 《靓妆仕女图》

云朵朵

钻入古画的观复猫

爱美之心，人皆有之，何况猫乎？观复猫天团里，最爱美的当属小公主云朵朵。朵朵平时喜欢文文静静地待在办公室，经常蹭铲屎官的镜子感叹一下自己的盛世美颜。

这次真就有一个刚好对镜梳妆的角色，入画的云朵朵头戴的是银鎏金桥梁式花卉纹九股钗，正在对镜梳妆。朵朵的妆台上摆放着越窑青釉锥花双凤纹海棠形三层节盒，以及青白釉刻花莲瓣纹莲蓬纽盖鼎，用来盛放梳妆用品。镜子中映出朵朵的脸，真是十分好看的小猫咪呢！

朵朵身后的小石桌上，摆放着一盆名贵的真柏盆景。旁边那位可爱的小松鼠侍女，身着黄衣，执一把兰花纨扇，喜悦地看向美丽的朵朵。

观复猫

GUANFUMAOSHUOWENHUA

说文化

盆景

盆景，即将植物、水、石等组合在一起，种植或布置在盆中，使之成为微缩景观。汉代壁画中就出现了盆景雏形，魏晋以后得到发展，清代达到繁盛。盆景至今都是人们喜爱的一种陈设品。

画中的真柏盆景是不是有点儿眼熟？这棵盆景平时被放置在观复猫城堡的对面，已经300多岁了。照理说这年纪还不够入宋画，不过谁让盆景颜值高呢，被选中去装饰朵朵小公主的庭院啦！

银鎏金桥梁式花卉纹九股钗
宋代　观复博物馆藏

在古代,"钗"写作"叉",由两股合成。钗是中国古代首饰中非常重要的一类,材质有木质、骨质、玉质、金银等。钗的形式变化多样,不同纹饰和工艺相互组合就能碰撞出不同的风格。发钗的插戴有很多种方法,可横插、竖插、斜插,甚至自下而上倒插。

云朵朵头上戴的这支观复博物馆藏的银鎏金钗,钗头的花卉装饰分为九股,围成拱桥形状,插在发髻上很是显眼。九股钗身上錾刻花卉纹,做工精致华丽,应为贵族女子所佩戴。

越窑青釉锥花双凤纹海棠形三层节盒
晚唐　观复博物馆藏

越窑窑址在浙江上虞、慈溪一带，因在唐代归越州管辖，故名越窑，为中国古代烧造青瓷的著名窑口。越窑始于东汉，盛于大唐，唐代陆龟蒙写道，"九秋风露越窑开，夺得千峰翠色来"，可见唐代越窑的极盛局面。

此节盒为唐代越窑产品，胎质细腻，釉色莹润，器物造型规整。它呈海棠形，三层，可相互扣合。外壁四面沥粉如意云纹，上层口沿内侧锥刻缠枝纹，内底锥刻双凤纹。此节盒无论造型，还是纹饰，都带有金属器的影子。一方面，瓷器相对金银器廉价；另一方面，越州是唐代金属器的流散地，瓷器或多或少会受到金属器影响。

青白釉刻花莲瓣纹莲蓬纽盖盅
北宋　观复博物馆藏

青白釉是景德镇窑在北宋初期、中期的独创品种，又叫"影青""映青""隐青"，介于青瓷和白瓷之间，颜色偏蓝。明朝宋应星的《天工开物》里称影青是"素肌玉骨"，评价非常高。由于景德镇的瓷土好，烧造出的瓷器质量堪称有史以来最好的。在所有的宋瓷中，影青是最薄的，声音是最清脆的。

刻花是一种陶瓷装饰手法，是在半干的瓷坯表面上用硬质工具刻出花纹。观复博物馆藏的这件青白釉盖盅，通体刻出仰俯莲花瓣，层次鲜明，立体感强。盖纽刻成花蕾形状，斜斜伸出，极为生动。

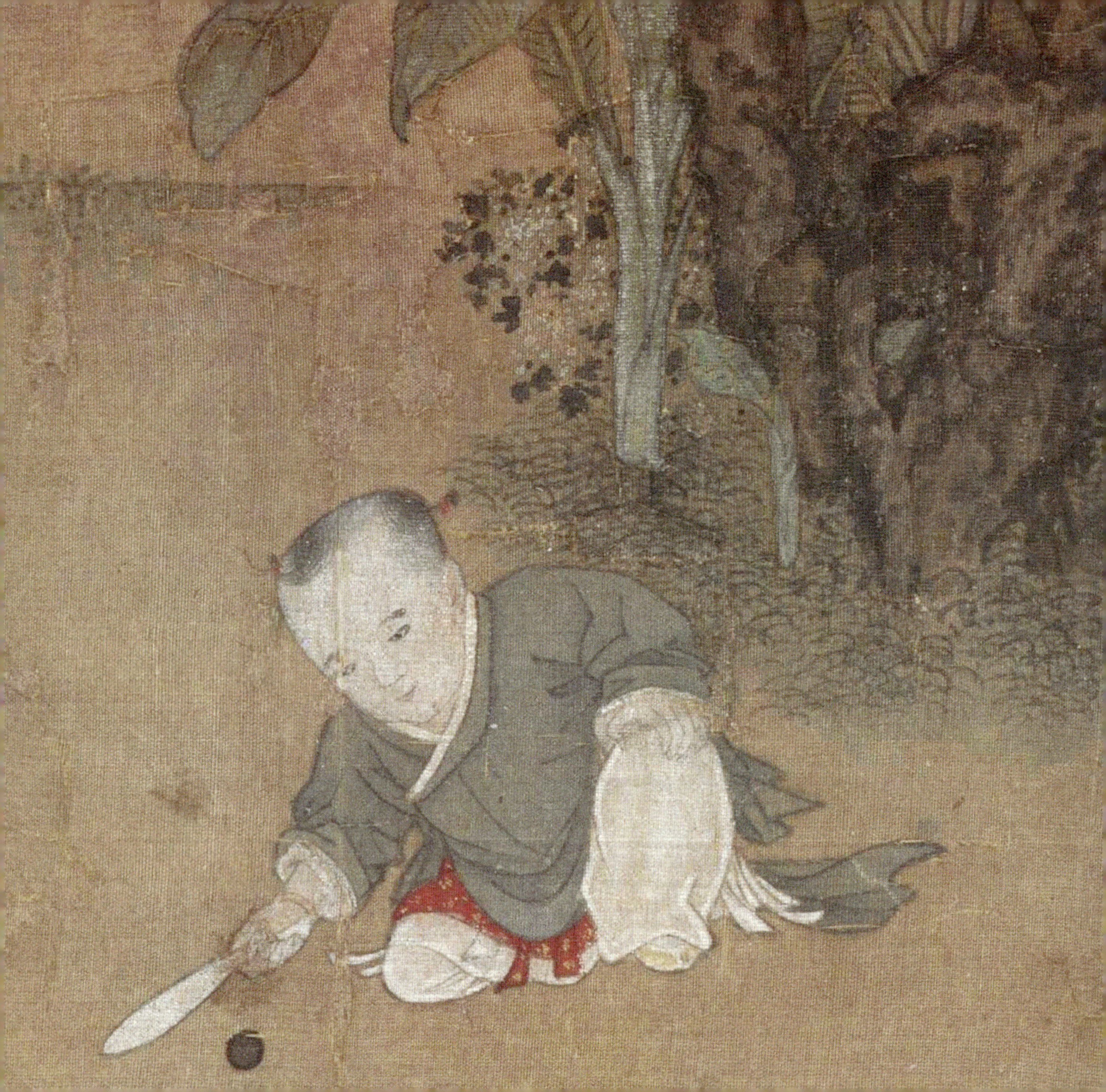

蕉荫击球图

悠闲的亲子游戏时间

古画
GUHUACHUANQI
传奇

童趣与母爱

没有电子游戏的古代，小朋友都玩些什么呢？中国历代流传下来的婴戏题材绘画就能告诉我们答案，这一题材的创作从隋唐时期开始发展，隋唐以前单独描写儿童嬉戏、生活的画作并不多见；到了宋代，出于统治者提倡生育的需求，婴戏题材日渐繁荣，并且受到民间百姓的欢迎。婴戏题材的绘画也被称为"婴戏图"，宋代的婴戏图所表现的内容较之前更加生活化，展现世间百态和民众生活，今天看来充满趣味。

在中国传统绘画中，婴戏图一般隶属于风俗画，广义的婴戏图不仅包括孩童嬉戏玩闹的内容，也包括一些表现生活场景的画作，宋代的《蕉荫击球图》就极具代表性。

《蕉荫击球图》为绢本设色，纵25厘米，横24.5厘米，故宫博物院藏。画面表现了宋代贵族女性带着孩童，在庭院里玩耍的小景。庭院中浓密的芭蕉和深色的太湖石占据了画面的大部分背景，衬托着前景中两名窈窕纤瘦的女子，一高一矮，应为主母与侍女。其中主母颇为年轻，面如满月，衣着华丽，头戴团冠。画家注重细节的描绘，局部刻画得十分真实——团冠为宋代年轻女子中流行样式，最初由竹篾编成，上涂绿色装饰，因其形状如团而得名。后来人们在编织成型的外部蒙纱，涂上蜡或漆，再装饰上珠翠首饰，扣在髻上，便可形成一个高高的装饰性头冠。

女子面前还有一张小案，体积不大，结构轻巧，应为方便搬运所制。她的身后是一把交椅，这种椅子由胡床，也就是我们今天常说的"马扎"演变而来，可以折叠的结构便于携带和移动。交椅上的靠背和扶手能增加舒适程度，既方便，又实用。

女子正专注地看着面前的两个孩童击球游戏，仔细观察，可见她手边的桌子上放置着一把折扇，可能是想等孩子玩累了，刚好给他们扇风解暑。从人物的表情神态来看，这名女子应该是两个孩童的母亲。母亲闲适安静，孩童活泼可爱，看到此处，整幅画面的宁静柔美与祥和温馨便缓缓流露。

玩球的快乐古今相同

游戏是每个人童年生活重要的一部分，而"球"大概是童年某一阶段最爱的玩具。古人的童年也是在各种有趣的游戏和玩具陪伴下度过的。《蕉荫击球图》，顾名思义就是在芭蕉的阴凉之下，击球玩耍。芭蕉是一直为古代文人所钟爱的植物题材，有凄凉哀婉、清新闲适、佛心禅性等内涵。在这幅画中，母亲带着两名孩童玩耍于芭蕉下，芭蕉显然更多表达的是清新闲适之感。透过画作，"击球"这一充满熟悉感的娱乐活动，更加亲近地展现在我们眼前。

球类运动在我国唐朝时就非常流行，除了直接用脚踢球的"蹴鞠"和骑马执杖击球的"马球"以外，还出现了一种拿球杆徒步打球的游戏，叫作"步打球"。步打球的玩法需要分队，和马球一样用棍打入对方的球门为胜。因为不似马球那样激烈，所以多在后宫之中流行。这种步打球发展到宋代，又演化出另一种新型的球类运动——捶丸。

捶丸，捶者打也，丸者球也，也是一种打球的方式。据成书于元代的《丸经》记载："至宋徽宗、金章宗，皆爱捶丸，盛以锦囊，击以彩棒，碾玉缀顶，饰锦缘边，深求古人之遗制，而益致其精也。"意思是说，这两位帝王不仅爱打球，还要用锦缎和玉饰装饰球杆，装备相当豪华；此外，他们还经常学习古人的技巧，让球技不断提高。

捶丸的风靡不仅限于宫廷，民间也同样流行。古诗有云："城间小儿喜捶丸，一棒横击落青毡。纵令相隔云山路，曲折轻巧入窝圆。"说明小孩子之间也玩捶丸。因为小朋友体能有限，所以他们玩的其实是改良版的捶丸，也就是"角球"。宋代范公偁的《过庭录》记载了这样一个故事："滕甫元发，视文正为皇考舅，自少侍文正侧。文正爱其才，待如子……（元发）爱击角球，文正每戒之，不听。一日，文正寻大郎肄业，乃击球于外。文正怒，命取球，令小吏直面以铁槌碎之。"文正，是北宋时期著名的思想家、文学家范仲淹的谥号。这个故事讲的是北宋时期的一名官吏滕元发，是范仲淹的外孙，小时候对"角球"非常痴迷。一次，他逃学玩球被外祖父范仲淹发现。范仲淹担心他玩物丧志，所以命人将球打碎，角球的碎渣散落一片。对小孩子来说，这听起来真是一个悲伤的故事。

关于角球与捶丸在玩法上的区别，今天已经很难去考证了，但这幅宋代的《蕉荫击球图》却可以为我们真实再现当时的场景：一名孩童手持小棒，侧蹲在地，正想要击黑色的小角球；而另一名孩童左手微举，右手持棒，正全神贯注地盯着小球。到底能不能击中呢？还真叫人好奇。

《蕉荫击球图》 宋代 故宫博物院藏

观复猫 《蕉荫击球图》

钻入古画的观复猫

韩昏晓

牛魔王

令狐花

这一次观复猫派出了三名演员——韩昏晓、牛魔王以及令狐花，还有一名外援——小水獭。韩昏晓这次是温柔贤淑的母亲角色，而素来有点儿调皮的牛魔王和充满孩子气的令狐花就分别扮演两个玩球的小朋友，真是可爱。

韩昏晓的神态和蔼可亲，关爱地注视着正在玩球的牛魔王和令狐花；再看她头上戴着马霸霸的蓝料双股钗，晶莹剔透，更彰显了宋代女子的娴静素雅。而此时的牛魔王和令狐花也都换成了孩童打扮，一起玩着马霸霸的这颗唐代陶制涡纹球形器，真是不亦乐乎。

观复猫
说文化

GUANFUMAOSHUOWENHUA

太湖石

太湖石为园林常用石料之一，因于太湖一带出产而得名。太湖石的形态玲珑奇巧，色泽青润，以"瘦、皱、透、漏"者为佳品，是历史上较早用于观赏的石头。

芭蕉

芭蕉属多年生草本植物，叶片呈长圆形，色泽鲜绿，叶柄粗壮。芭蕉是较早用于园林的植物之一，尤其在宋代以后，身姿秀丽的芭蕉在园林中的地位较高，种植普遍。

乌木嵌黄花梨半桌

明晚期　观复博物馆藏

"半桌"又称"接桌",名字出自北京的匠师。"接桌",顾名思义,当一张八仙桌不够用时,再接一张较窄的桌子。"半桌"的意思是它的尺寸相当于八仙桌的一半。明代隆庆开关之后,大量的硬木涌入中国用于制作家具,所以这幅画中的半桌又是个从明代穿越到宋代的小伙伴。

乌木料小,颜色黑重如漆,常用来制作小物件,比如乌木筷子、文房小件等,大件家具就不多见了。此半桌束腰,冰盘沿,肩部浮雕仿铜包角装饰,极为少见。黄花梨嵌面纹理细腻,鬼脸密布,俏皮可爱。以金黄对比乌黑,整体色彩搭配出色,赏心悦目。

陶质涡纹球形器

唐代　观复博物馆藏

牛魔王和令狐花所玩的小球,是唐代的一件球形器,以陶土烧制而成。球体呈土黄色,质地并不如瓷器那般致密,却流露出独特的古拙韵味。球身上画着白色圆圈和圆点装饰,充满趣味。也许,这件球形器本来就是古人的玩具。

蓝料双股钗

宋代　观复博物馆藏

韩昏晓头上装饰着一件蓝料双股钗，为宋代女性的发饰。所谓料器，即玻璃，蓝料当然就是蓝色的玻璃。提到玻璃，很多人认为它是非常现代的材料，其实玻璃早早就出现并被应用于日常生活了。玻璃在我国历史文献中又称颇黎、陆离、流离、琉璃、药玉、璀玉、玻黎、料器等，是最早诞生的人工材料之一，至今仍被应用于生活的方方面面。

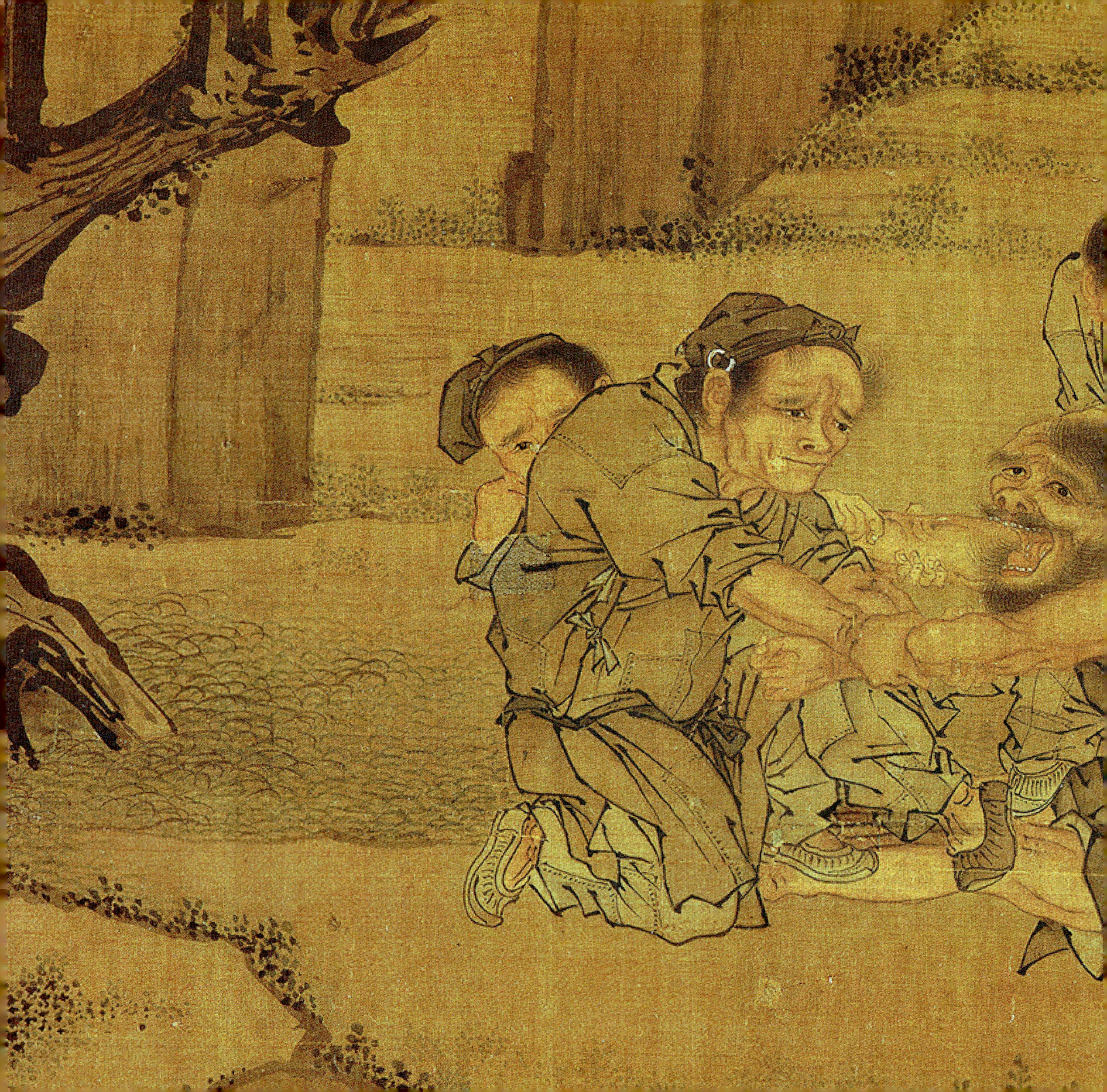

村医图

珍贵的医事题材绘画

古画传奇

GUHUACHUANQI

历经时代风雨的画家

李唐,字晞古,河南三城(今河南孟州)人,是两宋时期重要的宫廷画家之一。他的一生历经坎坷、颇为传奇:宋徽宗政和年中,48岁的李唐考入画院为翰林待诏,结识徽宗第九子康王赵构。面对当时社会高超的审美情趣和气息浓厚的艺术环境,李唐的艺术道路可谓欣欣向荣。然而"靖康之难"中,金人攻陷汴京,掳走徽、钦二帝,也掳走了正在画院工作的李唐,以及所有画卷和工匠,北宋王朝覆灭,中原文化艺术几近遭受灭顶之灾。

直至建炎年初,康王赵构才在应天府即位,建立南宋,是为宋高宗。李唐得知这一消息,冒死出逃南下,寻找投靠高宗,但此时的南宋政权并不稳定,常有兵变,高宗的画院一时难以恢复,李唐只好以街头卖画为生。直至绍兴十六年(1146年)之后,南宋朝廷才得以恢复书画院,此时再次进入画院的李唐已经年近八旬。

南渡的经历,使李唐的画风发生转变,开创了"大斧劈皴"。"皴法",是中国画的一种技法,主要用来表现山石和树木的表层纹理,是画家根据山石的地质结构外形、树木的表皮状态创作出的表现形式。皴法的种类繁多,不同时代的画家有不同的使用习惯和擅长方向,如"披麻皴""铁线皴""荷叶皴"等。李唐擅用"小斧劈皴""大斧劈皴""马牙皴"等技法。跌宕起伏的时代背景使李唐成为中国绘画史上一位承前启后的画家,并对南宋画风产生了重要影响。

在中国绘画史上,南宋之外任何一个时代的画风都是多种多样的,即使有一种画风占主导地位,其他画风也并立存在,只有南宋画院,一百多年的发展中山水画几乎全部受李唐一系影响。这是中国绘画重视传统、以"传移摹写"为先的原则造成的。"靖康之难"使得当时画师可参照的绘画作品大都被金人掳走，失去了临摹典范，因此南宋画院的画家纷纷向来自北宋的李唐学习。李唐实际上已经是南宋画院的领袖人物，后来南宋画院画家都从属李唐画系，创作风格只是在李唐的基础上加以变化。

亲历方知人间苦，回首沧桑绘丹青

《村医图》是李唐所作的一幅风俗人物画，又名《灸艾图》，绢本设色，纵68.8厘米，横58.7厘米，现藏台北故宫博物院。《村医图》是我国最早以灸疗为题材的绘画作品之一，为我国古代存世名画中为数不多的表现医疗场景的佳作。

《村医图》的具体创作日期已经无从考证，但从绘画风格上来看，此图与李唐后期创作风格较为一致——线条刚硬、多方折，还使用了作者在南渡过程中创作的"大斧劈皴"技法，推测极有可能是李唐复入画院后的作品。作为李唐众多画作中的一幅，《村医图》代表了其一个时期的绘画风格及艺术主张。

在李唐复入画院之前的几年时间里，他流落民间，生活贫困，靠卖画维持生计，增加了与底层人民的接触并体会到了百姓生活的疾苦，这段经历对他后期的创作有着积极意义。生动展现人物神态、动作的背后，是画家丰富的生活经验和人生阅历。他以村医为村民施以艾灸、治疗疾病这一场景，创作了《村医图》，通过百姓真实的生活场景，表现了当时人们同疾病斗争的生活状态，也体现出画家浓厚的人情味。

打开画卷，一股幽深的气息向我们袭来：画面的背景是一棵生长繁茂的大树，浓密的枝叶掩映着背后若隐若现的村庄，衬托出画面中间的六个人物，笔墨清淡，却恰到好处地展现了村医、病人，以及观者各自不同的姿势和心理状态。

画中的病人为一男子，他袒露着上身，双臂被一壮年男子和一少年紧紧摁住，旁边还有一女子面露紧张之色。只见男子双目圆睁，表情夸张，仿佛正因疼痛而声嘶力竭地叫喊。他伸出去的腿也被死死控制住，动弹不得，只能任凭医生在背后用艾条熏灼治疗。腰系药囊的村医则与患者的表情截然相反，他泰然自若地坐在小木凳上，颇为自信。只见他撸起双臂衣袖，左手按住病人的背部，右手进行艾灸。

143

《村医图》 宋代 台北故宫博物院藏

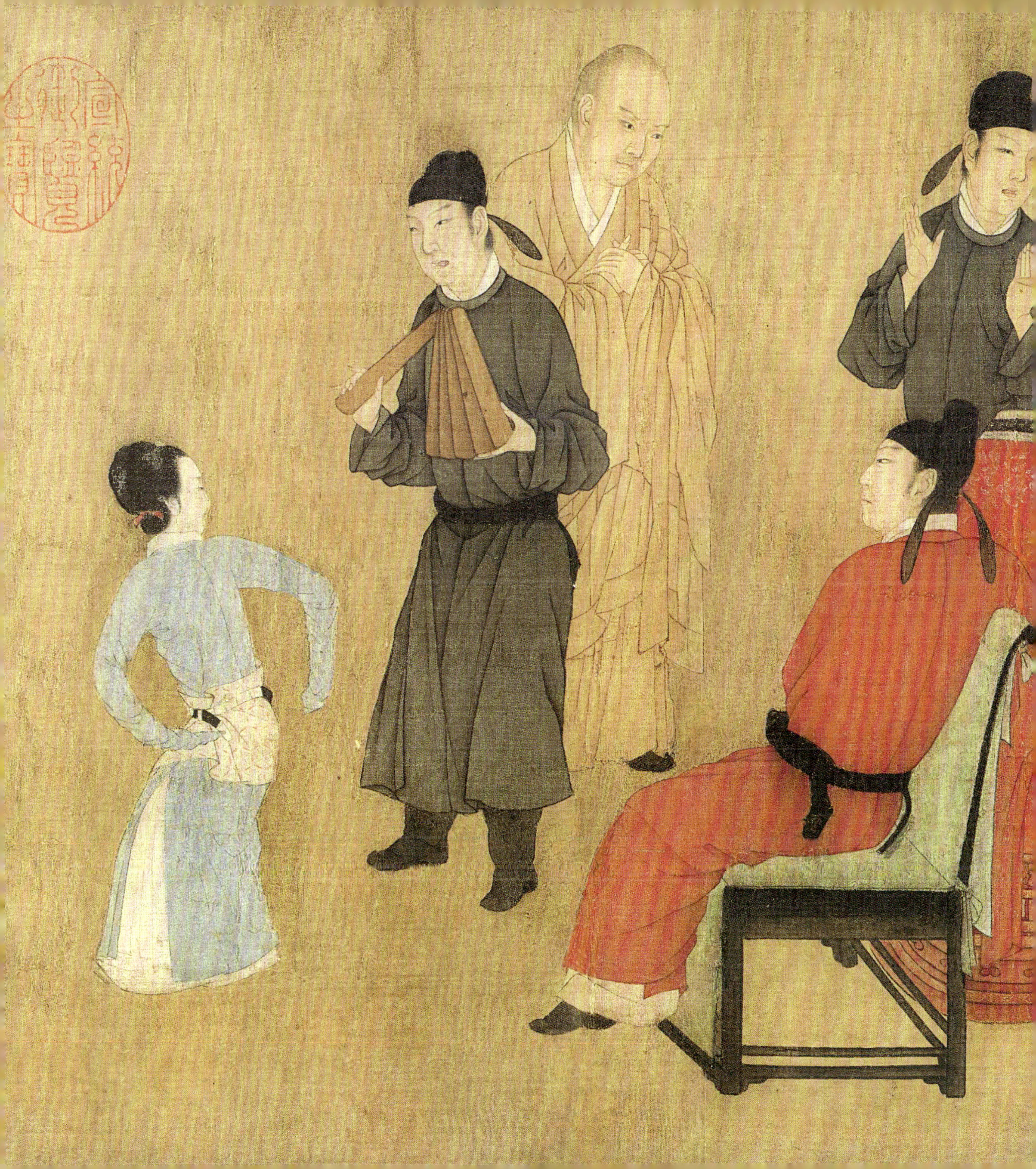

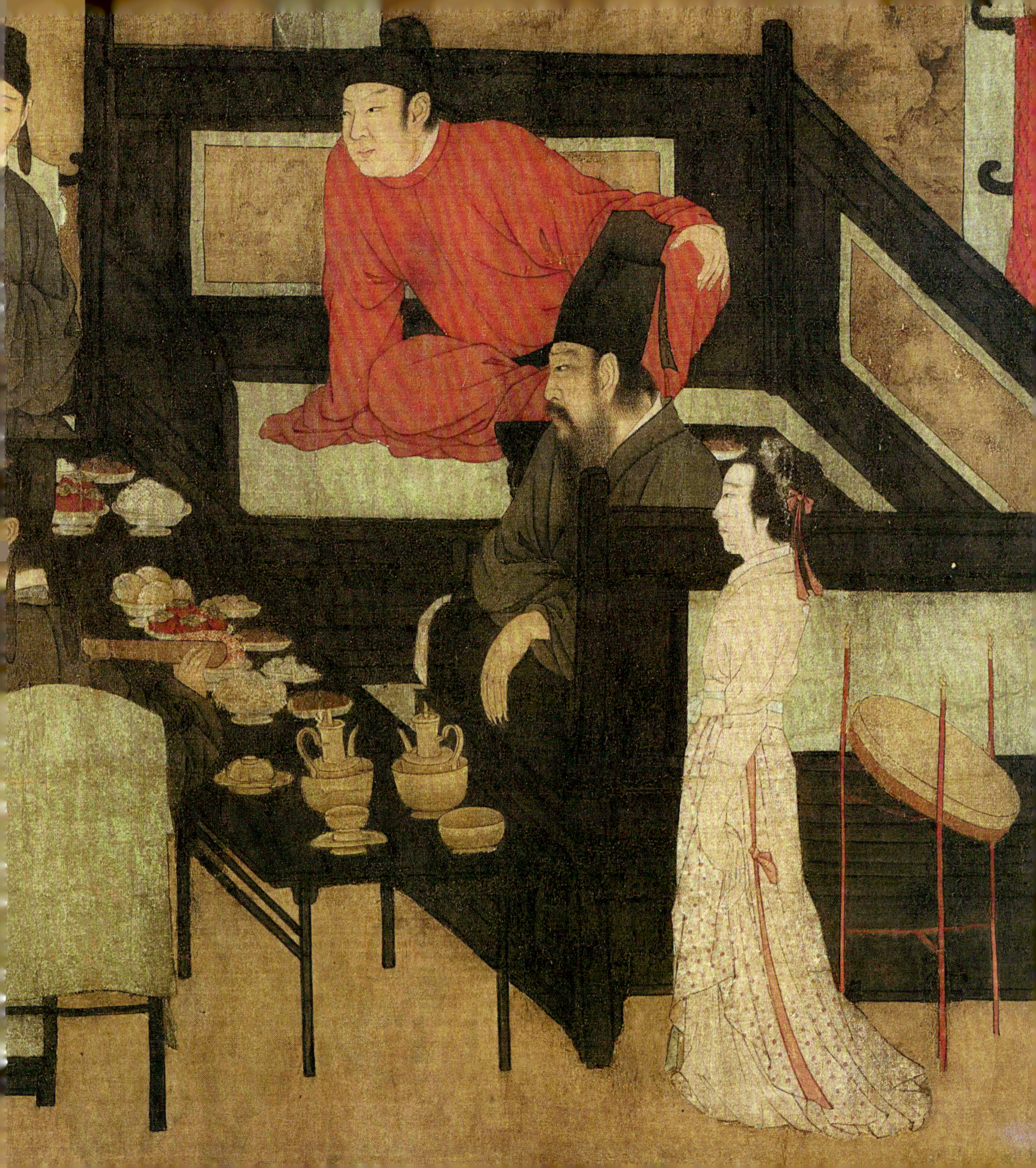

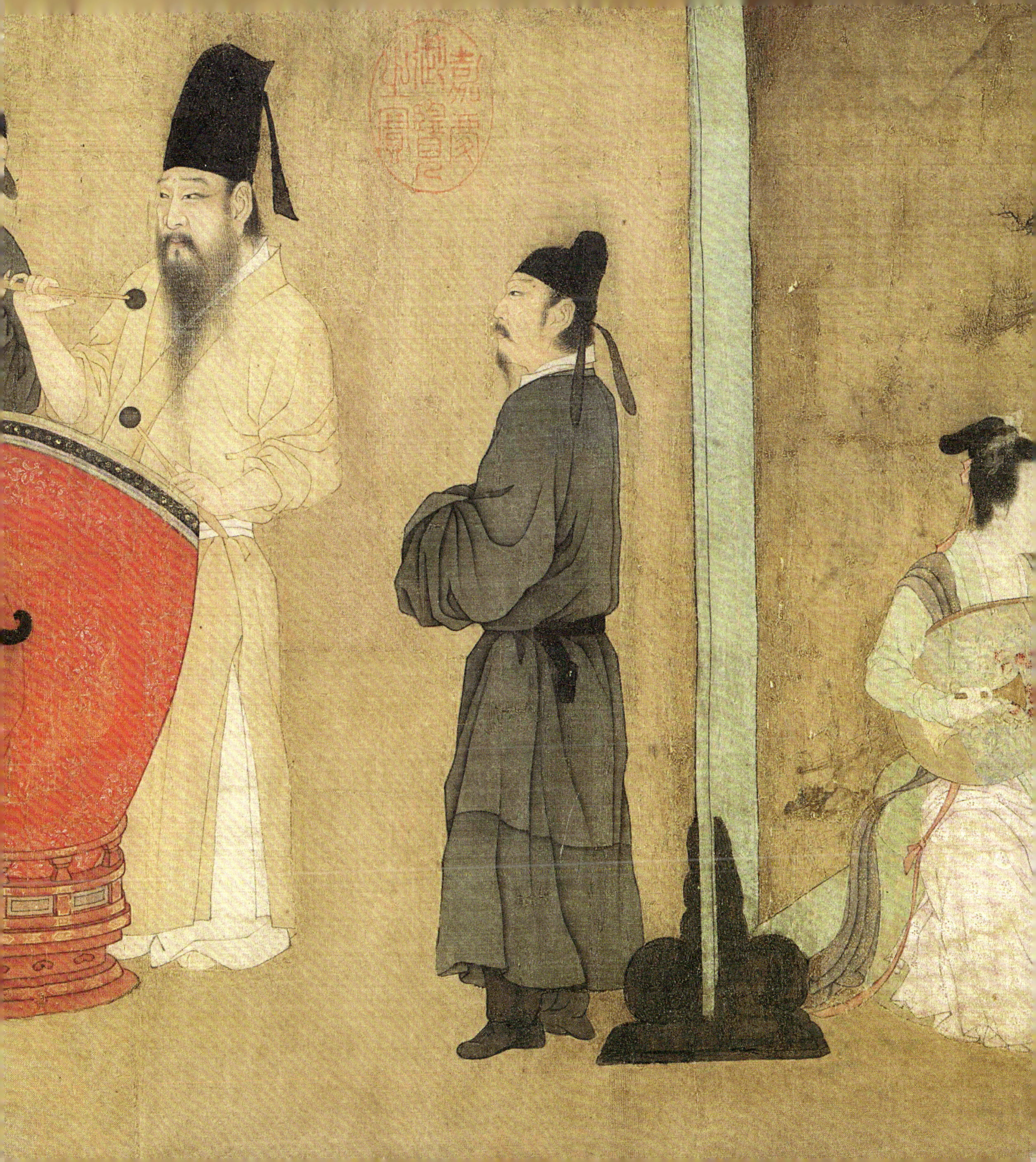

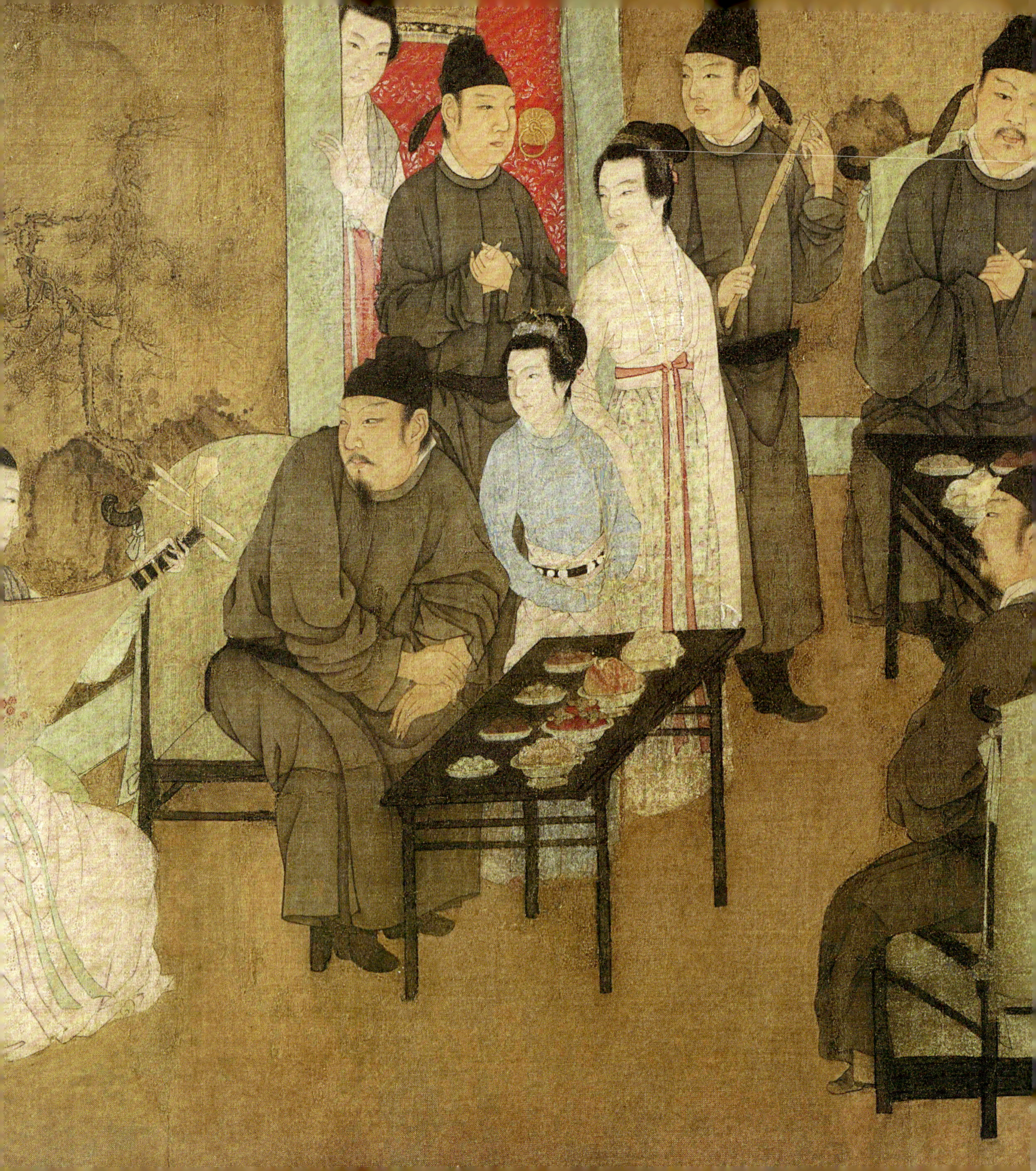

村医身后一名身背幌子的药童手拿膏药，随时准备将其贴到患者身上，说明此次治疗已经接近尾声。

村医、药童、村民的衣着普通，都打着补丁，可以知道他们生活贫困。村医的裤子甚至扯开了一道口子还未缝补，可见行走民间的生活颇为艰辛，但他治病时精神饱满、全神贯注，可见内心对于悬壶济世的一份热情。

神奇的中医治疗法：艾灸

所谓艾灸，是中医针灸疗法中的灸法，用艾叶制成的艾灸材料产生的热力刺激体表穴位或特定部位，通过激发经气的活动来调整人体紊乱的生理生化功能，从而达到防病治病目的的一种治疗方法。艾灸产生于中国远古时代，因为它的作用机理和针疗有相近之处，并且与针疗有相辅相成的治疗作用，通常针、灸并用，故称为针灸。针灸治病在国内外有着深远影响。

文献中关于艾灸的记载可追溯到春秋战国时期的《孟子》《庄子》，唐代文学家韩愈亦在《谴疟鬼》中写道："灸师施艾炷，酷若猎火围。"两宋时期，艾灸已经成为一种十分常见的治疗方法，《宋史·太祖本纪》中便有这样的记载："太宗尝病亟，帝往视之，亲为灼艾。太宗觉痛，帝亦取艾自灸。"从文献记载中我们可以看到，艾灸的治疗效果虽然显著，但治疗过程却会让人痛苦不堪。正如《村医图》中的病人从表情看忍受了极大的痛苦，他周围几个帮忙按住病人身体的观者看起来也十分担忧。

此画的画面布局也十分讲究，村医正在施以艾灸的穴位处于人体背部第四胸椎棘突下旁开三寸处的"膏肓俞穴"，孙思邈提到此穴位的取穴方法，需要病人"正坐，曲肘，伸两手，以臂着膝前，令正直，手大指与膝头齐，以物支肘，勿令臂得摇动……若不能正坐，但伸两臂亦可，伏衣上，伸两臂令人挽两胛，使相离，不尔，胛骨遮穴不可得也"。《村医图》中有两人在前方负责按住病人的手脚，一人从后方按住病人的脖子，真实地再现了医生寻找穴位时病人的体态要求。我们可以推测，李唐在创作这幅画时，必定目睹了医生为病人施以艾灸疗法的场景，才能如此地真实再现。

程两两

王情圣

观复猫 《村医图》

钻入古画的观复猫

金胖胖

郑小墨

左罗罗

苏二花

观复猫版《村医图》表达了对奋战在一线的广大医护人员由衷的敬意。画面中有一种紧张的气氛，金胖胖扮演的老中医弓着腰，手持艾条，专心致志地在患者郑小墨背后施灸。郑小墨被灸得龇牙咧嘴，十分痛苦，他的眉头紧锁，双目圆睁，肌肉紧绷。旁边的左罗罗和王情圣配合金胖胖按住小墨的手脚，使他不能动弹；苏二花紧张地躲在罗罗身后，对小墨露出同情之色。画面右侧的程两两扮演药童，手持膏药恭敬地站在一旁，像是随时听候差遣。

观复猫

GUANFUMAOSHUOWENHUA

说文化

银刻铭文带盖葫芦瓶（对）
明万历　观复博物馆藏

在古人的概念中，葫芦多半和药、行医有联系，传说中的"八仙"之一铁拐李，就有一个装着"灵丹妙药"的葫芦，行走江湖，治病救人；太上老君也有法宝紫金葫芦，内藏长生不老的仙丹。

传说东汉时期，一个叫费长房的人想要学医，在街头遇到一个挂着葫芦的卖药老翁，老翁医术高明，费长房悄悄跟随，见老翁化作一道烟钻进葫芦，知其非凡人，乃诚心拜老翁为师，并得其真传。费长房为纪念老翁，行医时总是把一个葫芦挂在身上。久而久之，"悬壶"便成了行医的代名词，同时也在向人表露行医济世的决心，济世体现浓浓的人文关怀。这就是《后汉书·方术列传·费长房》记载的"悬壶"典故。

这是一对明代万历时期的葫芦瓶，纯银打造，仿葫芦大小，造型逼真，顶部带盖，盖子模仿葫芦叶子样式，瓶身刻"大明万历辛丑年银作局造足银"款。

紫檀药箱

清代　观复博物馆藏

药童的前方放置着一件药箱，里面装有各类药材和医疗用具。药箱为古代装药材的盛具，材质和做工往往能体现所有者的财富。观复猫版画面中的药箱以紫檀木制成，整体色泽深沉，呈长方体，上置罗锅形提梁，边角及提梁交接处镶有金属，能够起到较好的保护作用；药箱主体由四层抽屉构成，每层抽屉内又划分成若干格子，根据需要可放置多种不同的药材。

"任锡庚"款太医用象牙药筒（对）

清代　观复博物馆藏

此对药筒精致小巧，选材名贵，药筒上形象地写着"还魂丹""止痛散"，旁边还带有"任锡庚"的款识。

任锡庚为清代光绪、宣统两朝御医，他不满20岁入清内务府太医院，曾任太医院掌印御医，兼上药房值宿供奉官。相传他是清代太医院最后一任御医，直到帝制废除才离开太医院。他的医学著作有《难经笔记》《医宗简要》，另有成书于1916年、刊行于1923年的《太医院志》一本。《太医院志》是任锡庚赋闲在家的时候根据残存的《太医院记事》整理成书的，全书主要记录了太医院的制度及相关职责、御医的待遇、御医的考试选拔、太医院祭祀先医的情况等重要内容，对我们了解清代太医院情况具有重要意义。

绿釉银锭形枕

唐代　观复博物馆藏

瓷枕是陶瓷中非常有意思的一类，关于瓷枕的具体用途也经常令人疑惑。以目前发现的实物来看，瓷枕最早出现于隋唐时期。隋唐之后，尤其到了宋元前后，瓷枕开始变得格外流行，进入烧制的黄金时期，在日常生活中颇为常见。古代存有大量瓷质枕头，像这种体积较小的一说为脉枕。瓷质脉枕在唐代就有，一直延续至晚清。中医把脉时往往会将一个脉枕托垫在病人的腕下，然后用三根手指搭在病人手腕的寸口处，探查脉象的变化。

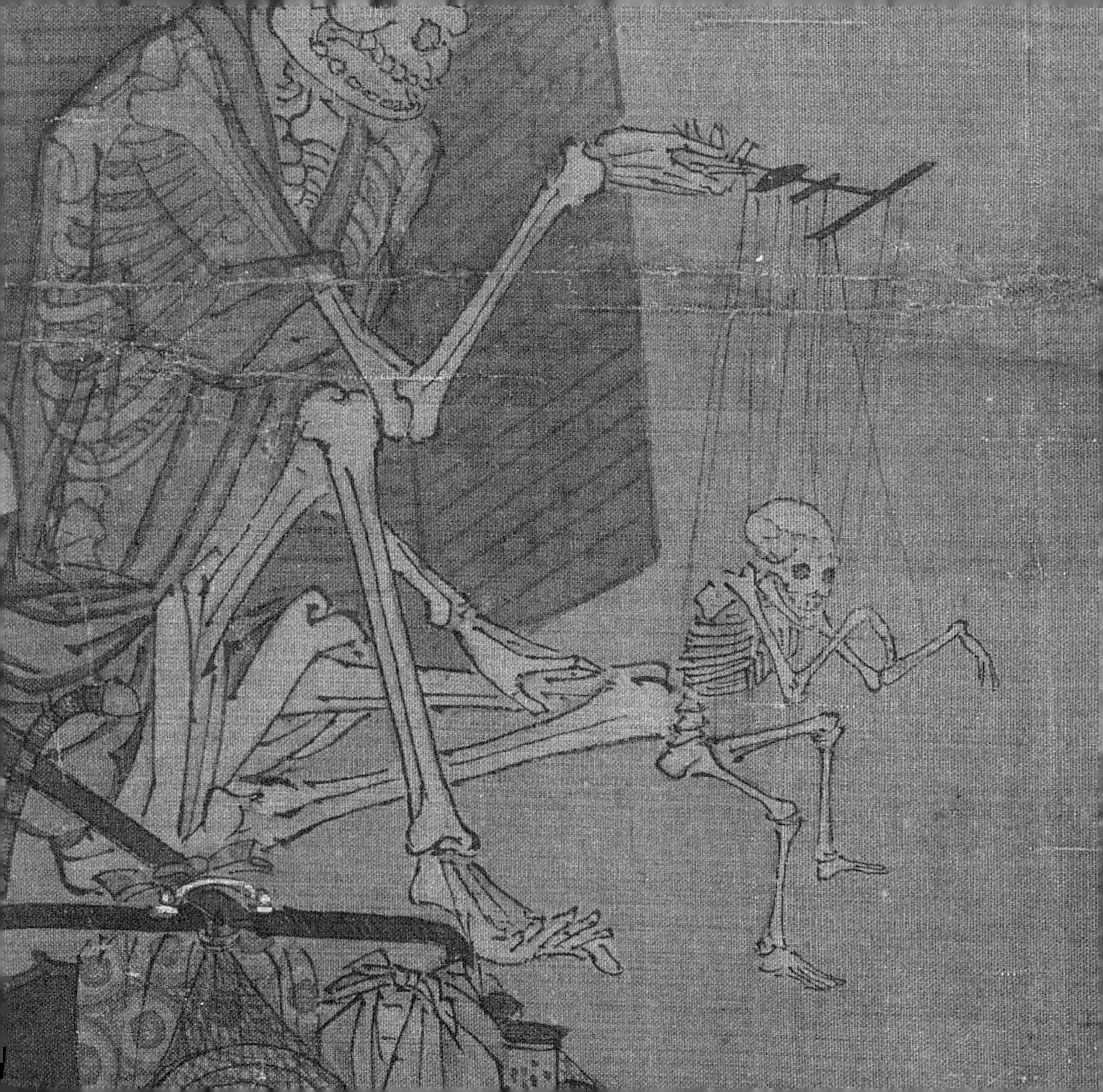

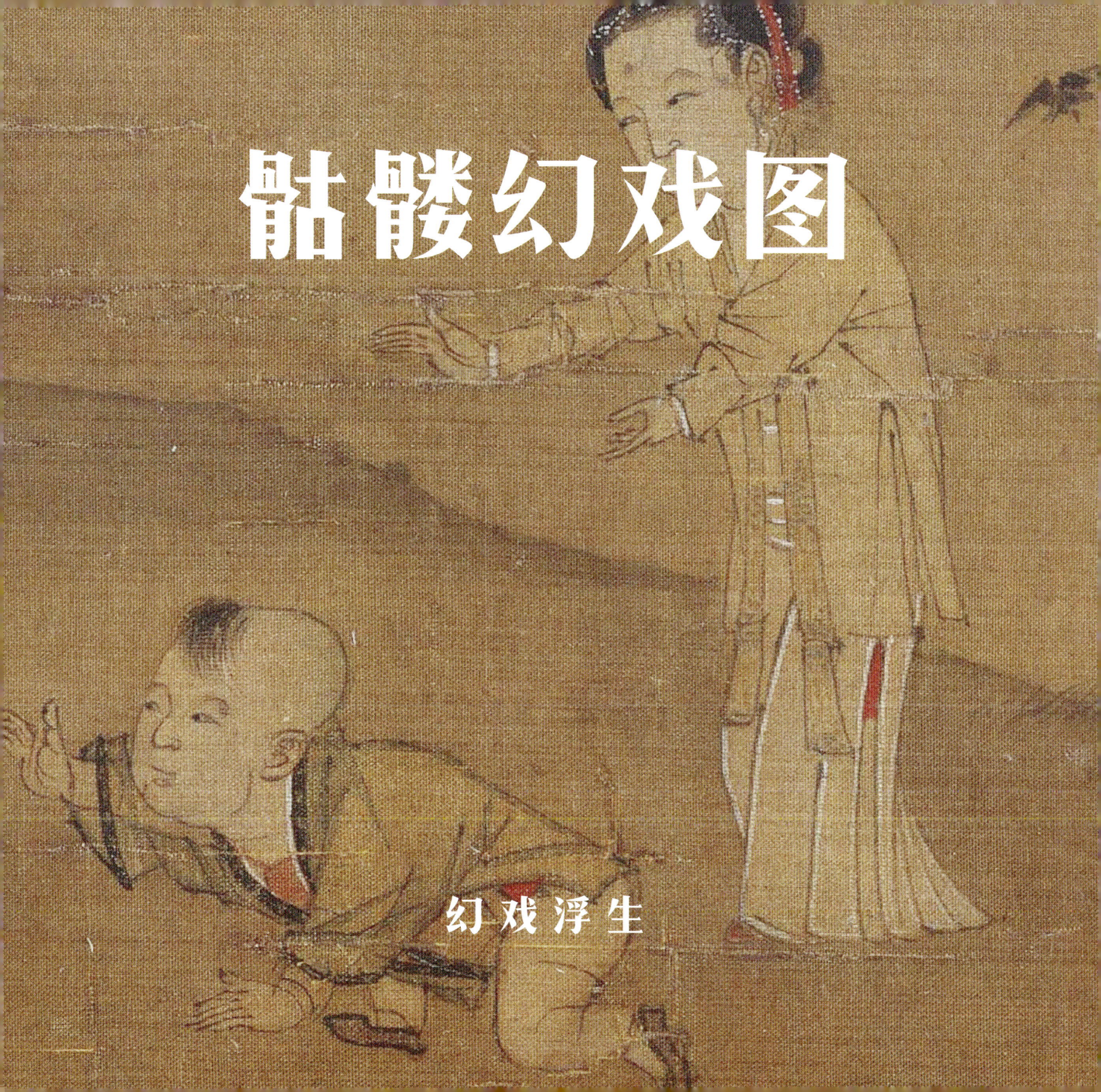

骷髅幻戏图

幻戏浮生

古画
GUHUACHUANQI
传奇

仆仆风尘是故人

"没半点皮和肉，有一担苦和愁。傀儡儿还将丝线抽，寻一个小样子把冤家逗。识破个羞那不羞？呆兀自五里已单堠。"这是字子久、号大痴道人的元四家之一黄公望创作的名为《醉中天》的小令。他的弟子休休道人王玄真又将这首小令题写在一幅南宋绢本设色的纨扇画上。而《醉中天》就是黄公望看过这幅纨扇画后所发出的感慨，也是迄今我们能够看见的有关这幅画作的最早评论。

令黄公望发出如此感慨的画作，出自南宋画师李嵩之手。据元人夏文彦《图绘宝鉴》载："李嵩，钱塘人，少为木工，颇达绳墨，后为李从训养子，工画人物、道释，得从训遗意，尤长于界画，光、宁、理三朝画院待诏。"这位出身平民阶层，后近侍君侧的翰林图画院画师，以擅长描绘细腻精微的宫廷建筑界画著称，而他笔下存世不多的风俗画，以缘物抒情的笔法，勾勒出人生冷暖、世间百态，令观者唏嘘动容。引黄公望生发如此慨叹的《骷髅幻戏图》，即为此中一例。

亦真亦幻绎人生

《骷髅幻戏图》纵 27.1 厘米，横 26.3 厘米，纨扇绢本设色，现藏故宫博物院。这是一幅人物风俗画。画面左侧绘一骷髅，虽形销骨立，但穿戴整齐。骷髅头戴乌纱幞头，身着薄长衫，席地赤脚散坐。其左腿盘缩横置于地，左手搭放在大腿之上；右腿弓起，右手肘支于右膝头，小臂向前探出，手指捏握一细杆做玩耍状。

细瞧骷髅右手把玩的竟是一提线小骷髅。小骷髅呈站立状，各关节受悬丝的控制，灵活生动，欲迈步前行。咫尺间，一个匍匐的婴孩正伸手够向小骷髅，婴孩身后的少妇忙伸手劝阻，少妇面含笑意，未有愠怨之色。婴孩和少妇并未对眼前这一大一小骷髅感到惊骇。

着衣骷髅者身后还坐一丰腴妇人，妇人盘腿而坐，两襟开敞，正揽一小儿入怀哺乳。妇人的头和上身向左前方微探，目光正注视着对面匍匐的婴孩，双唇微启，眉眼间满是慈善。着衣骷髅身旁斜置一根扁担，两个方形箱屉上挂放着大小盖盒、注子、匏壶、卷席、包袱、伞具、杯盏、承盘等生活器具。哺乳少妇身后一方形高台上立有一块木板，板上写有"五里"二字。此"五里"高台，为古代标注里程的标志。

以今人看，《骷髅幻戏图》描绘了两具骷髅、两位妇人各携一婴孩观演幻戏的和谐情景。画面中大小骷髅吸引了观众的注意力，使得其他人物皆为配角。骷髅枯槁诡谲的形象，妇人、婴孩安然自得的神态，这看似和谐的氛围也散发出一丝荒诞的气息。骷髅是远路风尘的戏子，还是形销神驻的故人？画中场景是画家营造的幻境还是真实情景？也许我们应该带着各自的遐想走入画面背后的历史，理解画中所表达的含义。

骷髅耶，傀儡耶

撰写于1127年宋室南迁这一年的《东京梦华录》，是一本追述北宋都城汴梁节庆仪式、民间风俗的笔记。书中记载每逢清明节，帝王都会登临宝津楼，诸军呈现盛大的百戏表演，"有假面披发，口吐狼牙烟火，如鬼神状者上场……继有二三瘦瘠，以粉涂身，金睛白面如髑髅状，系锦绣围肚看带，手执软杖，各作魁谐，趋跄举止若排戏，谓之'哑杂剧'"。可见骷髅扮相只舞不唱的艺伎表演为宋时常见。

此书中还列举了许多流行于宋代勾栏瓦舍的"京瓦伎艺"。其中就包括名目繁多的"傀儡戏"，操纵者凭借手中的木杆，通过缕缕悬丝牵动玩偶身体各关节部位，从而操控玩偶动作姿态，上演傀儡戏法。《骷髅幻戏图》中的骷髅作为一种写实形象，以傀儡戏的形式出现在画面中也是合乎时代情理的。然而画面中的"骷髅"和"傀儡"仅仅如后世评价的"见一切肉眼作如是观"吗？这要谈谈骷髅在传统艺术创作中的象征意义。

生与死是人类永恒的命题，无论是"好死不如赖活着"的普世价值观，还是"出生即死亡的开始"的哲学观点，人类从来没停止对生死之事的探讨。在今人的惯常认知中，骷髅是"死亡"的符号。而作为人死之形的骷髅，在中国

《骷髅幻戏图》 南宋 故宫博物院藏

158

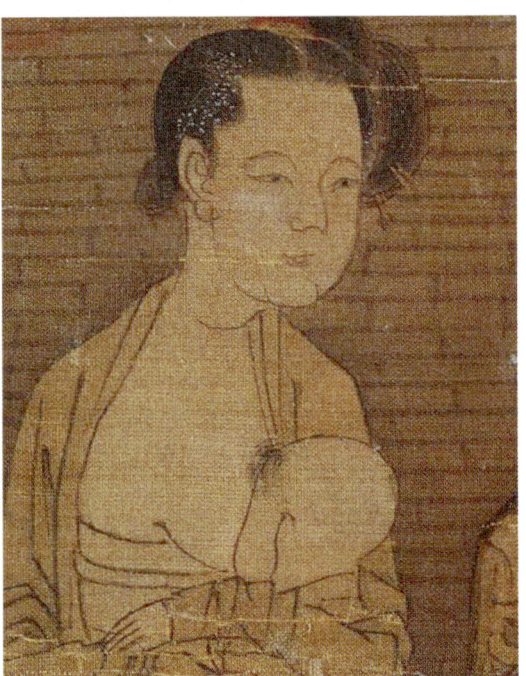

传统的文学意象中并不仅仅是死亡的代表。战国《庄子·至乐》中就曾描写过这样一则寓言，庄子在去楚国的路上见到一具骷髅，他问骷髅如何落得这步田地，是因为贪生背理而死，是亡国被杀而亡，是耻于自己的不端行为而自戕，是受到严寒饥饿，抑或是寿数已到而殒？这一系列发问，代表了生者对死亡的好奇和疑问。骷髅夜晚入庄子的梦境，告诉庄子人死后，一切生时的劳苦、忧患也都随之消失。在庄子的生死观里，人需要挣脱生而为人的种种桎梏，包括对生死的探究，才能达到逍遥的境界。庄子的生死观一直影响着后世对死亡的看法，体现在绘画艺术创作中，以骷髅形象入画，也代表了画家结合当下时代，对生死的思考。

根据画家李嵩生活在光宗、宁宗、理宗三朝统治时期，可以大致推测《骷髅幻戏图》的创作年代为1190—1264年。历经靖康之耻后的仓惶南逃，艰苦卓绝的抗金斗争，以及与金、元长期对峙后，南宋王朝的命运已日薄西山。生活在每个朝代终端的人似乎都有着类似的状态，对国局时政已经不抱希望，转而投身对娱乐生活的追求。勾栏瓦舍中的百戏杂情，正反映了国运衰颓的败势风俗。

画家李嵩笔下的《骷髅幻戏图》，正是南宋孱弱的政治、经济下，苟且繁华的市井文化的缩影。《骷髅幻戏图》中，骷髅为肉体销殒终极之形，傀儡如人世间无法摆脱之宿命。画中骷髅艺人强颜欢笑，终日以玩弄幻戏娱人，倏忽间好像也参悟了自己的人生亦如手中的提线傀儡，无法逃离命运的操作，且终为一场虚空。骷髅和傀儡，更像是肉体的寂灭和命运的书空。

观复猫 《骷髅幻戏图》

钻入古画的观复猫

令狐瞳

令狐花

《骷髅幻戏图》是一幅谜一样的画作，迄今被无数人解构。画中的骷髅和傀儡让观者有了对生死之事的思考，也引发了世人对韶华易逝的嗟叹。画面左右边缘位置留给了两对母子。左为哺育图，右为嬉戏图。这两处小景展现了人世间最为温馨的一幕。观复猫令狐瞳携幺女令狐花，饰演了嬉戏图中的这对母女。

令狐瞳以午时瞳孔细小、近乎消失的异相而得名，如此响当当的江湖名号，奈何在爱女令狐花面前，侠气全无，只剩下母亲的脉脉柔情。画面中活泼好动的令狐花对骷髅傀儡颇感兴趣，正匍匐向前，伺机扑过去捉住小骷髅。令狐瞳饰演温柔的少妇，一边张口轻唤小儿乳名，一边伸手阻拦……人会逝去，猫生亦然。现实生活中的观复猫令狐瞳始终呵护着她的孩子们，直到生命的终结。相信住在喵星的令狐瞳冥冥中也会对令狐花有着母亲的庇佑和抚慰。

观复猫

GUANFUMAOSHUOWENHUA

说文化

猫的骨骼

猫的全身骨骼包括头骨、躯干骨、前肢骨、后肢骨。

由于猫的尾椎骨数量有差别，幼年的猫和成年的猫也有差别，因此，猫有 230～247 块骨骼。

木偶

木偶古称"傀儡"，亦作"木禺"，起源很早，有提线、杖头、布袋、铁线等形式。

提线木偶在古代叫作"悬丝傀儡"，卖艺人可以将木偶操作得十分灵活，因此最受儿童欢迎。

绞胎捧盒
北宋　观复博物馆藏

绞胎是唐代陶瓷业出现的一种新工艺。所谓绞胎，通常是用两种不同色调的胎土相间揉合在一起，然后拉坯成型，上釉焙烧。有时候制作绞胎器的过程有点像日常做面点，先揉面，然后将面搓成长条，像做饺子皮那样一个一个切成剂子，再把剂子一个一个擀平整，排布在事先拉坯成型的器物上，形成自然多变的纹理。绞胎器物在唐代非常流行，一直影响到宋代乃至金元时期。

现藏观复博物馆的这件北宋绞胎捧盒，外形饱满，纹样富于变化。盒盖和盒身各设有一个小小的圆形凸起，这两个圆形小凸起相当于"定位器"的作用，只有上下一一对应，盖盒才能严丝合缝扣紧。

磁州窑黑釉玉壶春瓶
金代　观复博物馆藏

磁州窑的黑釉产品在宋代的北部江山扮演着不被人们注意的角色，高贵者以其精致传达陶瓷之外的美学精神，譬如追求上流漆器效果；朴实者则低调地在百姓的生活中默默站在它该站的地方，长久不被社会关注。

唐代司空图《诗品·典雅》有"玉壶买春，赏雨茅屋。座中佳士，左右修竹"之句，从唐代起人们就以"春"字代酒。玉壶春瓶定型于宋代，早期为酒具，因为器型好看而受人喜爱，从而慢慢向陈设器转变。这件黑釉玉壶春瓶釉色纯粹，线条流畅优美，堪称黑釉瓷器中的颜值担当。

耀州窑酱釉盏托（对）

北宋　观复博物馆藏

这对耀州窑酱釉盏托器型成熟规矩，釉色沉稳，足部露胎，是民间日常使用器皿。盏托可以算是非常"讲究"的器物了，与茶盏搭配使用。盏托的第一个功能是防烫，中国人从古至今都喜欢喝热茶，尤其在唐宋时期对水温的要求非常高，茶盏注入沸水会很烫。可是，茶盏是个斗笠状，没有把儿可拿，拿着烫手。盏托的出现就避免了这个问题，把茶盏放在盏托上，就可以隔热了。

第二个功能，要归结到讲究生活的仪式感。裸手拿杯的时候显得比较随意，而加上一个托就会显得更为庄重。双手执拿杯子表示对他人以及对自己的一种敬意。

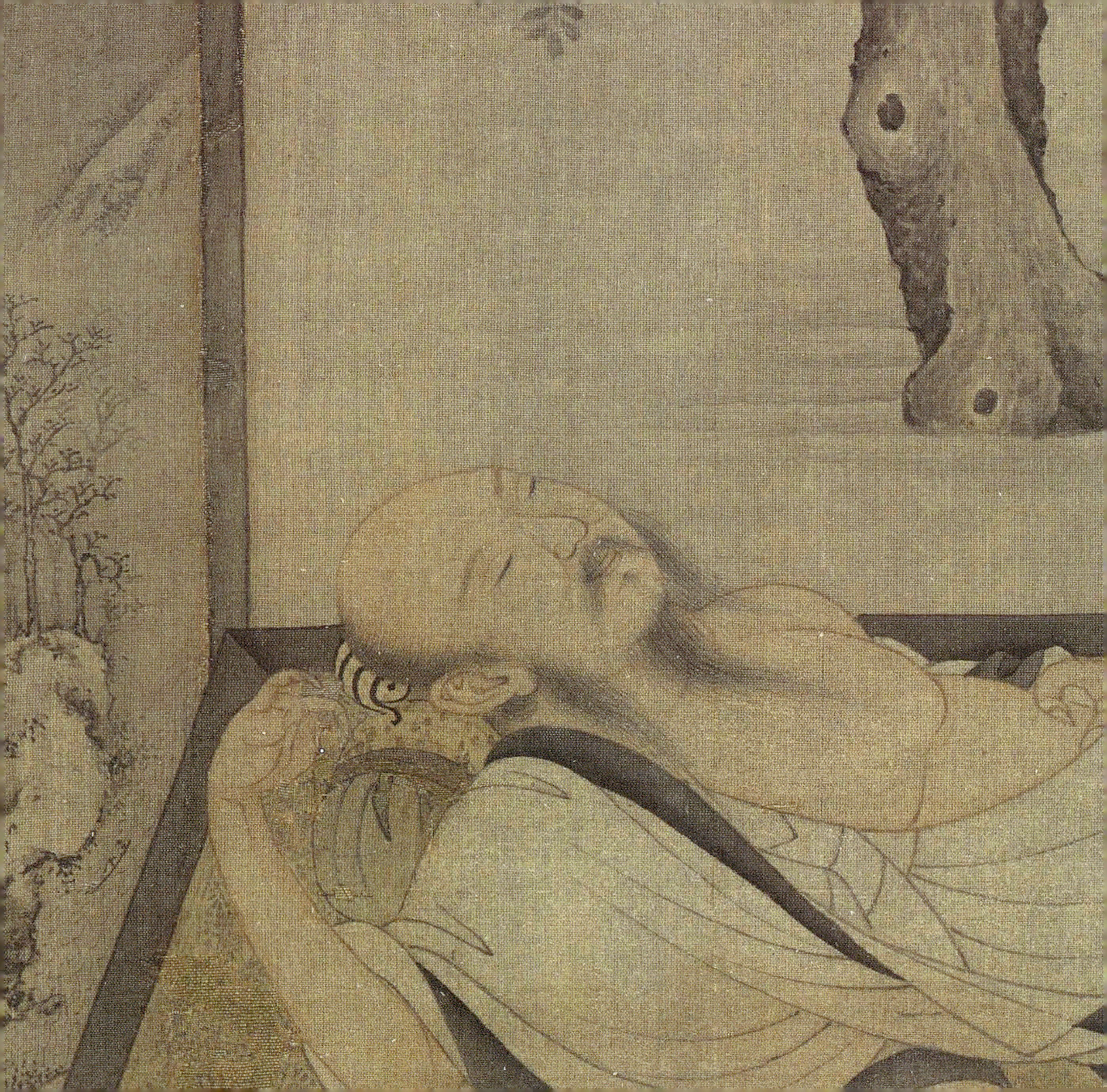

槐荫消夏图

与子同消夏日长

古画
GUHUACHUANQI
传奇

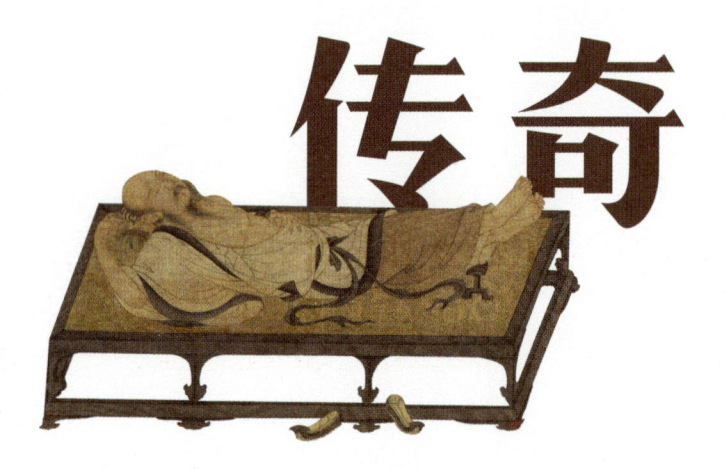

斋馆萧然静，从容得昼眠

俗话说，"小暑大暑，上蒸下煮"。小暑一过，气温始攀升，即使在竹深树密虫鸣处时有微凉，温风热气也已悄然集结成日趋升腾之势。时至大暑，一年中最热的时节到来之后，"上无纤云，下无微风"，湿热交蒸的伏天就此开启。

盛夏时节酷暑难当，纳凉、避暑无形中成为人们的时下话题。对于今天的大部分人来说，吹空调、吃冷饮已然成为惯常有效的消暑方式。而对于没有电扇、空调的古人来说，消夏的方法又有哪些呢？我们不妨从这幅《槐荫消夏图》说开来。

现藏故宫博物院传为南宋佚名的《槐荫消夏图》，纵25厘米，横28.5厘米，绢本设色。画中一位束发长髯的男子，褒衣博带，正袒胸露腹仰卧在榻上。榻为清凉的席面，八条剑腿下承托泥，托泥之下又设八只如意形小足接地，形制古朴。这张榻的体量不大，但造型和制作都相当精美，是当时专为乘凉用的轻便卧具。

画中男子一手放置枕边，另一手轻抚腹部，双腿交叉，赤脚翘搭在隐几上，显得很惬意。隐几在宋代以前本是文人置于床榻之上，坐息时用来侧倚或凭靠的小件家具。宋代以后，隐几又被俚称为"懒架"，原因是此时隐几的功能除了原有的凭倚之外，还可以用来枕在头下或搭在脚下，可谓一物多用。榻下一双方舄分散放在托泥旁。这一处凌乱甚是可爱，不禁让观者哑然而笑，可见此高士的这场昼眠更像是临时起意，从容洒脱。

榻前置一落地屏风，屏心绘有磐石疏林，远处若有寒山残雪，屏中风景正居男子脑后。不知是已睡得深沉，还是在闭目静听蝉鸣蛙叫，男子面容沉静恬然，仿佛已遁入身后屏中那片山林，步入萧然清心之境。

卧榻旁又置一夹头榫小案，案上搁有八卷书裹、一个鱼形小香炉、一具辟雍砚、一件笔架，其间插有两支斑竹毛笔，此俱为画中高士案头所需。揽观这一景致，人物、家具、文房皆在庭中最深处的槐荫之下。画中只见老槐树的遒干和蓬生的枝叶，顶部的树冠并未入画，如此布局反而赋予了观者视觉想象的延伸，引观者进入"庭槐影碎被风揉"的无限遐想。

但能心静即身凉

追溯历史，从汉代商山四皓，至魏晋南北朝的竹林七贤、兰亭雅集，再到唐宋时期的竹溪六逸、睢阳五老，古代文人高士志在山林。"赤日黄尘厌垢纷，竹林深处寄幽欣。"文人会远离闹市，在自然中寻找一片林密荫浓处，体味山野之趣；或"畏暑闲寻湖上径，雨丝断送凉成阵"，栖息水泽湖畔感受一阵微风细雨；抑或"避暑入古寺，暂尔遣骚屑。心静凉于秋，倏然适清悦"。躲入山中古寺暂避世间烦扰，以上皆是文人雅士的消夏首选。

古人也会选择在自家庭院赏景消夏，于花木葱茏、曲径通幽处品茗，并借助"凉友""竹夫人""瓷枕"等一系列消暑利器度过苦夏。最为佛系，也最被文人称道的，当属在经历酷暑的同时，还保有一份超然的静气。

正如在《槐荫消夏图》中，既没有看到类似"小扇引微凉"的举止，也没有看到"携杖来追柳外凉，画桥南畔倚胡床"的阵仗，单是一位仰卧酣睡于参差槐荫之下的高士，就让人有了"一榻清风殿影凉"的清爽之感。究其原因大概是画中传来的那种宁静悠然的气息消解了夏日的浮躁。正如白居易在《苦热题恒寂师禅室》中所云："人人避暑走如狂，独有禅师不出房。可是禅房无热到，但能心静即身凉。"

《槐荫消夏图》 宋代 故宫博物院藏

观复猫 《槐荫消夏图》

钻入古画的观复猫

炎炎夏日，暑气难熬，每到盛夏时节，观复猫也都依照各自喜欢的方式乘凉，或躲在树荫下避阳，或趴在石块上降温，或进办公室蹭蹭空调。被大家称为"戏精"的宣传副馆长王情圣，最喜欢钻进博物馆院子里的那片小竹丛避暑，假装自己是"竹林七贤"里的某位文人雅士。

这次我们让王情圣钻入了《槐荫消夏图》，饰演一位逍遥洒脱的文人，为我们展现宋代文人的消夏场景。盛夏的槐树下，王情圣饰演的文人袒胸赤足仰卧，在享受着阴凉之时或许还在听着树上的鸟啼虫鸣。虽然惬意，但也许下一秒，卧在榻上的情圣就要起身翻阅书卷。在古代的消夏图中，文人士子身边大多都配有古董文玩。所谓慢生活，大抵就是如此吧。

观复猫
GUANFUMAOSHUOWENHUA
说文化

磁州窑划花卧鹿纹腰圆形枕

北宋　观复博物馆藏

枕头是日常生活中不可或缺的物品之一。陶瓷制作的枕头始于唐代，流行于宋。一般用各种图案或题以诗文进行装饰。早先很多人认为瓷枕只是作为陪葬的明器出现，然而一些瓷枕上出现的文字显然不符合这种观点。比如有的枕头上这样写道："众中少语，无事早归。"这种句子显然不是为了提醒一个故去的人如何处世。因此瓷枕在宋代作为日用品出现，并不值得大惊小怪。

这件瓷枕是常见的腰圆形，正面装饰的是卧鹿纹。鹿在古代被认为是一种神兽，是仙人的坐骑。所以用鹿作为装饰图案以为祥瑞。酷热难熬，瓷枕带来的清凉舒爽是古时别样的夏季体验。

龙须木黄花梨面板剑腿酒桌

明代　观复博物馆藏

宋代桌子实物非常稀少,所以这次选择形式接近宋风的明代小桌入画。

这件龙须木黄花梨面板的剑腿酒桌个头不大。四条桌腿不与板面的四个顶角垂直,而是在两端缩进了一部分,这种造型被称为"案形结体"。两侧的桌腿间有横枨,整体造型秀气之余也带着些许豪迈之气。

青铜天鸡形带盖水盂

宋代　观复博物馆藏

水盂是文人钟爱的文房用具之一,读书人用来贮水,方便研墨时使用。这种看似小巧玲珑的罐子置于桌案之上,一可赏心悦目,二能体现主人的审美趣味。

这件青铜水盂铸成天鸡造型。天鸡是古代传说中的神鸟,形象神勇威猛,可祈愿平安。

青釉辟雍砚

唐代　观复博物馆藏

辟雍,本是周王朝为贵族子弟开设的学校,四面环水,形如环璧。

这件圆形的砚台砚面居中,砚堂隆起,四周留有环形沟槽。砚台之下有众多的足承托,称为"辟雍砚"。辟雍砚大概成型于南北朝时期,唐代成为瓷砚中的经典款式。

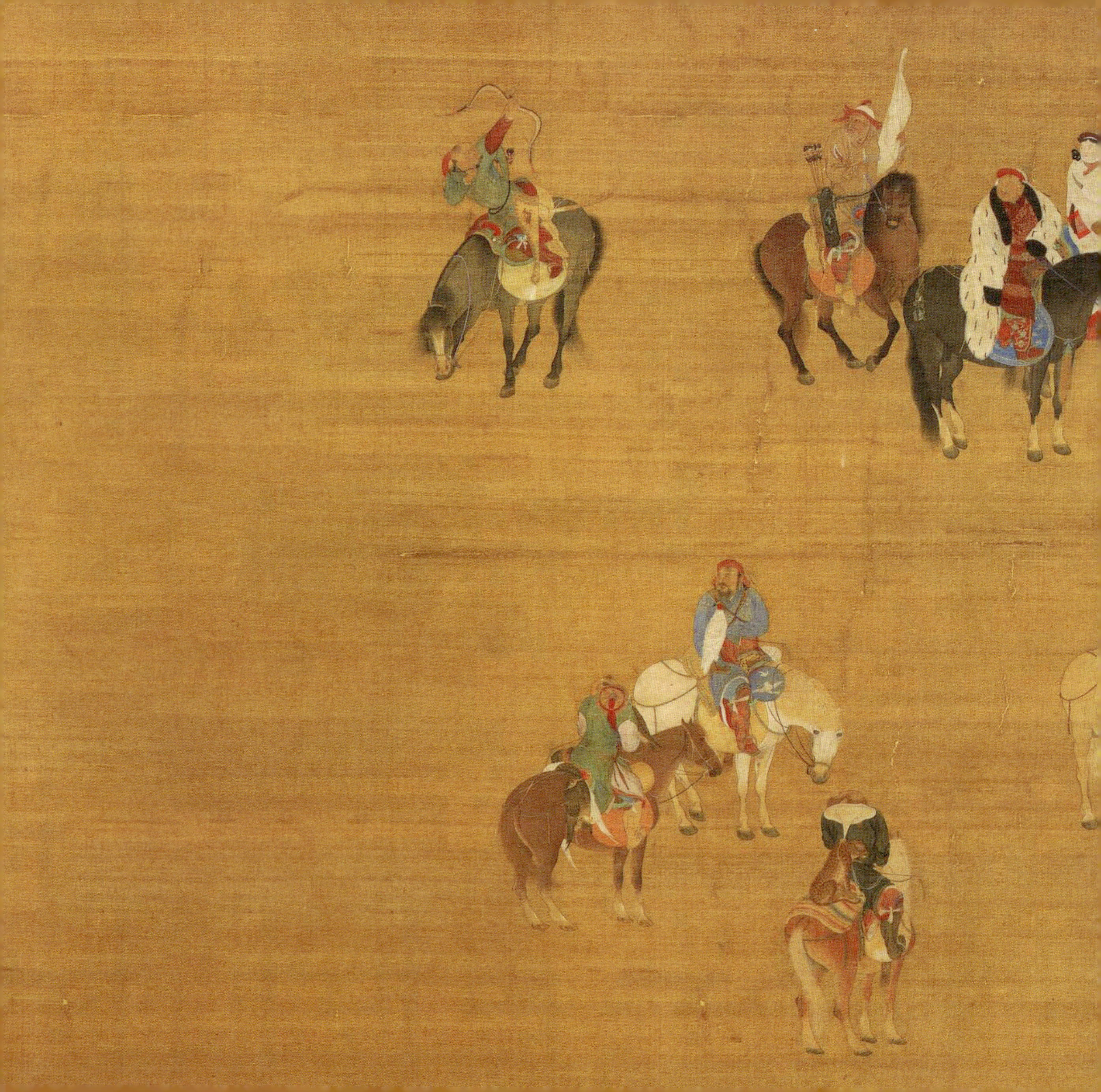

元世祖出猎图

众卿，随朕出猎

古画
GUHUACHUANQI
传奇

蒙古人的花式狩猎

元代人陈孚的诗集《明安驿道中》中有这样几句诗："貂鼠红袍金盘陀，仰天一箭双天鹅。雕弓放下笑归去，急鼓数声鸣骆驼。"诗文描述的内容与台北故宫博物院所藏《元世祖出猎图》展现的场景十分相似。《元世祖出猎图》绢本设色，纵182.9厘米，横104.1厘米，为元代画家刘贯道作品，画面展现了十分丰富的狩猎细节，其中包括猎手射雁、骑士臂鹰、马负文豹、携行细犬等，无不蕴含着草原地区历史悠久的游猎文化。

蒙元重视辽代故俗，狩猎与辽代"四时捺钵"制度关系密切。"捺钵"是契丹语，意思是行帐、行营、行宫等君主出行时的临时住处。四时捺钵，又叫四季捺钵，即一年四季外出游猎。这种制度与游牧民族依赖大自然环境生存，追逐猎物四处徙动的习俗有关。

四时捺钵分为春夏秋冬，一般来说，春捺钵为水边捕猎天鹅、大雁、鱼类；秋捺钵为入山捕猎虎、鹿；夏捺钵为了避暑；冬捺钵为了避寒。这种制度，除了延续游牧民族的故俗，还可以锻炼骑射，加强武力。因此，辽代之后，捺钵制度依然对金、元、清三朝产生深远的影响。

《元世祖出猎图》，画面的C位当然是元世祖和他的察必皇后。元世祖就是历史上大名鼎鼎的忽必烈，成吉思汗之孙，是一位杰出的政治家和军事家。公元1271年，忽必烈建立元朝，称为开国皇帝，定都大都（今北京）；公元1279年，完成了全国统一。

画面中的元世祖和察必皇后并肩骑于马上，两人都穿着白色外袍，在众多侍从中尤显醒目，显示了"蒙古尚白"的特点。尚白，指的是对白色的喜爱和崇尚。以白为吉祥颜色在元人生活中处处体现，元代宫廷主要节日穿白衣；皇帝骑白马，住白色蒙古包；佛教仪式时，皇帝宝座上撑起白色华盖；狩猎时的猛禽海东青以羽毛纯白者为上品；等等。元世祖与察必皇后身着白袍，一望便知在众人中身份最为高贵。

仔细观察画面左上角，展示的是"猎手射雁"这一场景：正在弯弓射雁的少年吸引着所有人的注意力，只见他身着绿色海青衣，胸前绣有金色云龙纹样，左手持弓，右手引箭。包括元世祖忽必烈在内的所有人，全都敛声屏气，将目光凝聚于箭矢离弦的刹那，期待弓响禽落，将猎物收入囊中。

这位英姿飒爽的少年极有可能是禁卫军"怯薛"的一员。"怯薛"承担着保证皇帝出行安全等多种多样的职责，最早由成吉思汗从贵族官吏子弟中选拔，由百人的贴身护卫发展为万人的勇猛禁卫军。元代张宪曾在《怯薛行》中赞叹该卫队的勇武："怯薛儿郎年十八，手中弓箭无虚发。"

画面左下方展现了"骑士臂鹰"的场景：一位身穿蓝色窄袖袍的随从，右臂上架着一只白色猎鹰，这就是辽金元时期备受珍视的猛禽海东青。以海东青去捕猎天鹅等禽鸟，是游牧民族常见的狩猎方式。这只海东青通体雪白，长有黑喙，顶部佩有红缨装饰，彰显名贵。再看旁边身着绿色外衫、背朝观者的这名随从，右臂上也架着一只海东青。他骑乘的马匹上还堆放着大雁、天鹅，是这次狩猎收获的战利品。

画面最下方可以看到一名骑者，他背后的马背上蹲踞着一只猎豹，这里表现的是"马负文豹"的场景。这位骑者秃顶，蓄着黄色络腮胡子，很可能来自中亚或者西亚地区。豹子的行动被严格控制，口部被用皮索套住，一条带子通过两腋结于背部，绳索牢牢地握在骑士手中。猎豹为凶猛的野兽，驯养需要从小进行，猎豹长大后很难再听从他人指挥，所以这位训豹师可能是与猎豹一同入贡大都，在内廷供奉。

与其他朝代相比，蒙元时期以猎豹参与打猎活动的方式盛行。这种猎豹原是西亚、南亚及非洲等地区才有的，随着13世纪至14世纪东西交通的贯通而传入蒙古宫廷。1254年，赴漠北和林朝谒蒙哥汗的欧洲方济各会教士鲁布鲁乞，亲眼见到印度国王遣使向蒙古大汗进献31只猎豹。除了异域进献猎豹外，产豹地区的蒙古诸王进献也是元朝宫廷猎豹的重要来源。

除了海东青和猎豹，画面右上方还有一条瘦骨嶙峋的小犬，看似和画中体型壮硕的蒙古人气场不合。实际上，犬也不可貌相，这种犬名叫细犬，是中国古老的狩猎犬种，细腰、细腿、尖嘴，体态呈流线型，奔跑速度极快，它们生活在蒙古草原上，是人们在打猎时的最佳帮手。

183

《元世祖出猎图》 元代 台北故宫博物院藏

马背打天下，巡幸固江山

元世祖忽必烈位于画面中央，身骑骏马，头戴貂冠，外穿裘皮，内衬红袍，袍上绣有金色龙纹，脚蹬皮靴，端坐马上。位于元世祖的身后，身着云肩四盘龙纹海青衣的女子，是元世祖的皇后察必。察必皇后的衣着以白色为主，面庞显出女性的温柔，与元世祖刚毅伟岸的身姿形成鲜明对比。这是一张生动有趣的"旅游纪念照"。

蒙古族被誉为"马背上打天下"的民族。13世纪初，成吉思汗统一蒙古各部，铁骑踏遍中亚、西亚甚至欧洲，建立起庞大的蒙古政权。1260年，成吉思汗的孙子忽必烈即位大汗，1271年改国号为"大元"，1279年灭南宋，实现了我国历史上空前的大一统。成吉思汗在位时分封的四大汗国——钦察汗国、伊利汗国、察合台汗国和窝阔台汗国由其他后裔继承，各国相对独立，但元朝仍对其保持名义上的宗主关系。

蒙古帝国时期，政治军事中心位于漠北和林。忽必烈的上一任大汗蒙哥汗去世突然，没有指定汗位的继承人，按蒙古传统，大汗需要重新通过"忽里台"大会进行推选。忽必烈的弟弟阿里不哥长居漠北和林，受到蒙古内部人拥护；而忽必烈久居漠南汉地，也有许多汉族豪士前来支持。于是二人分别于漠北和林以及漠南开平召开"忽里台"大会，先后宣布继承汗位，引发了一场"汗位之争"。这场汗位之争长达四年，最终以阿里不哥的失败而宣告终结，忽必烈所建立的大元王朝最终登上了历史舞台。

元王朝政府实行两都制，设立上都和大都。上都，也称为上京或夏都，位于开平；大都，也称为冬都，位于燕京。每年三四月至八九月，皇帝和部分朝廷官员由大都到上都办理朝政，秋凉以后再回到大都理政，每年往返一次。之所以实行两都巡幸制度，一方面是蒙古作为北方游牧民族，多少受先前辽代的四时捺钵制度以及金代的巡幸制度影响；另一方面由于元朝政治中心的南移，更接近蒙古本土的上都能够加强与漠北宗王贵族的联系，位于漠南汉地的大都更便于对中原地区的运作管理。

《元世祖出猎图》所描绘的场景——黄沙浩渺、朔漠无垠，应该并非短期狩猎或者战争途中，大都附近也不具备这样的环境，那么便极有可能是两都巡幸期间举行的游猎活动。

杨家枪

观复猫 《元世祖出猎图》

钻入古画的观复猫

茫茫驼道，戈壁大漠。观复猫这次穿越到元代，前来演绎一场君王的出行游猎。

经常被大家称为"南瓜大王"的戴南瓜，这次饰演的是一代枭雄元世祖忽必烈，威武的身躯，霸气的表情，这一形象被有一双"刀刀眼"的戴南瓜演绎得惟妙惟肖。娇小的苏二花饰演察必皇后，跟随在戴南瓜的身旁，看上去夫唱妇随，温良淑顺。不过也别忘了二花还有个外号叫"霸王花"，刚好符合察必皇后足智多谋、是元世祖忽必烈得力助手的这一特点。

画面左侧，杨家枪身穿绿袍，弯弓射箭，英姿飒爽。对野味的执着，非常符合杨家枪的日常爱好。画面右侧穿红袍的郑小墨，兴奋地看向杨家枪，张口呼喊，似乎在为他鼓劲加油。

这个狩猎阵容，大家觉得怎么样？

观复猫

GUANFUMAOSHUOWENHUA

说文化

细犬

细犬，中国古老的狩猎犬种，体态纤细矫健，奔跑速度极快。

海东青

海东青是一种凶猛的猎鹰，能捕猎天鹅等禽鸟，是游牧民族的狩猎好帮手。海东青以通体纯白色羽毛者为上品。

铜鎏金马镫

辽代　观复博物馆藏

马镫出现得比较晚，是中国人的发明。现存最早的文物证据是出土的西晋永宁二年（302年）的马镫。最早的马镫是单马镫，只为上马而用，只有马左边有，右边没有，后来才发展成双马镫。西方人管马镫叫"中国靴"。所有的科技发展，首先会运用于军事，马镫其实也是一个军事发明。马镫的出现使骑兵上身的力量能够释放出来，在马上直接就可以打仗了。

戴南瓜所用的马镫是辽代的，有千年历史。马镫表面鎏金，踩蹬部位为圆形，底部有如意云气纹，精美华丽。这是一件礼仪马镫，是皇家检阅军队的时候所用，不用于打仗。

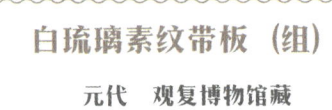

白琉璃素纹带板（组）

元代　观复博物馆藏

玻璃，古称"琉璃"。宋、元、明三朝玻璃器非常少，因此这套白琉璃带板就更显珍贵。此套带板共二十件为一组，由长方形、长条形、桃形带板组成，形制规整、素白无纹，保存完好。

金镶绿松石三叶形耳饰（对）

元代　观复博物馆藏

苏二花佩戴的这对三叶形的金镶绿松石耳饰，为鄂尔多斯地区蒙元时期的北方游牧民族的作品，样式非常新颖。两个耳环均呈S形，主要装饰部分与光素耳环弯钩焊接全以一根金线串联，简洁利落。三个小金圆片层叠结连，旨在模仿一种原产于中国中原的植物"打碗碗花"。花朵上方镶嵌有两颗一大一小且色泽不同的绿松石，饶有趣味。花朵下边用金丝打卷，此为元代耳环较流行的做法。

莲池鸳鸯纹花形金吊坠

金-元　观复博物馆藏

苏二花脖子上还挂着一个莲池鸳鸯纹形金吊坠，更显得其身份不同常人。鸳鸯在荷花池中出双入对，顾盼戏游，常比喻夫妻和睦，相亲相爱。

此吊坠錾刻了一上一下两只鸳鸯，两首相对，均做展翅状，似有窃窃私语的神态。吊坠中心为一片半开半合的荷叶，工匠将叶片的阴阳相背表现了出来，与中国传统文化中善用平面表达方式不同，可见当时人们对大自然的观察与总结。荷叶两侧各錾刻一朵盛开的莲花，同根而生，取"并蒂莲花"的美好寓意。吊坠外围錾刻出细如米珠大小的圆珠，形成内外两层花瓣形边框。

中国画古有玄机

马未都 编著
檀仁 绘

第一辑（下）

中信出版集团｜北京

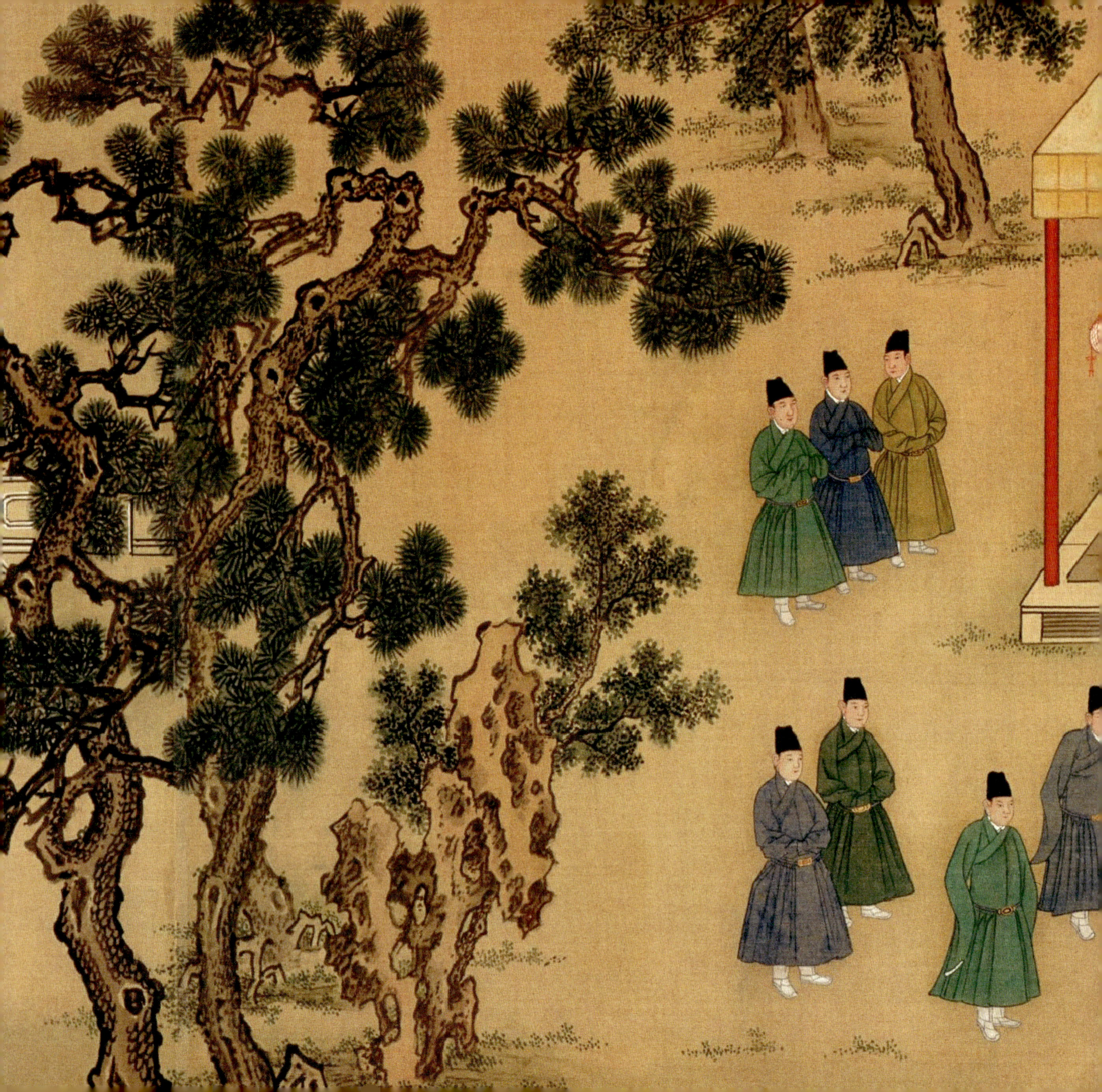

明宣宗行乐图

明朝最会玩的皇帝

古画传奇

GUHUACHUANQI

太平天子朱瞻基

宣德皇帝朱瞻基是永乐皇帝朱棣的孙子，一出生就深得祖父喜爱，《明宣宗实录》记载，朱棣抱着小孙子高兴地说："此天日之表，且英气溢面，符吾梦矣。"由于父亲洪熙皇帝在位不足一年即去世，青年朱瞻基于洪熙元年（1425年）就匆匆即位，第二年正式改年号为宣德。

宣德皇帝在位十年正是明朝的盛世时期。说起明代历史，永乐皇帝和宣德皇帝常常被放在一起。这两位皇帝在位期间，重视朝政和民生，使得政局稳定，经济发展，开创了历史上的"永宣盛世"。

宣德皇帝雅好艺术，喜欢绘画，大名鼎鼎的宣德炉就是这个时期的产物。史书记载他"雅好词翰"，"精于绘事"，"酷好促织之戏"。前两条大家都不怀疑，因为宣德有很多画作存于世。

最后一条出于晚明的笔记，"促织"就是蟋蟀，野史记载宣德皇帝酷好斗蟋蟀。这就引出了宣德皇帝的一个特点——喜欢玩儿。宣德皇帝的皇位来得比较容易，到了他这儿不需要再创业了，天下太平，国家富足，各方面条件都允许他玩。要说平常人也都爱玩，更别提太平天子宣德皇帝了。

以画笔记录的帝王生活

帝王的一举一动都需要记录，于是以画笔记录宣德皇帝玩乐的《明宣宗行乐图》就诞生了，这是幅明代人绘制的长卷，绢本设色，纵36.7厘米，横690厘米，今天收藏在故宫博物院。

长卷以宫墙、树木为阻隔，描绘了六个场景。朱瞻基身着便服，头戴黑色檐帽，悠闲地观赏和参加各种体育活动类的游戏。如果把画卷从右向左徐徐展开，我们会看到射箭、蹴鞠、马球、捶丸、投壶五个游戏。画面最开始，宣德皇帝留着一把威武的大胡子，端坐在一张黄花梨胡床（马扎）上，看着内侍们射箭、蹴鞠、打马球。但他显然是心里痒痒，想亲自玩，根本坐不住了，所以接下来我们看到皇帝亲自下场玩了捶丸和投壶的游戏。画面最后，游戏结束了，宣德皇帝坐在步辇上回宫。有意思的是，画面上的宣德恋恋不舍地回头凝望，就像个还没玩够的孩子，一下子让高高在上的皇帝有了人情味，突出了其性格魅力。

画中描绘的场地开阔，树木疏朗，不会遮挡视线，建筑也都是小巧敞亮的亭子，想必就是专为皇帝游戏所用的御园。整幅画用笔细腻，建筑、服饰、器物都非常写实，从中可以领略明代皇家的休闲生活。

古代的体育游戏

宣德皇帝爱玩,玩的兴趣也很广泛,室内室外,笔下马上,要说算是文武全面发展了。在《明宣宗行乐图》中,可以看到他喜爱的体育类游戏有射箭、蹴鞠、马球、捶丸、投壶几种。

射箭最早是应用于狩猎和战争,后逐渐延伸成为古代六艺之一的"射",蕴含着丰富的儒家思想,历来是皇家子弟从小就练习的项目。

从射礼发展而来的游戏是投壶,其历史悠久,从先秦时期一直延续到清末都有人玩。常见的投壶鼓腹高颈,左右有贯耳,游戏者拿箭矢往壶中投。

马球,又被称为"击鞠",游戏者骑在马上,以杆击球入门,唐代十分流行。

捶丸也是与球有关的游戏，以一支球杆击打小球入坑，老少皆可玩，有点类似今天的高尔夫球。

我们着重说说观复猫钻进古画的蹴鞠一段。蹴鞠，就是古代的足球，又叫"踏鞠""蹋鞠""蹴球"等。"蹴"，就是用足踢；"鞠"，意为外面皮革，里面以毛填充的圆球。蹴鞠说的是用脚踢球，演化到现代就是足球运动。《明宣宗行乐图》中，有三人相对踢球，旁边一人还怀抱着一个备用球，可以清晰地看到皮革制成的球身。

蹴鞠的历史很悠久，早在先秦时期，民间就已经开始流行娱乐性的蹴鞠。《史记·扁鹊仓公列传》："安陵阪里公乘项处病……臣意谓之：'慎毋为劳力事，为劳力事则必呕血死。'处后蹴鞠，要蹶寒，汗出多，即呕血……即死。"这段话记载了一个叫项处的人，医生告诫他病中不可剧烈运动，否则会有生命危险，但项处是个球迷，按捺不住运

《明宣宗行乐图》　明代　故宫博物院藏

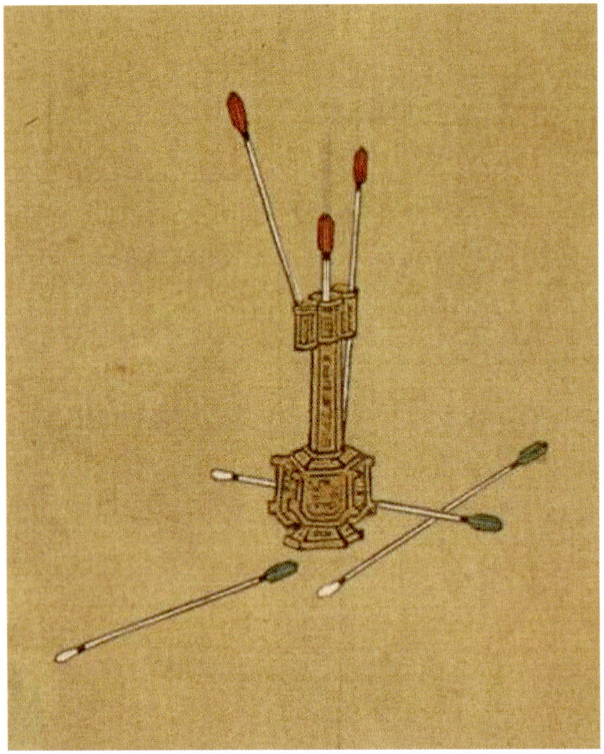
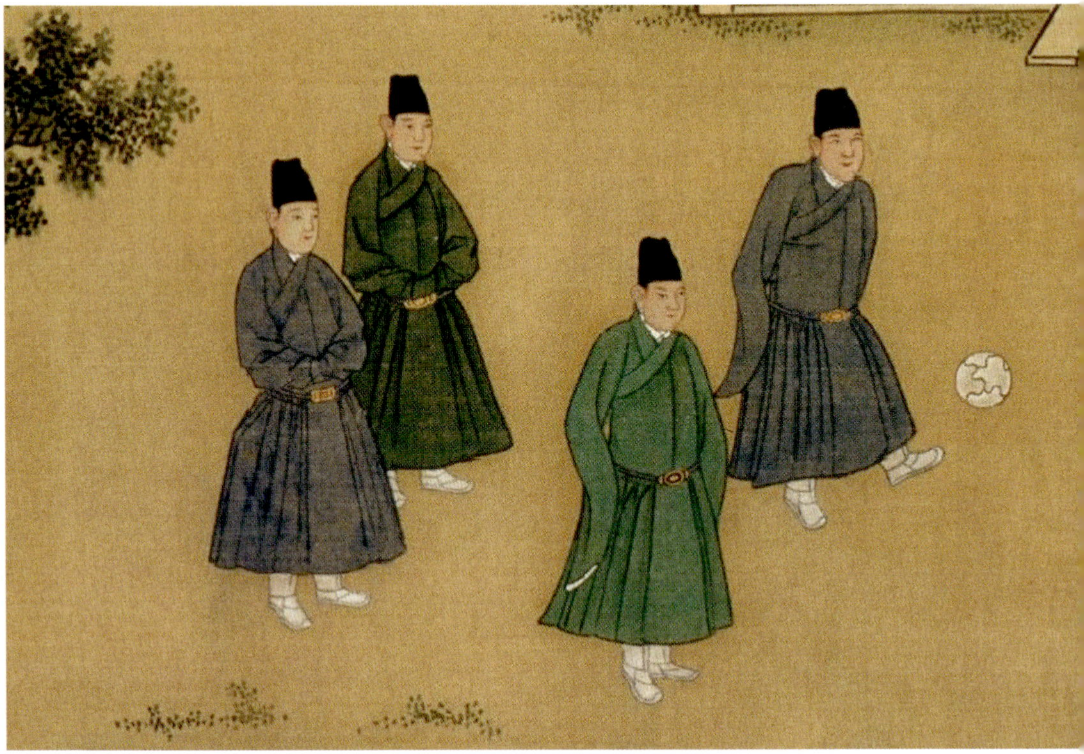
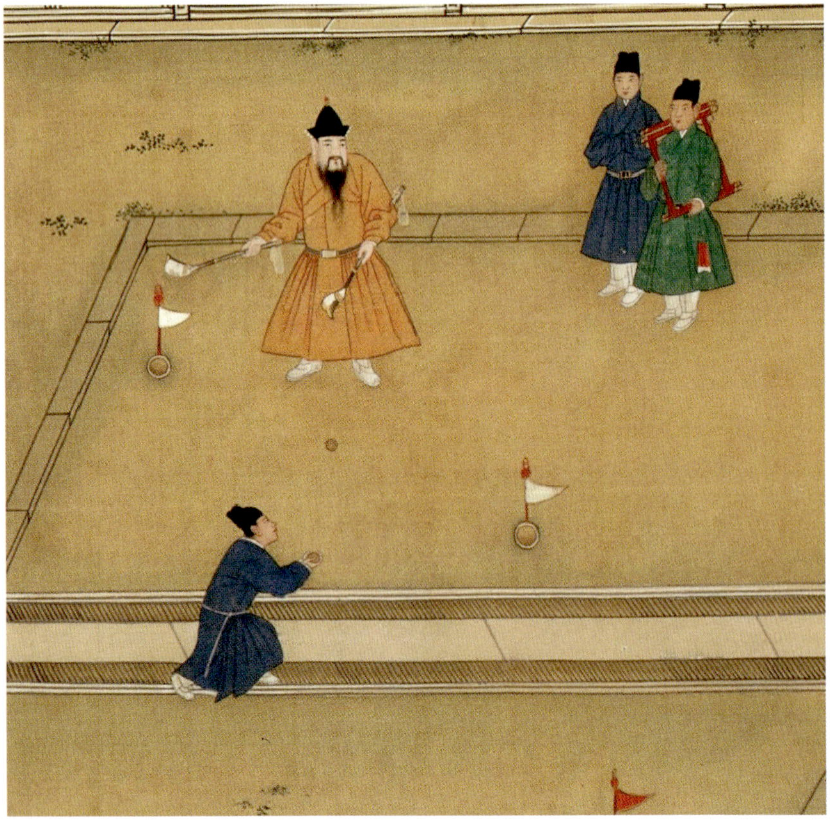
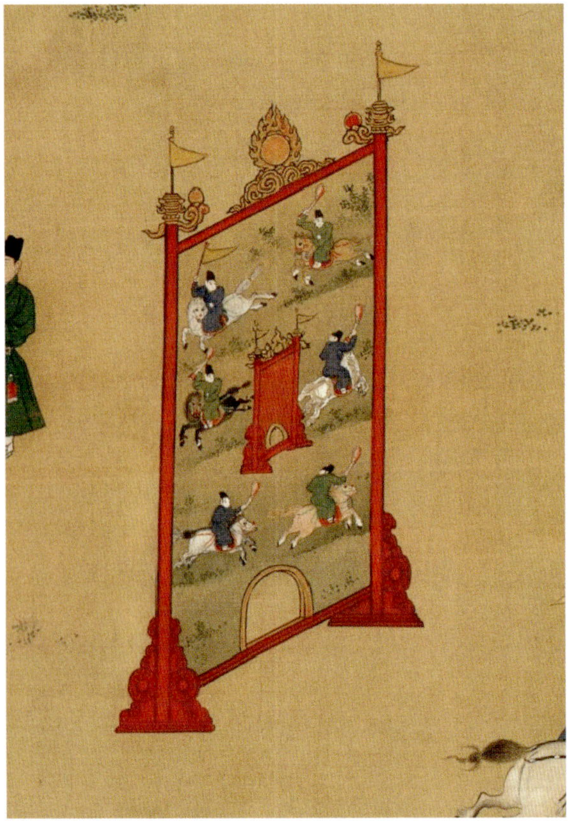

动的心，还是去踢球了。过后他果然出了许多汗，吐血而死，真是在用生命踢球。

自西汉始，蹴鞠就是皇家最喜欢的游戏活动之一。汉武帝和汉成帝都很喜欢蹴鞠，最狂热的要数大将军霍去病了，《汉书》记载，霍去病北伐匈奴时，不管条件多么艰苦，蹴鞠都是不能少的。到了唐宋，蹴鞠之风不减，唐代以后出现了相对高端的充气球，大大增加了游戏的乐趣。高俅因球技出众，被宋徽宗赏识，从此登上人生巅峰。今天，蹴鞠对国人来说，不仅仅是一种游戏，还是历久弥新的文化符号。

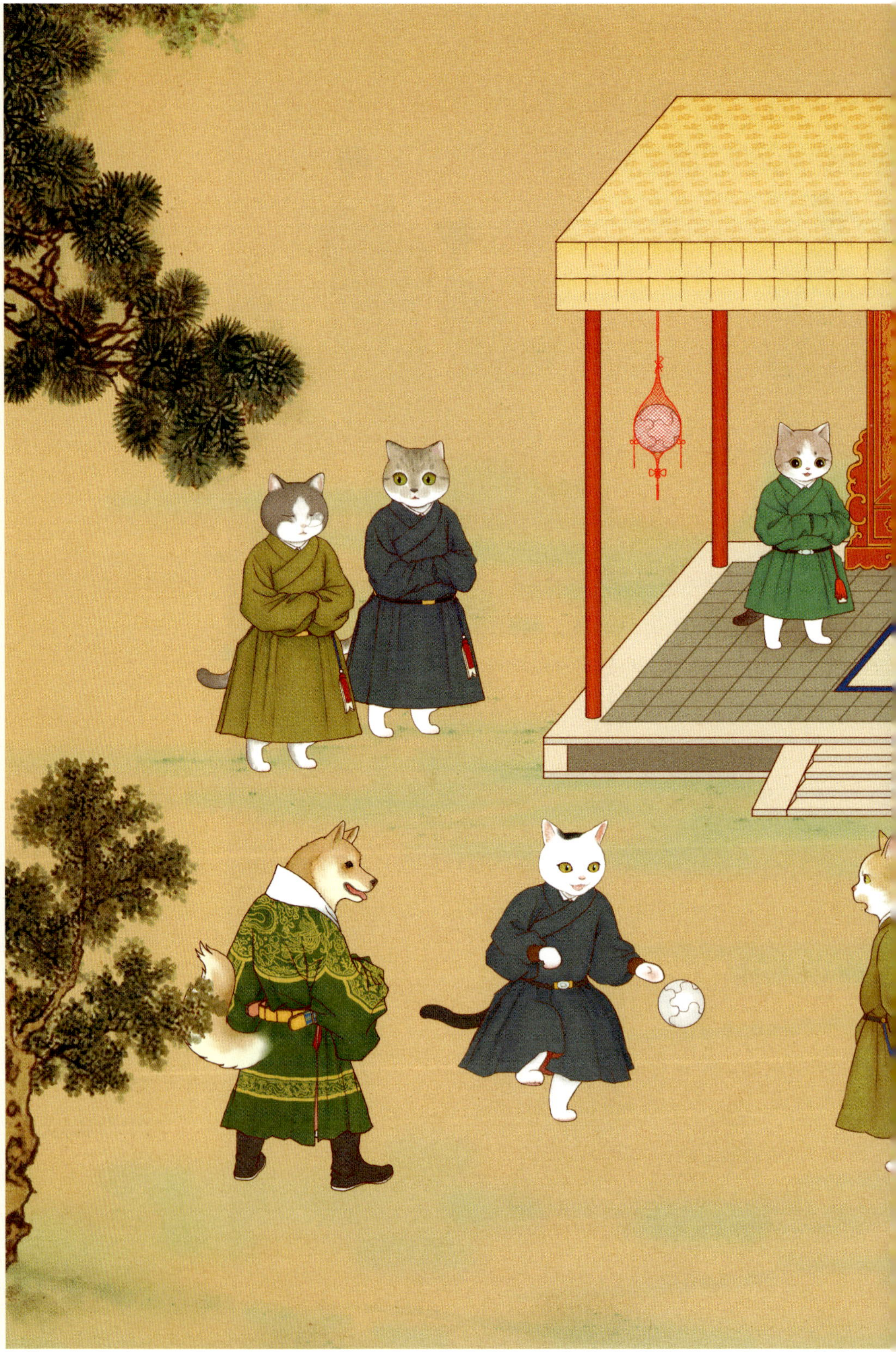

观复猫 《明宣宗行乐图》

小二黑

宋球球

钻入古画的观复猫

要说玩球的热情，那恐怕喵星人数第一了。这里面又数宋球球热情，为什么？因为人家的花色就是"鞭打绣球"呀！所以当球球得知要钻进这么一幅古画的时候，马上第一时间报名："蹴鞠？本少爷擅长啊！"不信大家看看，画中球球踢球的姿势多么灵活熟练。

观复三雄之一的小二黑，霸气威风，运动神经发达，一身腱子肉，明显是平时没少锻炼。话说喜欢体育活动的宣德皇帝在户外的锻炼时间一多，必然会晒黑皮肤，这样一来，小二黑扮演朱瞻基就顺理成章了。还真别说，小二黑往皇位上一坐，周围侍从成群，真是皇家霸气扑面而来呀。

观复猫说文化

GUANFUMAOSHUOWENHUA

夲檐帽、曳撒

明代帝王和官员的冠服参考了汉唐之风，但在制度以外的服饰依然保留着金元时期的气息。原画中的皇帝形象，头上戴着一顶圆形折檐帽，有镶嵌宝石的帽顶，帽两侧各坠三枚大珠。这一帽子制式叫作夲檐帽，被沈从文先生形容为"元式笠子盔帽"，搭配便服穿戴。

皇帝身边的侍从们身着曳撒，是一种上衣与下裳相连的束腰袍裙，大襟，长袖。衣身前后形制不一，后部为整片，前部腰部以下两边有细褶，穿着时腰部相对紧束，方便骑射。曳撒本是蒙古族发明的服装，明代初期多用于官吏和内侍的衣着，到了明代晚期，则演变为士大夫阶层的常服，非常流行。《明武宗外记》记载："（正德）十三年正月……是日，文武群臣皆曳撒、大帽、鸾带，迎驾于德胜门外。"

金镶宝石带板（组）

明代　观复博物馆藏

　　古人会在腰中革带上钉缀带铐，也叫带板，所用的材料会因身份等级的不同而有所区别。明代洪武二十六年（1393年）出台过明确规定，统一各级官员腰带带板的材料，带板的质地也就成为等级的标志之一。

　　此套带板，以纯金嵌红、蓝宝石制作而成，做工严谨，精致大方。带板金饰部分呈台阶式落膛，不加纹饰，使整体风格统一，显得整套带板分外精神。金饰正中落膛处间隔镶嵌红、蓝宝石。整套金带呈现红、黄、蓝三色，利用颜色间的搭配，使其显得分外富丽堂皇。

黄花梨卷草纹马扎

明代　观复博物馆藏

　　马扎，是汉唐之际由西域少数民族传入中原的一种可以折叠，便于携带的坐具，又称"胡床"。中华民族是唯一改变过起居方式的民族，世界其他民族都没有改变过。起居方式分为席地坐和垂足坐两种，两千年前的亚洲地区基本上都是席地坐，甚至今天在东南亚部分地区，如日本、韩国等仍然是席地而坐的。而中国传统坐具的演化改变了我们祖先的起居习惯，从席地而坐改为垂足高坐，视野变宽，家具设计随之改变，进而影响了传统家具的变革。

　　这件黄花梨马扎雕刻舒展的卷草纹，脚踏装饰方胜纹，包有铜饰件，美观且稳固。

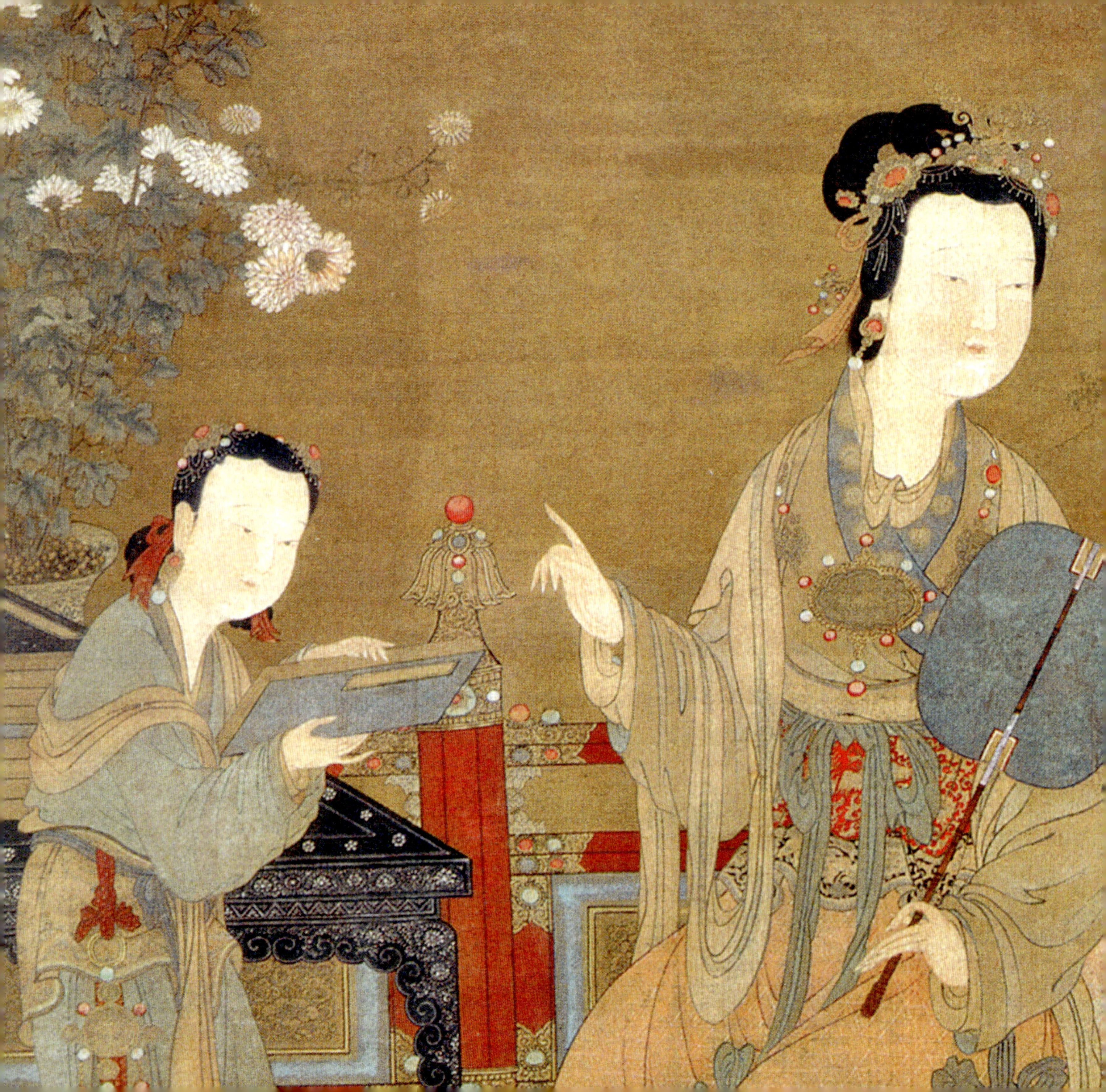

金盆捞月图

"掬水月在手"的浪漫

古画
GUHUACHUANQI
传奇

明代仕女画

"仕女画"是中国人物画中重要的组成部分，这部分画作主要以女性的日常生活为画家的主要描绘对象，展现不同时期的女性生活场景和复杂的内心情感。中国画中的女性形象一直在变化发展，不同时代的审美特点会导致绘画中女性形象的风格截然不同。纵观各时期的画作，魏晋南北朝时期的仕女秀骨清像；唐代仕女丰腴富丽；宋代仕女端庄秀美；明清仕女弱柳扶风，无不展示着各个朝代对女性形象审美标准的不同。

上海博物馆藏《金盆捞月图》，绢本设色，纵187.2厘米，横140.1厘米，是明代仕女画创作的典型，此时期的仕女形象带有一种"病态"美学。"鼻如胆，瓜子脸，樱桃小口蚂蚱眼"是明代社会对女性的审美标准。明代仕女画多受此影响，更加突出了女性柔弱的细节特征，从人物的服饰、发型、头饰、神态、动态等细节方面呼应这一主题，做到了最大力度地表现人物的羸弱。另外，明朝政府实行以程朱理学为指导的统治思想，整个社会深受礼教禁锢，尤其对女性的思想束缚更为严重。所以明代仕女画更多描绘一些执扇、幽思、凭栏等相对闭塞的场景，不再有像唐代《捣练图》中那样女性劳作的场面，也没有《虢国夫人游春图》里那样女性骑马外出游玩的情景。

这幅《金盆捞月图》描绘的是金秋时节，几位仕女在庭院赏月的情景。画面上的人物正在焚香赏月、掬水在手，本是悠闲静雅的乐事，但仔细观察就会发现，这五名女子均为鹅蛋圆脸，眼睑细长，眉毛低垂，透露出一丝忧郁气质。很明显，画家所表现的是很典型的带有"病态美"的明代仕女形象。

明代仕女服饰

明代仕女服饰在继承了宋代传统的同时又有创新，融入世俗特点又不缺少雅致情趣。自明太祖朱元璋一统天下，巩固了统一的多民族国家政权，明朝政府开始推崇程朱理学，造成了文化的相对保守，在服饰领域中也基本沿袭前朝。

社会稳定的同时，明朝经济得到了快速的恢复发展，养蚕缫丝规模不断扩大，织绣技艺空前提高，使得服饰的制作工艺更加精致华美。

明代仕女服饰品类繁多：以锦缎为布料制作的带子，佩戴时将其挂在脖颈上垂于胸前，下端缝制一颗金玉坠子，如美丽的彩霞一般，便是我们常说的霞帔；以高超的缝制技术，将许多块零星布料拼接缝制，便是诗句"裁衣学水田"描绘的"水田衣"，这种衣服取材方便，样式新奇，以浪漫新奇的美学效果，受到明末女子的普遍喜爱。明代服饰在沿袭宋朝服饰的基础上又加以创新，增加彩肩云袖等新的元素，使得女性形象更加温婉动人。

"炉瓶三事"

"炉瓶三事"指的是一套完整的熏香器皿，由香炉、香盒、箸瓶组成，三件合为一套。

香炉的作用是燃香，用以祀神、供奉、熏衣等。夏、商、周三代及秦汉时期的鼎彝，宋代五大名窑的瓷炉，以及著名的宣德炉，都可用作焚香之器。

香盒用来储存香丸、香饼、香木或者香粉。早期的焚香多使用香粉或香屑，所以必须用盒来储存。今天有些宗教仪式仍旧保存着过去的焚香方式，这种方式被称为"拈香"，即用手拈香粉。

箸瓶则用来盛放焚香用的香铲、香箸，但箸、铲均为铜铁制品，容易损坏瓷瓶，所以发展到后期箸瓶大多作为装饰陈设之用，审美情趣大于实用功能。

"炉瓶三事"在文人、士大夫的生活中占有十分重要的地位，很多古画中常常描绘这套器皿。明代以后，"炉瓶三事"被更加普遍地应用于日常生活。中国四大名著之一的《红楼梦》第五十三回中就有描述："这边贾母花厅之上共摆了十来席。每一席旁边设一几，几上设炉瓶三事，焚着御赐百合宫香。"

《金盆捞月图》画面右侧桌子上放的就是典型的"炉瓶三事"。与后来宫廷中盛行的整套的炉、瓶、盒不同，此画中的三件香具材质、风格各异，应该是自行搭配而成，体现了主人的审美情趣。

217

金盆捞月

画面中的几位女子正在焚香赏月，颇具闲情雅趣。侍女手端水盆，一名女子轻捧水中月影，好不浪漫。关于"捞月"，我们最为熟知的故事就是童年时期听过的猴子捞月，月影映在水中，让猴子们以为月亮掉进了水里。儿时喜欢的生动有趣的"捞月"故事，殊不知早已是文学艺术舞台上常见的题材。唐代诗人于良史曾写过《春山夜月》：

春山多胜事，赏玩夜忘归。
掬水月在手，弄花香满衣。
兴来无远近，欲去惜芳菲。
南望鸣钟处，楼台深翠微。

其中"掬水月在手，弄花香满衣"这句写得空灵婉转、柔情烂漫，因此广为流传。《金瓶梅》第五十九回中就出现了这句诗："明间内供养着一轴海潮观音，两旁挂四轴美人，按春夏秋冬——惜花春起早，爱月夜眠迟，掬水月在手，弄花香满衣。"足以见得人们对"捞月"一事充满浪漫的遐想。

除了文学作品，在戏曲舞台上金盆捞月的情节也十分常见，昆曲《红叶记》中，韩夫人和婢女小红、翠红在花园游玩，其时明月东升，夫人命两个丫头以金盆盛水，于水中捞月，聊寄情怀。川剧《金盆捞月》讲述了韩妃翠莲入宫后受到君王冷落，夜游花园，见月映金盆之中，喜而捞之，一无所得，更增愁绪万千。京剧《太真外传》主要描写唐玄宗与杨贵妃的爱情故事，杨贵妃在长生殿金盆捞月，乞巧盟誓，二人共誓情笃、永世和谐。

此外，湖北钟祥梁庄王墓出土的明代永乐时期的"青花瑶台赏月图瓷钟"、湖南株洲攸县丫江桥出土的"金银脚簪"、江苏武进前黄明墓出土的明代"掬水月在手玉掩鬓"等诸多文物上也有相关题材的装饰。

《金盆捞月图》 明代 上海博物馆藏

观复猫《金盆捞月图》

钻入古画的观复猫

谢鸳鸯

莫小奈

观复猫谢鸳鸯和莫小奈携手钻进《金盆捞月图》。画面中谢鸳鸯饰演的贵族女子正手指空中，莫小奈在侍女手捧的水盆中捞月亮的倒影。从水面中清晰可见的满月以及周围的芙蓉、白菊、团扇等物来看，画面表现的应当是中秋时节。中秋时节怎么能缺少了兔子呢？这不，画面右侧就来了位小兔侍女。

不同于明代仕女画的孱弱与病态美学，观复猫版的《金盆捞月图》画面更多地洋溢着浓厚的节日气息，同时又可以感受到"掬水月在手，弄花香满衣"的温馨烂漫之情。

观复猫

GUANFUMAOSHUOWENHUA

说文化

铜錾花凤凰花卉纹花口折沿洗

元代　观复博物馆藏

"金盆捞月"的故事题材在文学作品中十分常见,还有另一个词我们也比较熟悉,就是"金盆洗手",通常形容放弃长期从事的事。实际上,在中国古代,只有上层阶级盥洗时才能够使用金盆。

观复猫版的画面中,"金盆"变成一件观复博物馆藏的元代铜錾花凤凰花卉纹花口折沿洗。折沿洗,亦称"折沿盆",最早是流行于汉晋时期的洗式。这件折沿洗全铜制作,器物造型呈花卉样式,周身錾有凤凰花卉纹饰,精美又实用。

铜冲天耳三足炉

明代　观复博物馆藏

观复猫版的画面中，"炉瓶三事"中的香炉为观复博物馆所藏的铜冲天耳三足炉。这件香炉造型周正流畅、简约大气。炉身全铜打造，上有冲耳，下有三足，炉身无多余纹样装饰，简约中带有大气之美。

香炉的主要功能是焚香，那为什么要焚香呢？一是祭祀，焚一炷香祭祀天地祖宗，表示尊重怀念。二是避虫，强烈的气味可以驱赶蚊蝇和爬虫。三是闻香，香料通过焚烧散发香气，制造出一个气味舒适的空间，顺便还能避秽，通俗些说就是能防异味。

龙泉官釉圆腹直颈瓶

南宋　观复博物馆藏

该瓶直口，长颈且粗，颈部由上至下渐宽，腹部圆硕，底部圈足。通体施青釉，釉色莹润细腻，发色纯正。龙泉窑生产的瓷器造型丰富多样，如日常生活中的盘、碗、洗、炉，文具用品中的笔筒、笔架、水盂等均有烧制，其中尤以仿商周青铜器的鬲式炉、仿玉器的琮式瓶等器物为代表。

黄花梨三弯腿云纹方桌

明晚期　观复博物馆藏

　　祥云纹是一种常见的中国传统吉祥图案,最早可以追溯到新石器时代——仰韶文化的彩陶中就已经有了它的踪迹。古人出于对自然界中云的好奇敬畏,创作出各种和云相关的图案。每一时期的云纹图案样式都不尽相同,比如先秦的卷云纹、汉代的云气纹、隋唐的朵云纹、元代的叠云纹等。

　　常见的桌子多为直腿设计,但画面上的黄花梨祥云纹方桌则采用了三弯腿,民间称这种造型为"蜻蜓腿",线条流畅,整体富于变化。桌腿由整木制作,费工费料。方桌四周雕刻祥云纹,寓意吉祥。此种装饰手法有意模仿宋元时期的雕漆工艺,立意新颖,较为少见。

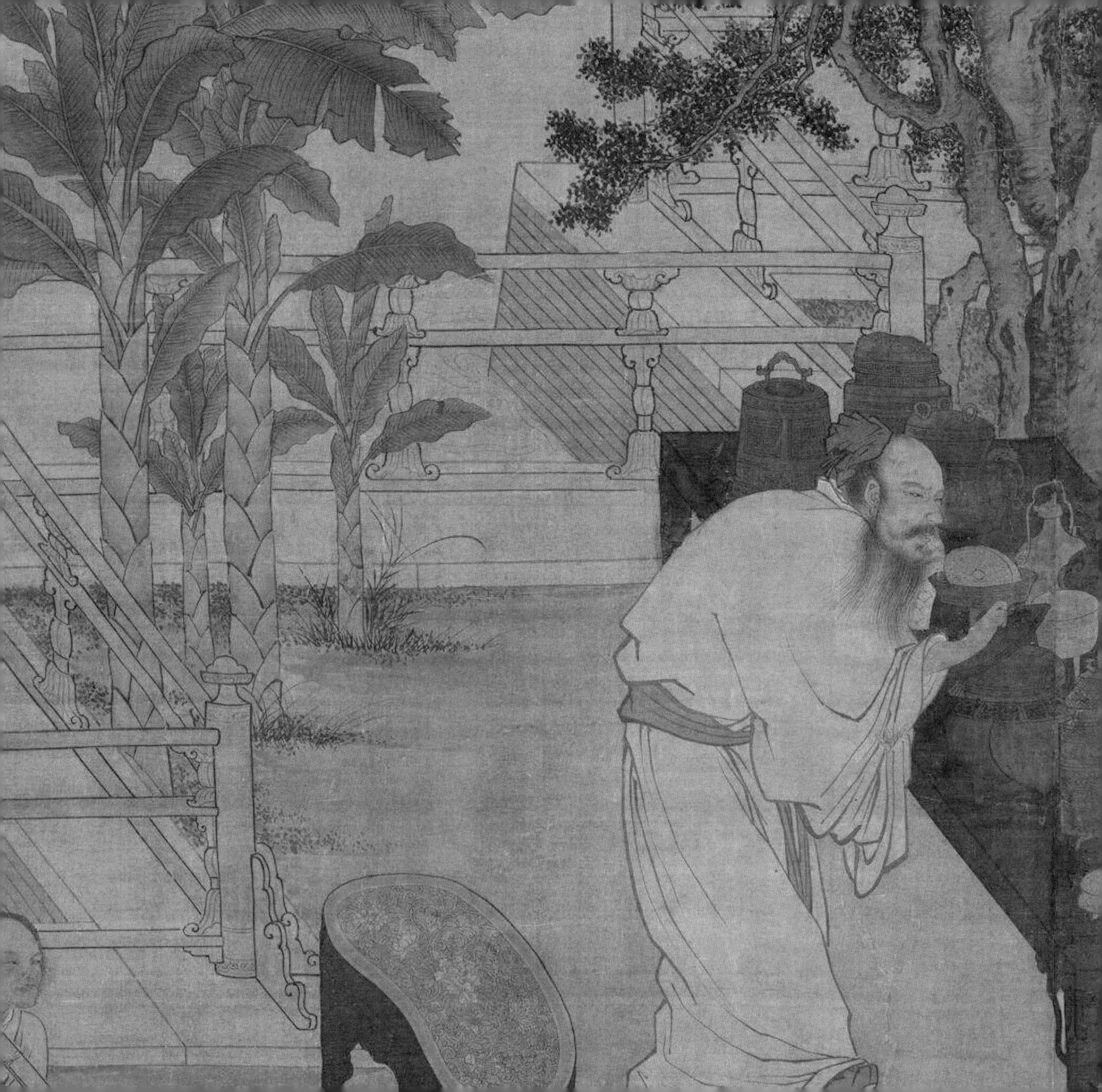

玩古图

盛世收藏，玩物养志

古画传奇

GUHUACHUANQI

玩古之中有美学

《玩古图》为明代杜堇工笔人物画的代表作，绢本设色，纵126.1厘米，横187厘米，现藏于台北故宫博物院。资料显示，《玩古图》为双拼巨幅，原画很可能曾经被装裱成屏风使用。这幅画中所展现的内容十分丰富：一处幽深的庭院，正中两名文士，主客有别，其后竖立一座巨大的屏风。主人坐在圈椅上，神态放松，一腿盘坐，一腿下垂，上身侧倾，看向一旁桌上的众多古董珍玩。另一边的客人则微皱眉头，凝神研究手中的古鬲铜器，神情十分认真专注。长桌上的古玩器物可谓琳琅满目，大多数是颜色较深的青铜器，另外可见瓷器、玉器和金器。

除了鉴赏古器，此画还展现了文人的四项经典活动——琴、棋、书、画。在主客二人的前方，可以看到有一仆人肩扛画轴、手拎棋盘，徐徐走来。主客二人的后方，则有两名侍女正在整理书案上的器物，一人正在解开琴套，欲取出古琴，另一人正在整理香具。画面前方还有一名女童，手执团扇，正在假山与芙蓉之间扑蝴蝶戏耍。

庭院中林木茂盛，可以看到梧桐、芭蕉、修竹、芙蓉等常见的园林植物，配上洞石、栏杆，构成文人画中典型的庭院景色。明末文震亨的《长物志》中记载了大量明代的生活美学，其中对明代居室及庭园的环境布置均有描述，松、竹、芭蕉、太湖石都是明代文人推崇的对象，从侧面衬托出文人雅士所追求的君子气质。

好事之风与好敏求古

古人讲玩古，今人说收藏，本质上都是一个积累财富、积累知识的过程。不同的人对待收藏这件事的心态显然不同，有的是"好事之风"，收藏为了彰显身份地位；也有的是"好敏求古"，在鉴赏中寻找精神追求。

明代中晚期，许多世家大族生活富裕，收藏古玩是为了彰显他们的家世地位，"好事之风"盛行。观察此画，所绘的家具器物大都华丽贵重，彰显主人的经济实力。画家刻意将主人画得略大于客人，主人闲散放松，客人略显拘谨；主人倚坐椅上，客人躬身站立，身后也仅放了一只凳子。种种迹象表明，这两人地位不同。表面上两人正一同赏玩古董，但实际上这位客人极有可能仅是被请来为主人做鉴定工作。

画面左上角有题款："玩古乃常，博之志大。尚象制名，礼乐所在。日无礼乐，人反块然。作之正之，吾有待焉。柽居杜堇。"杜堇的题款显然带着一种"好古敏求"的思想，他认为赏古玩古是一件普遍的事，是为了通过古物使人博古通今，了解古人的礼教规范。玩古是为了心胸开阔，维持礼乐，如果没有礼乐，人就无所寄托。

题款之后还有两行补款："柬冕征玩古图并题，予则似求形外，意托言表，观者鉴之。"原来这幅画的主人叫作"柬冕"，他请画家杜堇为他鉴赏古董珍玩的场景画了这幅《玩古图》。

《玩古图》 明代 台北故宫博物院藏

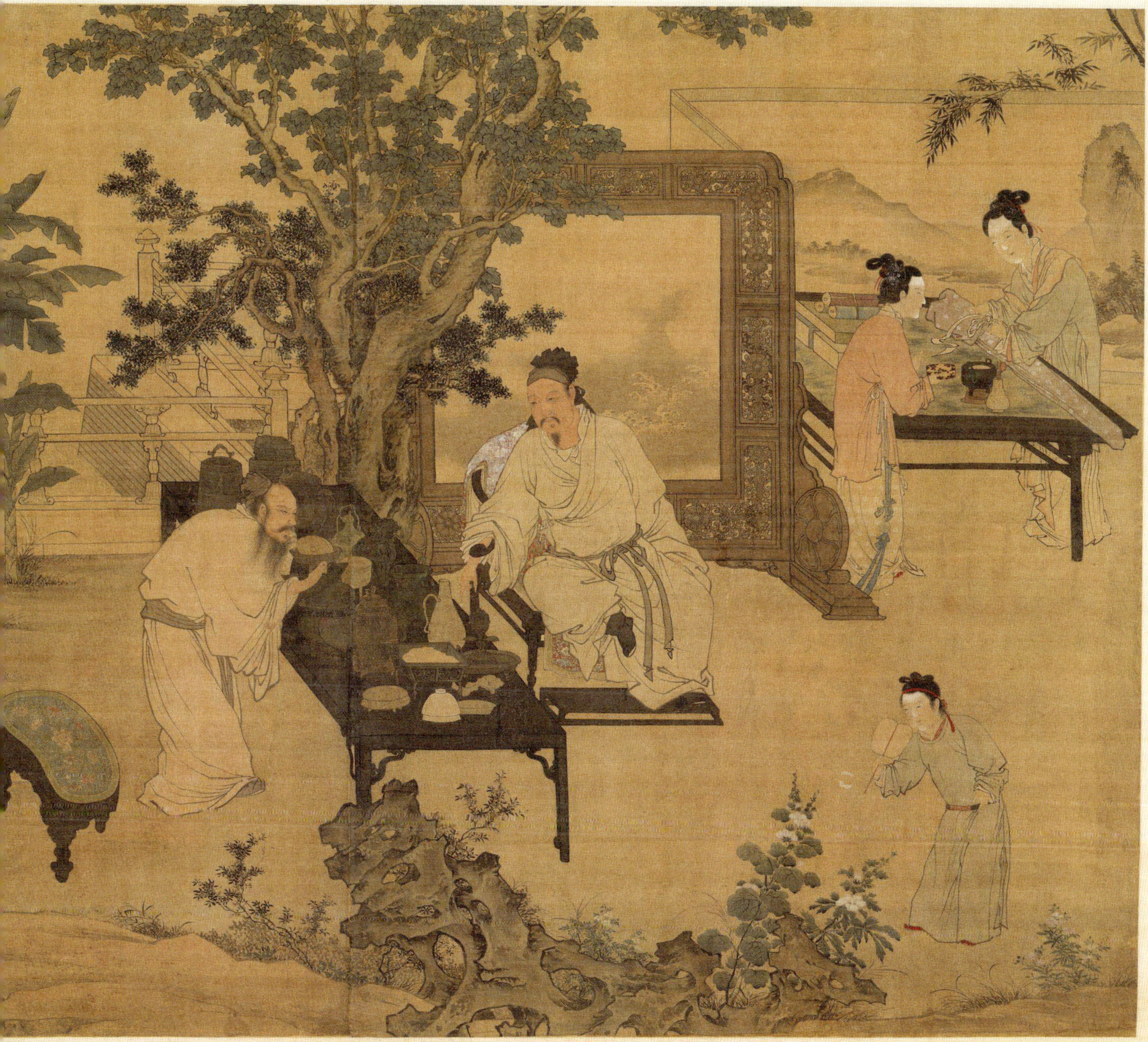

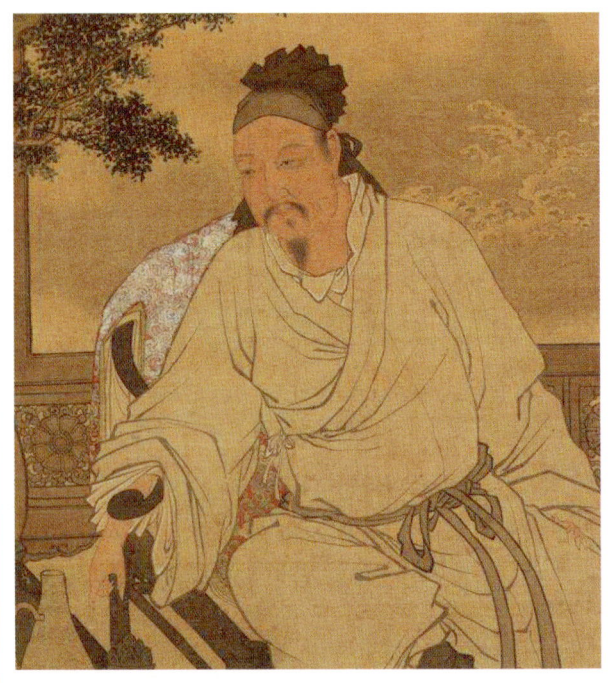

洗古乃常博之志大尚象制名禮
樂所在日各禮樂人反塊匙作之
正心吾肯待焉　　撰居枯葦
東晃徵洗古圖并題于則似求形
外意托云表觀者鑒之

"职业画家"杜堇

杜堇,有一说他原本姓陆,字惧男,号柽居、古狂、青霞亭长,江苏丹徒人,擅长人物、界画、山水、花卉,但现存画迹则以人物故事画为多,既有白描风格,也有设色精致的工笔人物画。他的人物画题材大都表现古代传说或奇闻趣事,常以山水及园林景致作为衬景,许多画上还有题诗作赋,具有文人画的格调。

据史料记载,杜堇科考不顺,便干脆放弃仕途。明代中期,南京地区的画坛活跃着一批风格别致的文人画家,他们既非义人中的绘画爱好者,亦非普通卖画为生的"画匠"。这些人大多以"狂、怪"自居,作品风格既带有南宋院体的"士气",又具备明代主流审美的"逸气",可以说是文化底蕴深厚的职业画家,杜堇就是其中之一。

明代江南地区收藏古玩的风气十分盛行。一方面宋代吕大临编撰的《考古图》,为明人的玩古思想奠定了一定的基础。有研究表明,明代文人世家最喜欢收藏的古玩就是青铜器和古代书画。另一方面是明代中叶以后,江南地区经济繁盛,为物质文化和艺术发展提供了全新的空间,引发富裕阶层追求高雅审美的生活方式,这种追求又直接牵动整个艺术形态的发展。即使一些富商并不懂如何欣赏古物,也会重金购买收藏,甚至如《玩古图》中的束冕一般,请杜堇为自己作画,记录收藏鉴赏的瞬间。

明末的董其昌曾在《骨董十三说》中谈到对明代玩古成风的看法:"先王之盛德在于礼乐,文士之精神存于翰墨。玩礼乐之器可以进德,玩墨迹旧刻可以精艺。居今之世,可与古人相见在此也。助我进德进艺,垂之永久。"他认为鉴赏古物可以与古人有一种思想上的交流,能够增长自己的德行和能力。比如青铜器可以了解圣贤之君的品德,字画可以体会文人雅士的精神。

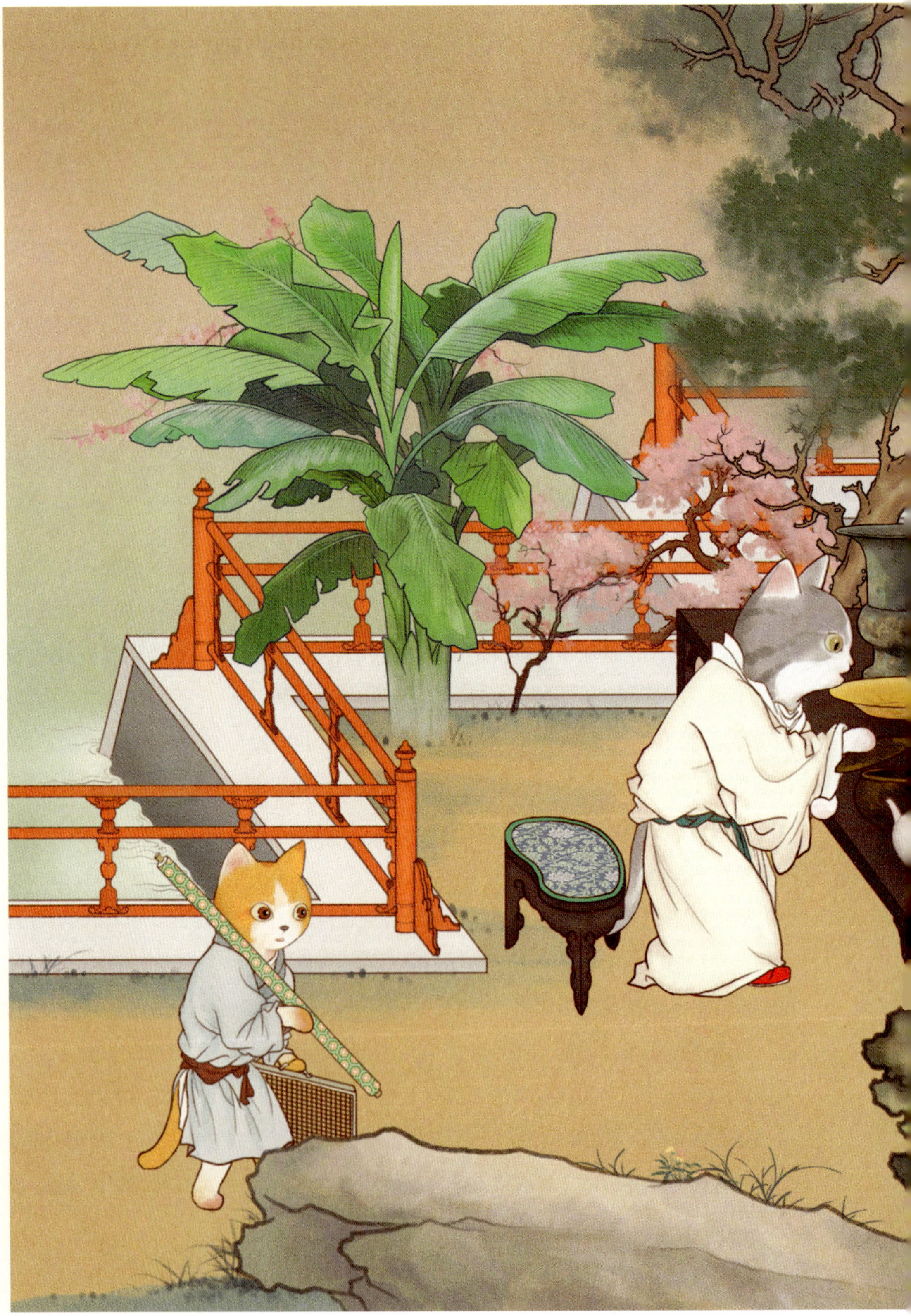

观复猫 《玩古图》

花肥肥

苏二花

钻入古画的观复猫

说到《玩古图》，观复猫理事长花肥肥成熟稳重，阅历丰富，当然是演绎藏家主人的不二人选。庭院中，花肥肥身着青色长袍，气度非凡，放松地坐在椅子上，看着对面的客喵鉴赏桌上琳琅满目的古董。

活泼可爱的观复猫苏二花也跟着一起来啦，正在假山与芙蓉旁边持扇扑蝶。只见二花身穿绿色长袍，头束红色发带，服饰鲜亮醒目。就算穿越进明代的画作中，二花也要尽情玩耍，在秀雅古朴的庭院里享受生活。

不知观复猫版的《玩古图》有没有你心中鉴古玩古的影子呢？花肥肥想告诉大家：无论古人玩古，还是今人收藏，都应抱以学习的态度，博古通今，玩物养志，才能真正感受到收藏的乐趣。

观复猫

GUANFUMAOSHUOWENHUA

说文化

哥窑花插

宋代　观复博物馆藏

哥窑是宋代"五大名窑"之一。哥窑瓷器上往往出现黑色及黄色的"开片"，层次错落，称为"金丝铁线"。开片是陶瓷烧造中胎体和釉面的膨胀系数不一致造成的。釉面开裂本来是瓷器制作过程中的一种缺陷，后来工匠掌握了开裂的规律，特意促成开片现象，再用染色的手法突出裂纹，从而令瓷器产生了一种独特的美。

由于哥窑器物的开片是随机形成的，所以每一件哥窑器物都是独一无二的。乾隆皇帝曾题诗称赞哥窑："铁足圆腰冰裂纹，宣成踵此夫华纷。"注意看，两位狐狸侍女所整理的书案上，就放着一件哥窑花插，造型小巧，釉面油润，光泽柔和，密布网状小开片，极具美感。

定窑白釉牡丹纹执壶

北宋　观复博物馆藏

定窑是宋代五大名窑里唯一烧制白瓷的窑口。定窑的白瓷颜色纯净，釉面细腻光滑，虽然没有绚丽缤纷的色彩，但却向世人展示着含蓄典雅之美。

此件执壶造型端正，壶腹圆润，其上用刻花手法装饰牡丹纹，花朵盛开，枝叶舒展，显示出宋代疏朗大方的审美风格。盖钮设计如同初开花蕾，与下方花卉呼应。壶柄模仿金属器，做出几乎直角的曲折，可谓费工费时的工艺。

榆木龙纹牙板地屏

明代　观复博物馆藏

屏风是中国古代重要的家具品种，历史悠久，形制多样，大到折屏、地屏，小到枕屏、砚屏，出现在人们生活的方方面面。随着时代的发展，屏风的装饰手法也越来越多样，蕴含着丰富的文化元素，包含古人的审美情趣和美好愿望。

"地屏"，意思是直接落地的屏风，一般有两米多高。这种地屏摆出来，就一定是视线的中心，作为主要座位后的屏障，显示主人的尊严和气势。观复猫版《玩古图》中这件屏风为榆木材质，宽179厘米，高231厘米，牙板雕刻两条相向草龙。底部嵌有大小七块镂空花板，图案有万字纹、水波纹、铜钱纹，做工精致。

青铜博山炉

汉代　观复博物馆藏

博山炉是汉、晋时期常用的焚香器具，常见的材质有青铜和陶瓷。博山炉的制式有些类似于青铜器中的豆，上部有又高又尖镂空呈山形的盖子，象征传说中的海上仙山之一——博山。

西汉时期香料改良，燃香时烟火气减少，所以各式巧夺天工的博山炉应运而生。六朝时期有《咏博山炉》诗曰："上镂秦王子，驾鹤乘紫烟。"唐代诗仙李白的《杨叛儿》中道："博山炉中沉香火，双烟一气凌紫霞。"这些词句描绘的都是博山炉熏香时轻烟缭绕的意境。

观复猫花肥肥的这件青铜博山炉，炉盖雕镂装饰，熏香点燃后，烟从孔中冒出，云雾环绕，形同仙境。炉柄设计为一展翅禽鸟，似乎要飞往仙山，造型别致，充满情趣。

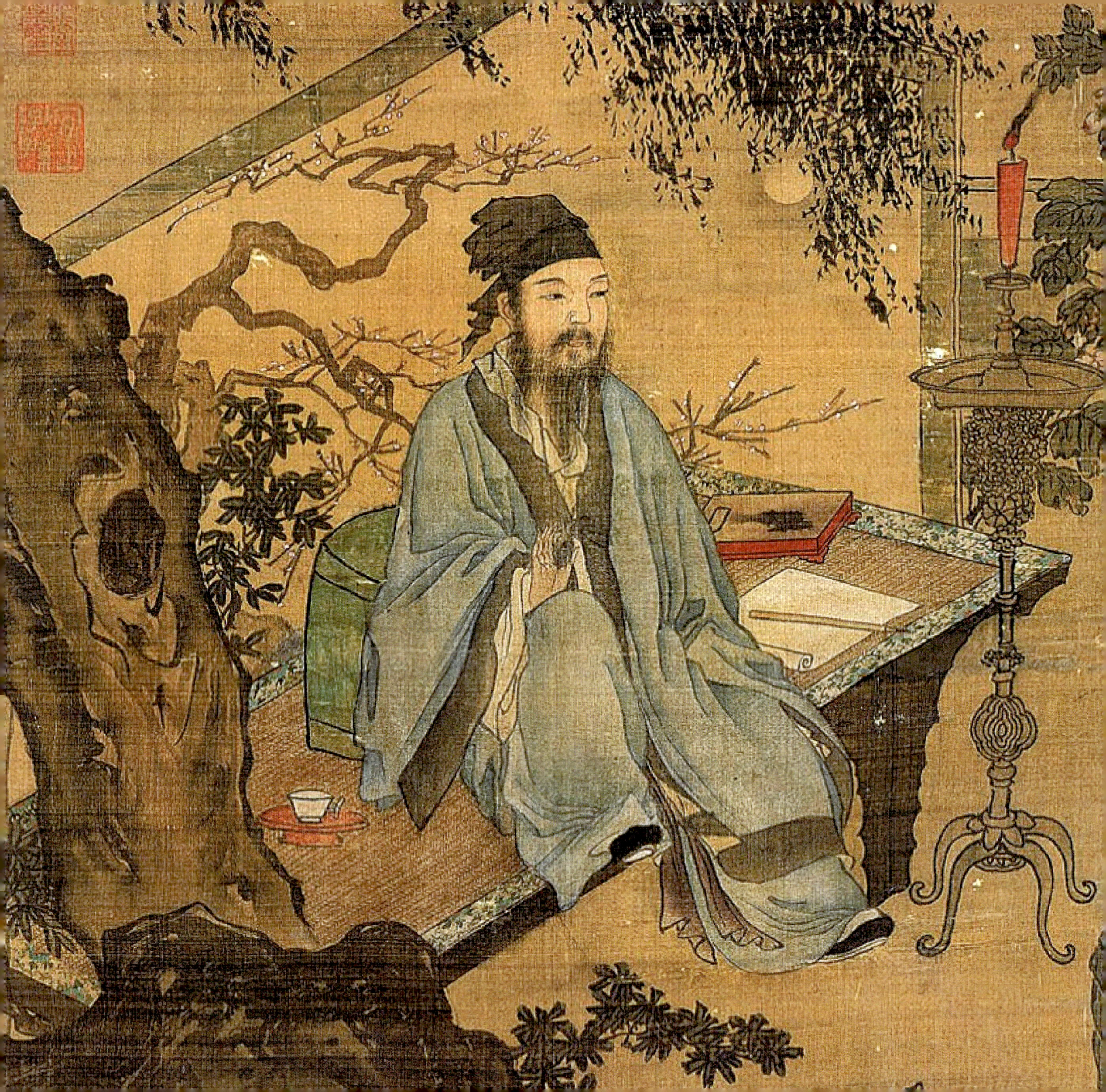

陶穀赠词图

丹青妙笔美人计

古画
GUHUACHUANQI
传奇

使臣不屑南唐小，道貌岸然假道学

唐朝末年，藩镇割据，社会动荡，其间爆发的黄巢起义更是极大地削弱了唐王朝的势力，中央空虚，大权旁落。连年征战中，将领朱温战功显赫，但同时也野心勃勃。天祐元年（904年），朱温挟迫唐昭宗迁都洛阳，三年后朱温篡权，改国号为梁，是为后梁太祖，唐朝亡。

中国自此进入五代十国时期，中原地区由梁、唐、晋、汉、周五个政权先后交替更迭，其他地区也有大小割据势力征战不休。公元937年，李昪在今天的江苏南京建立了南唐政权，传三世，历一帝二主，享国38年。在此期间流传着许多历史事件和逸闻传说，"陶穀赠词"就是其中一个经久不衰的风流典故。

五代十国时期，南唐虽位于物产较为富饶的江南地区，但国力相对弱小，不为其他中原国家所重视。"陶穀赠词"的故事记载的是一个因别国使臣轻视南唐而发生的"政治事件"，机智的南唐"外交家"是如何化解政治危机的呢？

宋代有郑文宝的《南唐近事》、文莹的《玉壶清话》和曾慥的《类说》等笔记小说，对此事皆有记载，版本不同，但内容大同小异。故事讲述了五代十国时期，国力相对强大的后周皇帝想要统一天下，于是便派遣大臣陶穀前往南唐都城江宁，探听南唐的实力到底如何。陶穀自认为后周的势力强大，不把南唐这样的小国放在眼里，因此在来访时桀骜不驯，十分无礼。这让南唐的臣僚相当愤恨，所以决定给陶穀设一个圈套，给他一点教训。

南唐的臣僚特意安排了一位名叫秦弱兰的绝色宫伎，假扮驿卒之女，让她在南唐驿馆内借机通过美色引诱陶穀。先前在殿上傲慢无礼的陶穀在驿站内遇见温柔婉约、才情不凡的秦弱兰后，果然为之春心荡漾、曲意逢迎……陶穀在情不自禁之中，为秦弱兰作了一首题为《风光好》的词："好因缘，恶因缘，只得邮亭一夜眠。别神仙，琵琶拨尽相思调，知音少。待得鸾胶续断弦，是何年？"

当然圈套总有点破的时候，等到南唐君臣再次设宴款待使臣陶穀时，他又如先前那般不可一世起来，在公开场合假装正经，令人十分恼火。不过这次，南唐臣僚已经有了陶穀道貌岸然的证据。只见秦弱兰款款入场，歌舞助兴，席间所演唱的歌曲，正是陶穀所作的那首《风光好》。反应过来自己中招美人计的陶穀，自然是大吃一惊，羞愧得无地自容，很快就被灌得酩酊大醉……

陶穀此次出使南唐，正人君子的"假道学"面具被揭穿，最终只得狼狈而去，此事也因成了历史上一出"桃色外交事件"而被广为流传。

邮亭因缘一夜眠，妙笔生情真心愿

文人墨客看待政治事件的眼光往往另辟蹊径，元代剧作家戴善夫就曾根据这个故事创作了杂剧《陶学士醉写风光好》，剧本中的时代背景被改为北宋初年，故事的结局也略有不同：陶毂无颜回宋，投奔吴越国，后与秦弱兰团聚，最终幻化成一桩美事。

有"风流才子"之名的唐伯虎对这段"政治事件"又有另一番理解，他画了一幅《陶毂赠词图》，画面右上侧题诗一首："一宿因缘逆旅中，短词聊以识泥鸿。当时我作陶承旨，何必尊前面发红。"这首诗的含义在当时看来可谓十分"大胆"，唐伯虎并不认为二人违背了普世道德标准，他说如果自己是陶毂，就大方承认不必羞愧，足以表现其真性情。

唐伯虎是江苏苏州人，出身于商人家庭，幼时聪明伶俐，但20多岁时家中连遭不幸，父母、妻子、妹妹相继去世，家境衰败。他在好友祝允明的鼓励下专心读书，29岁参加应天府公试，得中第一名"解元"，30岁赴京会试，却受考场舞弊案牵连被黜为吏，此后以卖画为生。正德九年（1514年）曾应宁王朱宸濠之请赴南昌半年余，后察觉宁王图谋不轨，所以找借口脱身而归。晚年生活困顿，54岁即病卒。

跌宕起伏的人生经历让唐寅养成了玩世不恭的性格，却并没有遮盖他的才华。在文学方面，他与祝允明、文徵明、徐祯卿并称"江南四才子"；在绘画上，又与沈周、文徵明、仇英并称"吴门四家"。如此才华过人却遭遇坎坷人生经历，不禁令人心生感叹。我们今天可以通过此画，感受唐寅高超的画技与不羁的才情。

《陶毂赠词图》立轴现藏于台北故宫博物院，绢本设色，纵168.8厘米，横102.1厘米。画面的四围古树枝叶摇曳，山石芭蕉交错，画屏竹篁掩映，巧妙地将男女主人公衬托在画面中心。从点着的蜡烛可以看出，此时是静谧的夜间，庭园中的环境优美安宁，正是情意缠绵的氛围。

画面中，陶毂倚坐在庭园中的矮榻上，头戴乌帽，身着青衫，左侧的身旁散放着一些笔墨纸砚。他正神情专注地观赏秦弱兰的演奏，神态平和，若有所思。对面的秦弱兰发髻高耸，身着绣袍，柳眉杏眼、樱桃小嘴，怀抱琵琶端坐于凳上尽情弹唱。我们仿佛听到悦耳动听的乐曲从秦弱兰纤柔秀巧的弹指间飘逸而出，不但引得陶穀情意缠绵，也令看画的观众内心跟着隐隐悸动。

两人中间那盏具有隐晦含义的红烛——一阵夜风袭来，红烛的火焰歪了，似乎下一刻就要被吹灭——唐伯虎是否想要借此来暗示此事的偏差？看似坐怀不乱的陶穀，与作为"诱饵"的秦弱兰之间到底是否存在真情实意？"好因缘，恶因缘，只得邮亭一夜眠。"唐伯虎的画作最终定格的，只是那个动人的夜晚。

《陶穀赠词图》 明代 台北故宫博物院藏

观复猫《陶穀赠词图》

钻入古画的观复猫

庄太极

小二黑

这次的主角是大家非常熟悉的小二黑。小二黑在江湖中算得上是相当赫赫有名了，尤其是在看哪只猫不顺眼、撩上一架这方面。在一个全民喵和平相处、不愁吃喝的好时候，打破这种不平静的总是一抹黑色。

虽说小二黑与读书人陶穀的形象有些差距，但由于他和庄太极有过一段往事，所以这个故事里的风流角色就交给小二黑来挑战吧。顺其自然地，和他搭戏的还是那个痴妹子庄太极。小二黑饰演使臣陶穀，庄太极饰演绝美秦弱兰，再加上一个来调节气氛的江星人，且看他们之间能起什么化学反应吧！

观复猫

GUANFUMAOSHUOWENHUA

说文化

黄花梨双龙捧寿纹可升降灯架

明晚期　观复博物馆藏

所谓灯架，严格讲应该是烛台架。过去没有电灯，灯架上面都搁蜡烛，在居室中一左一右摆放。过去在架类家具中，灯架非常名贵。灯架有高矮之分，高者直接放在地上，矮者可以放在桌案上。

观复博物馆所藏的这对灯架，灯座采用屏风式样，底座用两块厚板雕出桥形，作为墩子，上竖灯架立框，以站牙抵夹。底座框架内安横枨，间隔透雕绦环板，下承八字形披水牙子。灯杆下端有横木，构成丁字形，横木两端出榫，纳入立框内侧长槽，灯杆从木框上部横枨和横梁正中孔内穿出，上端装倒挂花牙及灯台。此灯架可调节高度，使用时根据需要调节灯台的高度，上部横枨在孔旁设木楔，以便固定高度。

251

青白釉蟾蜍形砚滴

宋代　观复博物馆藏

砚滴是中国古代的一种文具，用于贮水并向砚池内滴水，以供研磨使用。清人许之衡在《饮流斋说瓷》中记载："蟾滴、龟滴由来已久，古者以铜，后世以瓷……凡作物形而贮水不多则名曰滴。"

此件砚滴为瓷质，蟾蜍的口部与背部都有小孔，与蓄水的腹部相通。当研磨需用水时，便把水从蟾蜍嘴部滴出。滴水时，用手指按住蟾蜍背部圆孔，一堵一放之间，可以控制水的流量。

定窑酱釉花口盏托

北宋　观复博物馆藏

定窑，窑址位于河北曲阳，传统说法宋五大名窑中，定窑年份最早，五代时已具风行之势。定窑多产白釉瓷器，其他颜色者殊为难得。酱釉的诞生应该说偶然因素大于必然因素，很大程度上受到漆器的影响。酱釉颜色不算明亮，反有内敛之感，暗合宋金时期陶瓷的含蓄美学。

盏托一般与盏搭配使用，有防烫作用。宋代盏托式样繁多，南方、北方瓷窑均有烧制。此件盏托釉色均匀，敛口，弧形腹，托盘边沿宽大，圈足外撇，具有一定的代表性。

定窑酱釉盏

宋代　观复博物馆藏

小二黑选用此件茶盏，用来和定窑酱釉花口盏托搭配使用，茶盏放于盏托之上，能保持仪态优雅，并且喝茶时不会烫手。古籍记载中的"定州红瓷器""紫定"，就是指此类定窑生产的酱釉瓷器。此盏釉色均匀深沉，盏形周正，是非常优秀的酱釉产品。

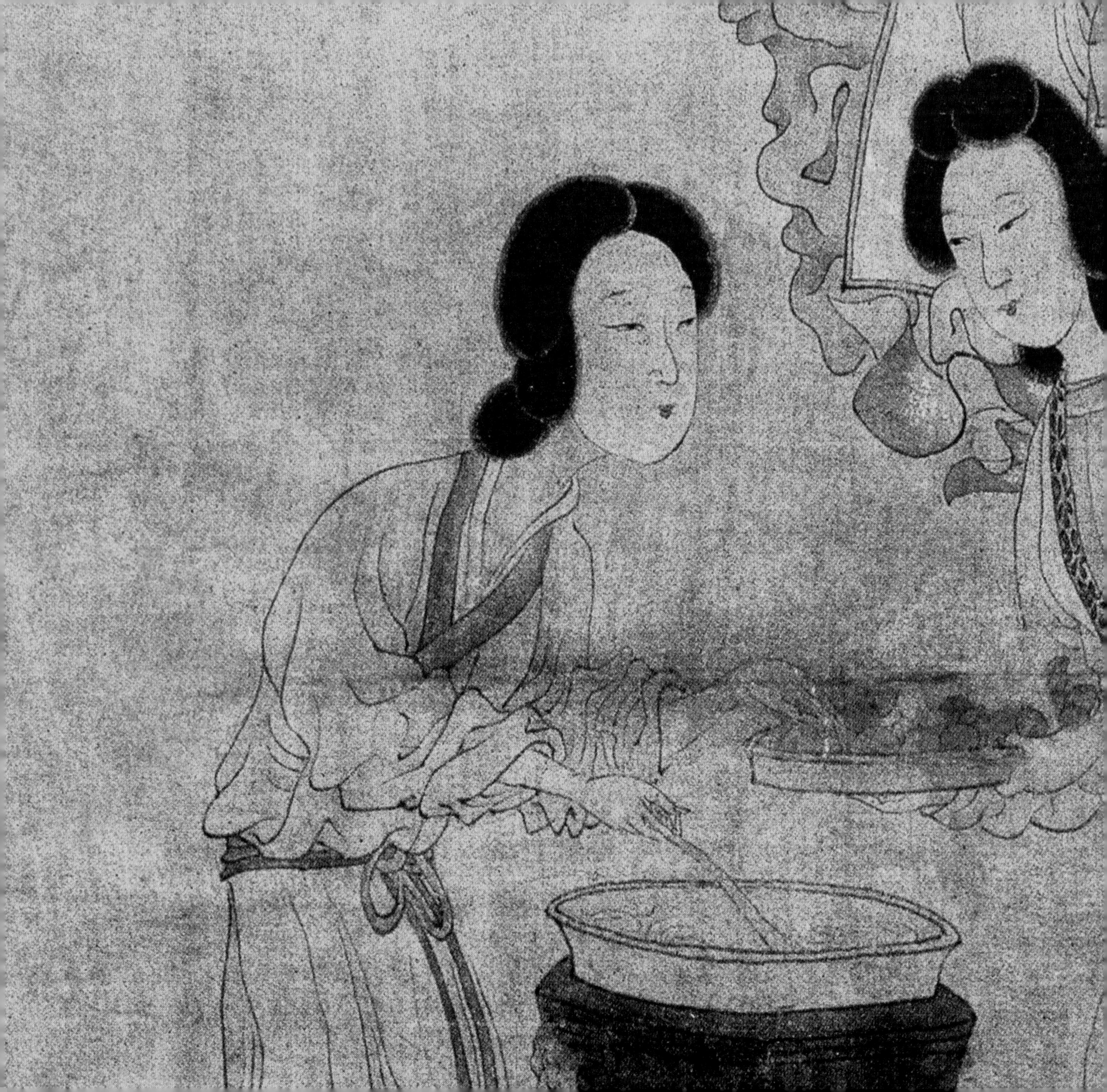

调梅图

你所不知的食梅"图鉴"

古画
GUHUACHUANQI
传奇

梅子留酸软齿牙

在中国南方,梅子已经有数千年的栽培历史。每年的4—6月,刚好是梅子收获的季节,糖脆梅、糖拌梅、盐梅、紫苏梅、梅子酒……几乎每个南方孩子的记忆里都有一丝来自梅子的酸甜。古人食梅,方法还不少,历史上留存了许多古人食梅的记载,比如诗文有食梅的感受,绘画有制梅的场景。这样看来,大概历史的记忆里,也有一丝属于梅子的酸甜。

新鲜的梅子味道极酸,如果对着果实一口咬下去,梅子的清香会伴随着让人皱眉的酸味直冲舌尖。虽然口感清爽,但经常让人不再敢动第二口。宋代诗人杨万里写过一首《闲居初夏午睡起》:"梅子留酸软齿牙,芭蕉分绿与窗纱。日长睡起无情思,闲看儿童捉柳花。"形象生动地描绘了吃过梅子的感觉——梅子的余酸残留在牙齿之间,令人感到牙齿酸软、唾液分泌。

关于梅子的酸味引发人旺盛地分泌唾液,历史上有一个更为有名的故事叫作"望梅止渴"。相传,曹操的军队在行军途中十分疲惫,饥渴难耐,但行军途中又找不到水源,士兵们都非常口渴,眼看着走不动了。曹操想了一招,跟士兵们说:"前边有一片梅子林,结了很多果子,酸甜可口的梅子刚好可以解渴。"士兵听了都非常期待,口水都快忍不住流了下来,也不禁加快了脚步。于是,曹操的部队很快赶到了前方,找到了水源。"望梅止渴"成了一个成语,通常用来比喻愿望无法实现,只能通过用空想来安慰自己。

青梅味酸,却和初夏的闲适生活最配。宋代诗人陆游就是一位很喜欢变着法子吃梅的选手,这些有趣的吃法还被留在了他的诗句里。《初夏野兴》:"糠火就林煨苦笋,密罂沉井渍青梅。"意思是将青梅沉入水井,等井水将青梅浸凉后再行食用。《山家暮春》:"苦笋先调酱,青梅小蘸盐。"青梅蘸盐,可以化解酸涩,让果子的味道更加鲜美。《小雨云门溪上》:"生菜入盘随冷饼,朱樱上市伴青梅。"意思是樱桃和青梅差不多同时上市,用樱桃的甜味来中和青梅的酸味,碰撞出全新的口感。

若作和羹，尔惟盐梅

梅子的"酸"是五味之一，很早就登上了烹饪历史的舞台。先秦时期人们取酸，主要通过梅子，《尚书·说命下》记载："若作和羹，尔惟盐梅。"这是商王武丁对贤臣傅说所说的话，意思是如果商王武丁做汤羹，那么傅说便是不可或缺的调味品——盐和梅。1975年，考古人员曾在河南安阳殷墟商代墓的食器——铜鼎中发现了梅核，可见梅子这一调味品在当时的烹调中已经十分重要。

青梅除了作为汤羹的调味品以外，还可以为鱼肉去腥，《晏子春秋·重而异者》便有这样的记载："和如羹焉，水火醯醢盐梅，以烹鱼肉。"这种说法在后来发现的战国时期曾侯乙墓中得到了佐证，墓中盛有鱼骨的容器里面有十几枚梅核。

由于盐和梅的重要性，关于调梅还有一个小小的典故。雍正七年（1729年），雍正皇帝赐给大臣张廷玉的御书匾额上写到"调梅良弼"，后来又赐给他"赞猷硕辅"四字，意为看重张廷玉的才能，夸奖他是一名贤能的宰相。"调梅"在这里正确读音为 diàoméi，以调梅来喻称宰相的职责，良弼指贤能的辅臣。

除了调味，梅子还可以制成梅干、梅脯，成为长期以来深受喜爱的时令小吃。《三国演义》中曹操和刘备二人"青梅煮酒论英雄"的故事尤其著名，青梅煮酒，并非将青梅放入煮开的酒，而是温一壶酒，再配以青梅小食，生津开胃。晏殊曾感慨："青梅煮酒斗时新，天气欲残春。"陆游也曾写过："煮酒青梅次第尝。"足以见得青梅小食在古代受欢迎的程度。

《调梅图》里看调梅

制作青梅小食的过程，也就是调梅。广东省博物馆所藏《调梅图》，绢本设色，纵129.5厘米，横48厘米，展现的正是主仆三人在火炉旁制作青梅小食的场景。这幅画是明末清初书画家陈洪绶人物画的典型之作，体现了画家的个人艺术特色：线条古朴，意境空灵，人物略有变形。

画面正中有一个四足小火炉，两边带提环，说明可以随时提起移动。两个丫鬟站在火炉旁边，其中一人手里拿着装有梅子的托盘，另一人正把梅子放入盆中沸水，同时手执长箸在盆中搅拌。

两名丫鬟背后的石凳上坐着一位贵妇，曳地长裙，身着披帛，梳花冠，端庄典雅。贵妇的面容闲适安静，正看着两名丫鬟调梅。三人的面部及身体均有略微变形，极具画家陈洪绶的个人风格。

贵妇身后有一块"皱、漏、瘦、透"的假山石，其上一件样式古朴的花觚。花觚中插了时鲜花卉，花材典丽，枝叶疏朗通透，充满复古与清新并存的质感。插花艺术在明代文人间很是流行，画家陈洪绶也是一个热爱插花的文艺人，作品里有大量的插花图。

《调梅图》 明末清初 广东省博物馆藏

观复猫 《调梅图》

钻入古画的观复猫

苏格格

盐梅能为食物带来美好的味道，引申到文化层面也有极好的寓意。观复猫苏格格为大家演绎陈洪绶的《调梅图》，这可是当了一回名副其实的大家闺秀呢。只见她端庄大气，手持团扇，面容平静，衣裳下摆随意地垂于地上，看似在关注调梅，实则思绪乱飞。

调梅所用的青釉盆形洗内堆塑着四条小鱼，猫配鱼，这样精美的用具想必苏格格很满意。画面上一猫一兔两位小姐姐可能已经咽口水了，铲屎官就想问问格格："梅子好吃吗？"

观复猫
说文化

GUANFUMAOSHUOWENHUA

铜胎掐丝珐琅缠枝莲纹出戟花觚

明景泰　观复博物馆藏

铜胎掐丝珐琅俗称"景泰蓝",以铜作胎,将很细的铜扁丝掐成花纹后焊于器表,再将珐琅釉料填进铜丝间,经烧制、打磨而成。"景泰蓝"这个名字出现得非常晚,并不是明代景泰年间开始有的。清雍正六年(1728年)《造办处活计档》记载:"今年珐琅海棠式盆再小,孔雀翎不好,另做。其仿景泰蓝珐琅瓶花不好。钦此。"这是目前所见"景泰蓝"称谓的最早文字记录。

此件花觚为侈口长颈,露胎鎏金勾勒四片蕉叶开光,内有缠枝花卉纹和葡萄纹。鼓腹上出鎏金四戟,线条挺直,间出四组折枝雏菊花卉。下部起双弦唇线,足呈覆钟式。底部有"景泰年制"四字款。此器造型优美,色彩雅致,唯一遗憾之处为早年流落海外时曾被改成台灯,底部被打孔。

龙泉窑青釉水波纹四鱼纹盆形洗

元代　观复博物馆藏

龙泉窑的高峰时期在南宋，开始出现粉青、梅子青等颜色，非常润泽美观。进入元朝，龙泉瓷器逐渐由青变绿，釉色厚重。龙泉青瓷曾作为中国青瓷的代表，宋元时期大量外销，欧洲的贵族都以拥有龙泉青瓷为荣。

洗，用作名词时指一种盛水的器皿，类似浅盆。洗在古代生活中用途广泛，有盥洗用具，亦有文房用具及陈设品。观复猫版画中的这件龙泉窑洗青釉温润，广口宽唇，深腹平底。洗内装饰有水波纹，中间堆塑着四条小鱼。可以想象当洗内盛满水时，水波晃动，小鱼如同游弋其中，给使用者一种精神享受。

榆木大漆剑腿矮榻

明代　观复博物馆藏

榻是一种形制古老的卧具，四面不带围子。此件矮榻为明代山西地区制作，榆木材质，藤面剑腿，卷草牙子，造型非常古朴。民间柴木家具常在外表刷漆，能够起到保护作用，增加家具的使用寿命。

"物华天宝，龙光射牛斗之墟；人杰地灵，徐孺下陈蕃之榻。"出自唐代著名诗人王勃的名篇《滕王阁序》。文中提到的"陈蕃"是东汉时期的人，因在京城洛阳直言进谏得罪了权贵，从而被贬到豫章任太守。豫章有一名士徐稚，字孺子，徐孺子"恭俭义让，所居服其德"，有"南州高士"之誉。陈蕃对这样的名士非常敬重，专门为徐孺子做了一个榻，平时挂在墙上。徐孺子来访的时候，才把榻放下来，两个人坐于榻上秉烛夜谈。这就是"下榻"一词的来历。

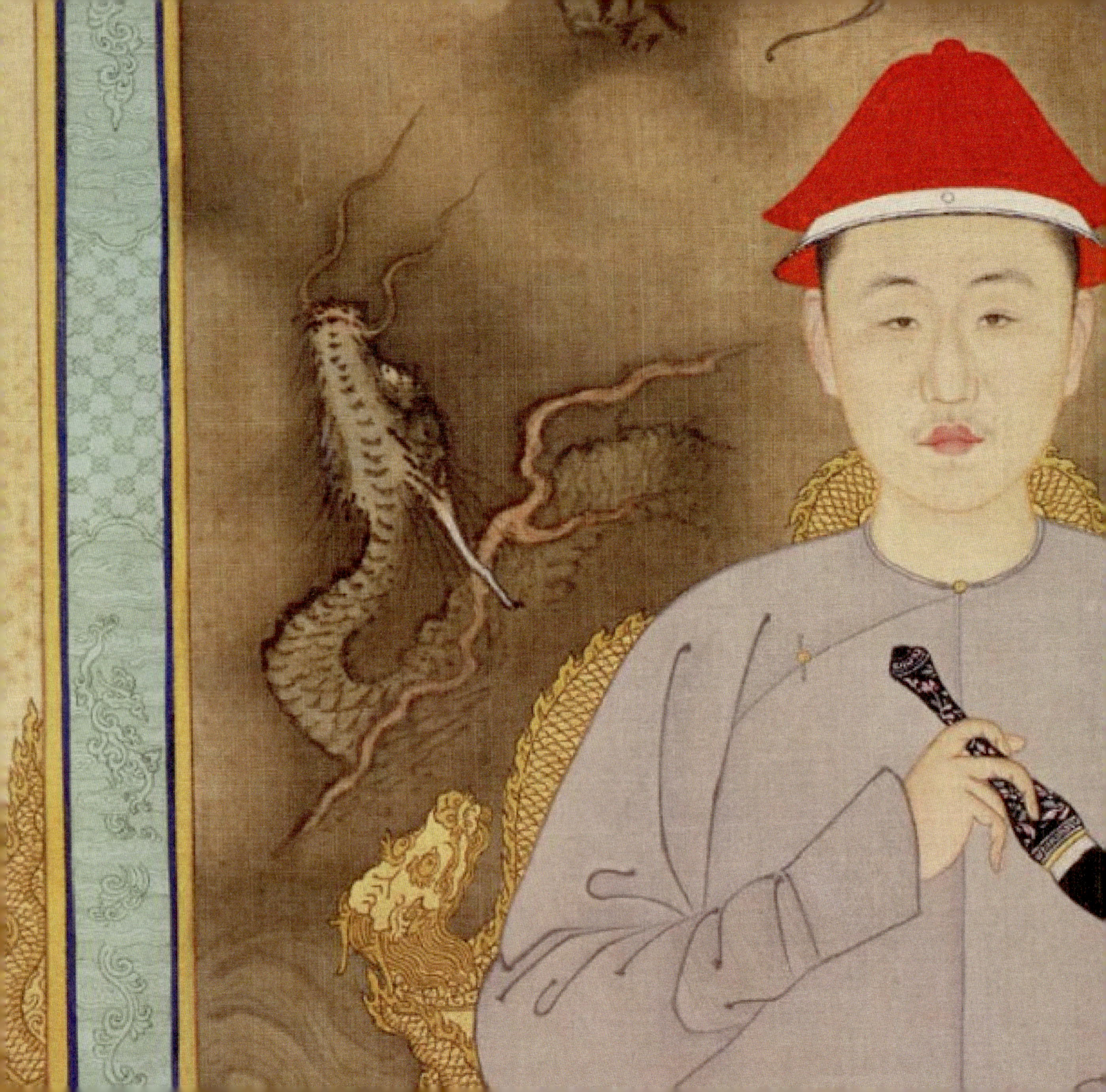

康熙皇帝便装写字像

"不完美"的帝王画像

古画
GUHUACHUANQI
传奇

与观众共塑的"偶像"

在高度集权的朝代,皇帝拥有至高无上的权力,被视为"天子"。天子的仪容对于臣民来说始终神秘威严,不容冒犯。除皇帝身边的宗室、内监外,少数有幸瞻得天子仪容之人,必是建立卓越功勋"恩命尤笃"之人。而觐见天子的繁缛礼节,更彰显了天子的威仪。以清代为例,臣子觐见需行"三跪九叩"等一系列复杂的跪奏礼。

《清稗类钞》有这样的记载:大臣被召见,须先在殿前叩响头,且响声要震彻御前,以表至敬。若想达到"蓬蓬然若击鼓"的叩头效果,又不至于磕得太痛,就必须重赂内监,内监会暗示一个全殿最佳的叩头地点,否则头磕到破也不会有响声。同样,为免久跪之苦,无论奏对何事,都尽量用简浅明白的三句话概括,无须皇帝再问。暂且不论这段记载的准确性,单就这些应对觐见的小妙招,在今天看来,就颇有些荒诞的意味。要知道历史上绝大多数人,仅能通过帝王的画像感知芸芸众生中"天选神谕"的力量。

正如艺术史学家巫鸿教授在《武梁祠——中国古代画像艺术的思想性》中提及的那样,"图像的意义不但在于其自身,而且还依赖于画外观者的存在"。以物为证,从汉代武梁祠石刻画像,到北魏时期司马金龙墓漆屏风,到洛阳龙门石窟宾阳洞"帝后礼佛图",再到传为唐初阎立本绘《历代帝王图》,以及集历代帝王贤臣画像之大成的紫禁城南薰殿庋藏(今藏台北故宫博物院)。纵观历史上帝王画像的诞生,均以维系始祖与后世子孙间的信仰交流为创作基础。加之自汉代起,佛教东渐,佛教艺术中以佛陀居中受信徒顶礼膜拜的传统构图方式也与中国本土的崇拜暗相契合。这种与观众共同树立"偶像"的帝王画像的艺术创作便自然延续下去。

"不完美"的帝王画像

"焕炳可观，黄帝唐虞。轩冕以庸，衣裳有殊。"自古帝王画像多以最高等级的衣饰示人，以彰显画中人物至高无上的身份。明代以来，帝王画像对于体现帝王不同的"侧面"，有了更深层次的发掘。君王们在不同场合下，会身着不同的服饰和头冠。在重大典礼活动中身穿衮服，平日上朝理政穿朝服，喜庆节日穿吉服，平时起居穿常服，外出巡幸穿行服。而在清代帝王画像中，又增添了一些以日常起居生活为写照的画像图，这与"焕炳可观"庄严肃穆的传统帝王像相比，显得与众不同，也更为生动有趣。现藏故宫博物院《康熙皇帝便装写字像》就是其中一例。

《康熙皇帝便装写字像》绢本设色，纵50.5厘米，横31.9厘米，为清宫画师所绘。凝视《康熙皇帝便装写字像》，画中的这位少年，虽然目光清明、五官端正，但却谈不上多么英俊，额头、眼周、鼻梁、嘴角隐约可见赭色的点点痘痕。口周有淡淡细须，看上去还略带一丝青涩。若不是少年背靠墨龙屏风，执笔端坐于黑漆描金书案前，很难将这位安静的少年与所谓的天子威仪联系起来。

画面中的少年天子康熙帝，头戴红色帽冠，身着素雅的青色便服，端坐于金漆龙椅上。他面前一张嵌石黑漆描金的书案上，摆放着书函、砚台、水丞。康熙帝左手轻抚纸笺，右手执斗笔，正欲书写。其身后一座金漆"苍龙教子图"墨龙屏风彰显了画中主人非凡的身份。

不符合视觉逻辑的"波臣派"

在承袭了传统工笔多层敷色渲染的绘画基础上，《康熙皇帝便装写字像》采用了明末以来流行的"波臣派"画法，即在追求写实的审美基础上，更加追求精神上的表达。

"波臣派"首创于明末画家曾鲸之手，以"波臣派"勾勒出的人物墨色线条更加自然，设色也较之前清淡雅致。此外，"波臣派"绘画构图更重视画面氛围的营造。在《康熙皇帝便装写字像》中，运用在皇帝自身的笔墨并不过分突出，反而是通过屏风、书案、文玩、书籍、地毯等人物周围的器物点缀，从侧面展现人物的身份和性格。画面中的文人意趣更为浓厚，画面格调更为清新脱俗。

在代表当下文人审美的《康熙皇帝便装写字像》中，也不自觉地融入了西方的一些透视技法。以正面观，康熙皇帝身后的屏风左右站牙斜向外撇，使得两条龙纹装饰背

《康熙皇帝便装写字像》 清代 故宫博物院藏

向而立更富动感。同时，皇帝身前嵌有大理石的黑漆描金书桌又在试图表现近大远小的日常基本视觉效果，远端的桌边长度和腿部撇度过于夸张，多少违背了透视效果。中国传统透视法与西方定点透视法，两种透视并存的荒谬景象出现在了一幅帝王画像中，可谓中西绘画交流下的有趣产物。

励精图治的康熙皇帝

中国历代帝王画像，从题材到风格都传达着浓重的政治特征，因循着儒家思想，画师多将帝王刻画为高大全的道德楷模和精神偶像。作为一代"偶像"，拥有勤勉务实精神的康熙皇帝当之无愧。

康熙皇帝非常重视日常起居，作息很有规律。史书记载，康熙皇帝每天寅时（凌晨3点到5点）起床，早晚各进一餐，卯时（早晨5点到7点）到乾清宫听政，辰时（早晨7点到9点）到懋勤殿听讲经书，巳时（上午9点到11点）到太皇太后、皇太后处问安，未、申时（下午1点或5点）吃晚饭，戌时（晚上7点到9点）回宫休息。除非有重大的国事、庆典或出巡，否则这种常规绝不会被打破。

作为中国历史上在位时间最长的皇帝，康熙八岁登基，奉顺治帝遗诏，由鳌拜、索尼、遏必隆、苏克萨哈四人辅政。康熙六年（1667年），年仅十四岁的康熙始亲政。康熙八年（1669年），十六岁的康熙帝巧妙惩治专权的鳌拜，夺回朝政大权。随后，康熙帝推行了一系列治国措施。

在军事上，康熙帝先后平定三藩之乱，进兵台湾。康熙二十八年（1689年）与沙俄签订《中俄尼布楚条约》，确定中俄东段边界。其后又平定了漠北、西藏的叛乱，强化了统一政权。在农业经济上，康熙帝减轻赋税，奖励垦荒。先后整治黄河10余年，使水路畅通，漕运无阻。在文化思想上，开博学弘儒科，下诏修《明史》。康熙皇帝对自然科学很重视，尤其喜爱数学、天文学，还组织力量编修《康熙字典》《佩文韵府》《全唐诗》《渊鉴类函》《古今图书集成》《广群芳谱》等书。康熙皇帝在位六十一年，开创了"康乾盛世"的肇始。

273

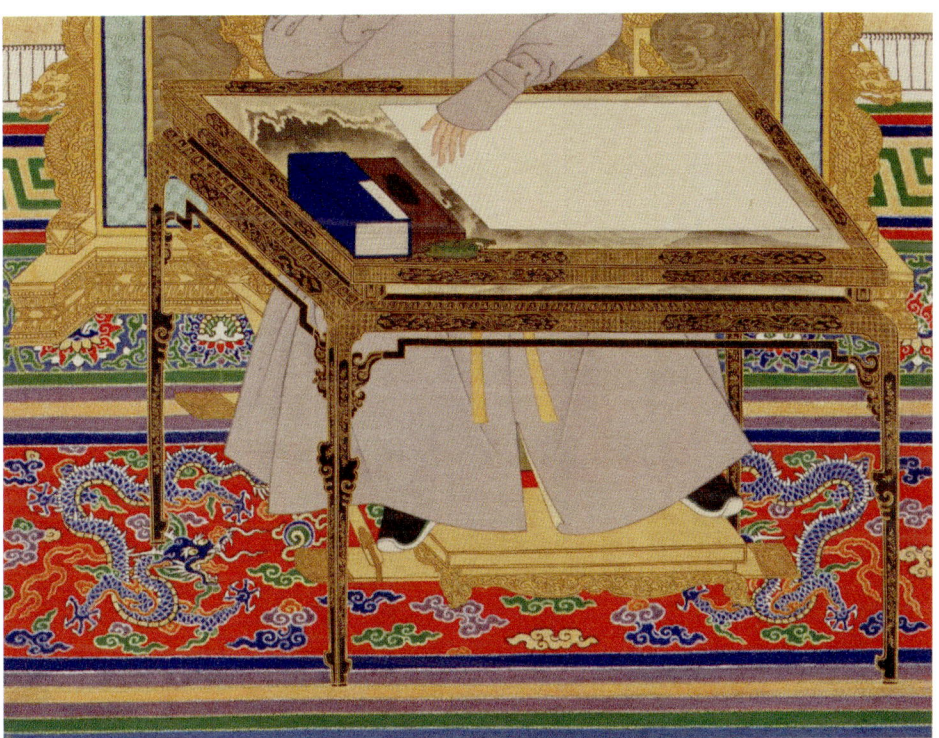

观复猫《康熙皇帝便装写字像》

戴南瓜

钻入古画的观复猫

原画中的康熙身着便装，正准备提笔写字，身后的墨龙屏风体现了他至高无上的地位。这幅画有着微微的分裂感：前方的方桌使用的是中国传统的透视技法，而后面的屏风则是欧洲焦点透视法的体现。在中西绘画技法开始碰撞的特殊时期，这样一幅作品也算饶有趣味。

至于钻进古画装扮成康熙皇帝的观复猫，非戴南瓜莫属。拥有一身金黄毛发的观复猫戴南瓜，即便身着便装，也难掩一身的帝王气质，越是责任重大，越要沉下心来好好学习，天天向上。

观复猫

GUANFUMAOSHUOWENHUA

说文化

紫檀高束腰雕螭龙纹大画桌

清康熙　观复博物馆藏

紫檀是中国传统名贵木材之一，其色泽深重，由紫红到深黑，变幻多样。紫檀棕眼细若牛毛，质地致密，横截面走刀不阻，易于细腻雕刻。清代紫檀木大量进入宫廷，成为造办处用于制作清宫家具及文玩的重要材料。

画桌为文人墨客挥毫之用，所以要比一般的桌案更宽更长，使得作画铺纸之时不会觉得局促。原画里的桌子略呈正方形，可能是由于画师的透视立体关系把握不准确而导致的。

戴南瓜所用的紫檀高束腰雕螭龙纹画桌，近一米宽的桌面由三块木板拼成，是迄今为止发现的紫檀桌案类家具中最宽的一张。紫檀生长缓慢，有"十檀九空""紫檀无大料"之说，因此画桌中间一块30厘米宽的独板算是紫檀木中难得的大料。画桌的束腰、壶门、三弯腿均满雕螭龙纹，华丽异常。

青花釉里红鱼藻纹洗

清康熙　观复博物馆藏

青花釉里红是釉下彩瓷中的一个品类，用蓝色钴料和铜红料在素白胎上绘制纹饰，然后罩一层透明釉入窑烧造，在高温下一次烧成。青花釉里红属釉下彩瓷，所以颜色永固不褪。

和鱼有关的纹饰出现得非常早，在新石器时期陶器上就可以看到它们的身影。先民观察到自然界中的鱼类繁衍多子，器物上的鱼纹也寓意子嗣兴旺绵延。此外，"鱼"谐音"余"，又被赋予"连年有余"的吉祥含义。鱼藻纹往往用鱼的形象配以水藻、浮萍等水生植物，构成一幅幅生趣灵动的画面。

水波纹抄手砚

宋代　观复博物馆藏

抄手砚一般是指在砚石底面开出深凹槽，方便用手抄托底使用的一种砚台，这种制式从唐代的箕型砚演化而来。在宋代，长方形的抄手砚非常流行，时至明清也多有仿制。砚台一端的下凹部分叫作砚池，用以贮存墨汁，所以也叫作墨池。

水波纹的装饰简洁大方，和抄手砚整体的素净相得益彰。从古至今，水一直都是人类赖以生存的重要自然资源，起伏绵延的水波纹代表了人类对水源的亲近和天然的归属感。水波纹虽然没有固定的结构，但无不例外透露着涟漪荡漾的意味。

紫檀诗文镇尺

清康熙　观复博物馆藏

镇尺是书桌案头常见的文房用具，也叫镇纸，文人写字作画之时用以镇压纸张。从材质上看，镇尺的制作原料非常丰富，金属、玉石、木料、陶瓷等材质都有出现。

这件镇尺以名贵紫檀为材料，上面刻有"技若画壹守而弗失"的字样，下刻"顾霭"款。这句话出自《汉书》："萧何为法，讲若画一；曹参代之，守而勿失。载其清净，民以宁一。"这样的文字出现在镇尺之上，取遵守技法标准之意。

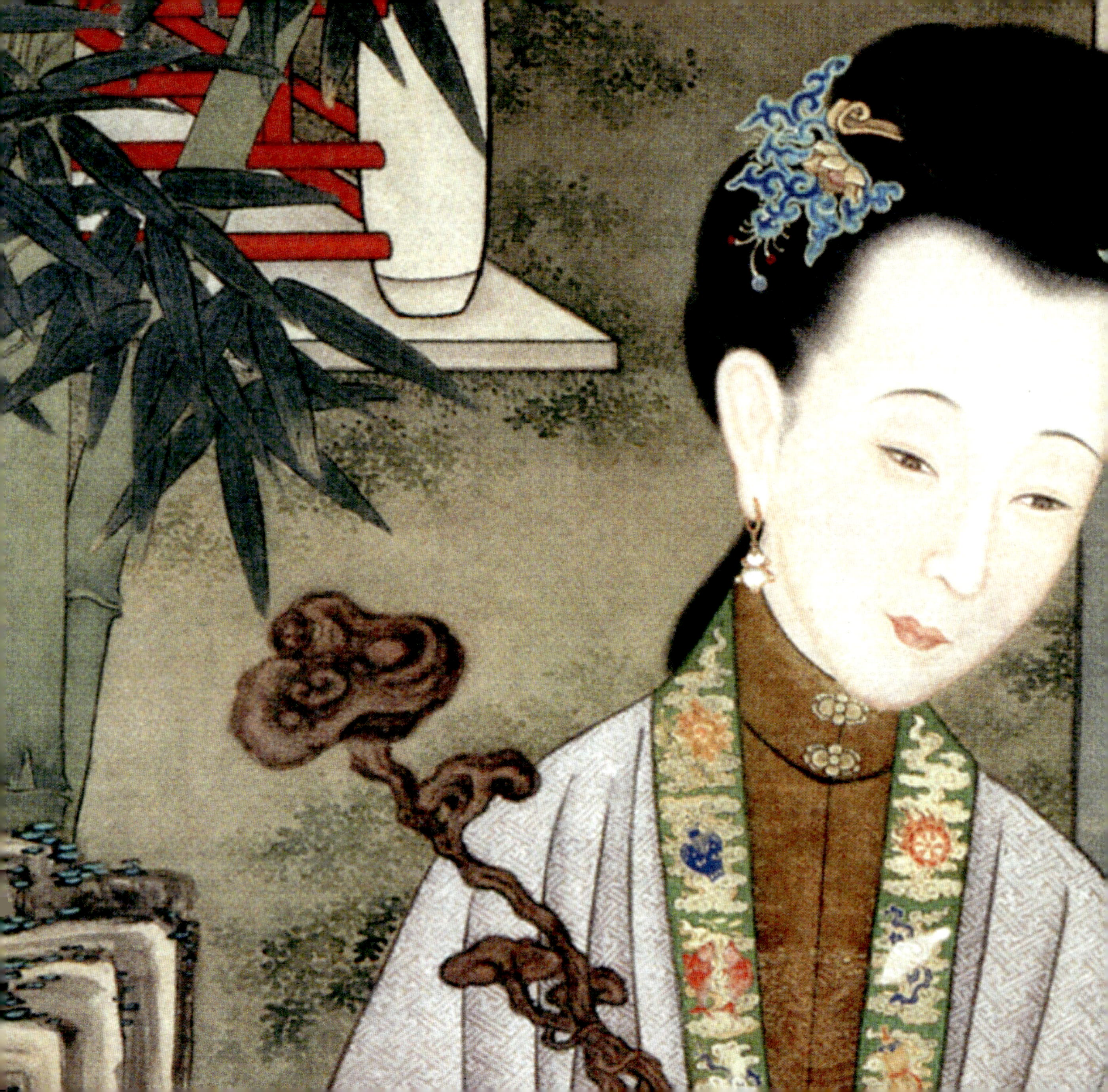

雍亲王题书堂深居图屏
立持如意

深宫美人背后的隐秘

古画
传奇
GUHUACHUANQI

当四郎还是雍亲王

雍正皇帝近些年被古装电视剧演绎了很多，看客们都能说出雍正的一些继位秘闻、爱情逸事。他更是获得了"四郎"这个昵称，让皇帝显得很接地气。不过，历史上的雍正皇帝可真没有电视剧中那么悠闲，他做皇子时小心翼翼，做皇帝时拼搏勤勉，为后来乾隆盛世打下了坚实基础。

康熙十七年十月三十日（1678年12月13日），康熙皇帝的第四个儿子出生了，《清史稿》中称其"生有异徵，天表魁伟，举止端凝"，取名为胤禛。"胤"代表清朝皇子名字辈分排行，本义为子孙相承；"禛"，《说文》解释为"以真受福"，就是用真诚得到福佑。这个名字代表了清朝皇室对皇子的期待和祝福。

胤禛在康熙皇帝诸皇子中不算受宠，但地位也稳步上升，先被封为贝勒，后又晋封为雍亲王，最后继承帝位，年号雍正。他当皇帝之前的府邸，就是今天北京著名的雍和宫。

雍正皇帝继位之时，已经45岁，算是壮年，阅历和能力都在顶峰时期，因此刚登上帝位，就能清理弊病，励精图治。民间野史有雍正皇帝矫旨篡位之说，或出于政敌的流言，或出于文人的想象，并不符合史实。

美人画隐藏的秘密

故宫博物院藏有一套十二幅绢本设色美人画作，每幅纵184厘米，横98厘米，按四季变化，描绘美人的宫廷生活，主题分别是裘装对镜、烘炉观雪、倚门观竹、桐荫品茗、立持如意、观书沉吟、消夏赏蝶、烛下缝衣、博古幽思、持表观菊、倚榻观鹊、捻珠观猫。

这套美人画作，原是圆明园"深柳读书堂"围屏上的装饰画，也许这个名字看着陌生，但要说起《雍正十二美人图》就感觉亲切得多。圆明园最初是康熙皇帝赏赐给皇四子胤禛的园子，因此以前这套画作曾被称为《胤禛妃行乐图》。1986年，朱家溍先生查到养心殿造办处史料记载，雍正十年（1732年），"八月廿二日据圆明园来帖内称：司库常保持出由圆明园深柳读书堂围屏上拆下美人绢画十二张，说太监沧州传旨：着垫纸衬平配做卷杆。钦此。本日做得三尺三寸杉木卷杆十二根"。现在故宫博物院将这套画作正式定名为《雍亲王题书堂深居图屏》。

在十二幅美人画上，可以看到"破尘居士""圆明主人"等落款和印章。那么谜题来了：

画中美丽的深宫女子有原型吗？

破尘居士、圆明主人是谁？

为何雍正皇帝如此珍惜这些画？

答案要回到胤禛身上。这十二幅美人图的主人就是雍正皇帝。画中的美人曾被认为是以雍正皇帝的嫔妃为原型所创作，有考据派学者还详细分析，将十二幅画一一对应是哪位嫔妃。但这种说法证据不足，一直存在争议。而且，清代宫廷为嫔妃作画时，有规定的尊称，叫"喜容"，比如"某妃喜容""某嫔喜容"，而不会简单地称作"美人"。

别看雍正皇帝即位后大展宏图，当他还是一个普通皇子的时候，低调做人、韬光养晦便是皇家子弟的必修课。这一点皇子胤禛做得很到位，他在诸皇子中显得并不特别出众，行事也低调本分，没让父亲康熙皇帝怎么操心。

在康熙一朝后期激烈的皇位争夺战中，胤禛显得尤其低调。为了表示自己没有大的野心，他给自己起了一个号"破尘居士"。"居士"指在家修行之人，这个字号仿佛在说："我已看破红尘，只愿修心养性，不愿参与政治斗争。""圆明主人"也是他居住在圆明园时的号，登基后不再使用。

当胤禛如愿以偿登上帝位，成为雍正皇帝之后，他回忆起在圆明园深柳读书堂居住的那段时光，每日如履薄冰，成功的希望时有时无。现在回头望去，这段难熬的岁月竟然让人眷恋。作为一个时间的见证，深柳读书堂内的美人绢画屏风令皇帝珍惜，因此令内务府妥善收藏。今天我们看到这十二幅美人画，均完好无损，颜色鲜亮，说明它们被细心地保存。

温柔乡与解语花

历史上以美人画装饰屏风由来已久，北魏司马金龙墓出土的漆画屏风，以朱漆为地，彩绘人物故事图，其中可见历史传说及《列女传》中的诸多女性形象，如娥皇女英、周太姜、李充妻、班婕妤等。漆画落笔古拙，线条简洁，但将每位女性的动作乃至身份都表现得很好。现藏日本正仓院的唐代"鸟毛立女屏风"，共6扇，是珍贵的纸本屏风，

《雍亲王题书堂深居图屏·立持如意》 清代 故宫博物院藏

286

由于用了鸟毛装饰画面而得名。每扇屏风上均画出一位树下的仕女，或立或坐，粗眉樱唇，体态丰腴，是标准的盛唐美人。

圆明园深柳读书堂围屏上的这十二幅绢画，每幅都接近2米高，画上美人高度与真人无异，均是神情温婉，姿态柔顺，仿佛一朵贴心的解语花。我们可以想象，每当胤禛走进深柳读书堂，被众多美人围绕，这些美人的容颜不会变老，不会钩心斗角，不会欲求无度，只会默默展现最美的风姿。十二幅美人图，并无艳色，亦无浓情，只如清风一般，抚慰着主人煎熬的心，是胤禛在前朝政局中得以喘息的一处温柔乡。

在这幅《立执如意》中，身着汉装的美人立于精致的篱笆前，正在欣赏姹紫嫣红的牡丹。她身后的朱栏玉砌、秀石修竹，都显示出庭院的美好。美人弯眉细目，樱桃小口，容貌姣好，神情温柔。她一手掩于袖中，一手掌着一柄灵芝形竹雕如意，专注地看向盛开的牡丹花，嘴角流露出一丝笑意。

美人的头发在前额处盘成圆圈状，露出光洁的额头，显得温婉别致。这种发型称为"螺髻"。发髻正中插一支金簪，两端各插一支金花卷草点翠步摇。点翠，这种工艺十分复杂，先以金属制成特定的架子，用金属线勾勒出图案纹样，然后在线条间的凹陷处粘贴翠鸟羽毛形成图案。用点翠工艺装饰的器物色彩鲜艳，精美华丽。但由于取羽后会对翠鸟造成不可逆的伤害，所以今天并不提倡。点翠这种工艺也逐渐被烧蓝等工艺替代。

美人所穿衣裳亦显端庄柔和，色泽与画中环境搭配协调。其中对襟外服尤为精致，衣纹采用了"卍"字纹。"卍"字纹随着佛教传入中国，在建筑、器物、服饰上都能见到。"卍"作为一种字符或者说宗教标志，有着吉祥的含义。"卍"连续起来作为装饰花纹，象征吉祥延绵不绝，寄托着人们美好的愿望。

再来细看这件衣服领口的纹饰，也与佛教有关。豆青底色上绣出法轮、法螺、宝伞、宝盖、莲花、宝罐、双鱼、盘长八种纹样，称为"佛八宝"，又称"八吉祥"，是藏传佛教中象征佛法的八种器物。以此为装饰纹样，代表着祈求吉祥圆满的心愿。"卍"字纹和"佛八宝"纹的盛行，与佛教的普及和统治者的扶持态度息息相关。佛教和儒学、道教一样，对文学艺术都产生了深远影响。

观复猫《雍亲王题书堂深居图屏·立持如意》

钻入古画的观复猫

黄小仙

　　农历四月至五月正值牡丹花期，牡丹以花朵雍容华丽、香味芬芳浓郁而被称作"百花之王"。在中国人心目中，牡丹花是极致美好、大富大贵的象征。在《立持如意》这幅画中，竹条编制的篱笆边繁花似锦，而这之中紫、粉、白、红等各色牡丹尤为突出。

　　观复猫黄小仙倾情演绎清代仕女，手持如意处身繁花之中，猫比花娇。她或许想起了"唯有牡丹真国色，花开时节动京城"，沉浸在一片浓郁热烈的春色之中；又或许低吟一句"指点牡丹初绽朵，日高犹自凭朱栏，含嚬不语恨春残"，感叹春天即将逝去，空余盛放的牡丹。是喜是哀，还是淡然，都在观画的你一念之间。

观复猫

GUANFUMAOSHUOWENHUA

说文化

垒丝烧蓝嵌红宝石蝶恋花纹金步摇（对）

清代　观复博物馆藏

步摇是簪的一种，《释名·释首饰》中称，步摇"上有垂珠，步则动摇"。所谓"垂珠"就是小珠子，可用玛瑙、珍珠等材质制作。行进时垂珠随之摇摆，金光闪烁，平添婀娜风姿，令人赏心悦目。两汉至宋元，步摇在演变过程中逐渐发展为固定的样式，但摇颤的特色一直保留下来。

垒丝是我国古代金工传统工艺之一，是金属工艺中最精巧的一种。将金银拉成丝，然后将其编成辫股或网状，再焊接成想要的造型。黄小仙所戴步摇上端用垒丝工艺做出四朵五瓣花饰，用"螺丝"做出花蕊；中间为主花饰，花心镶嵌红宝石。两只蝴蝶采用烧蓝工艺，围绕在花朵周围，使人一望便知取"蝶恋花"之意。步摇制作精细，雍容华贵，典雅不俗。

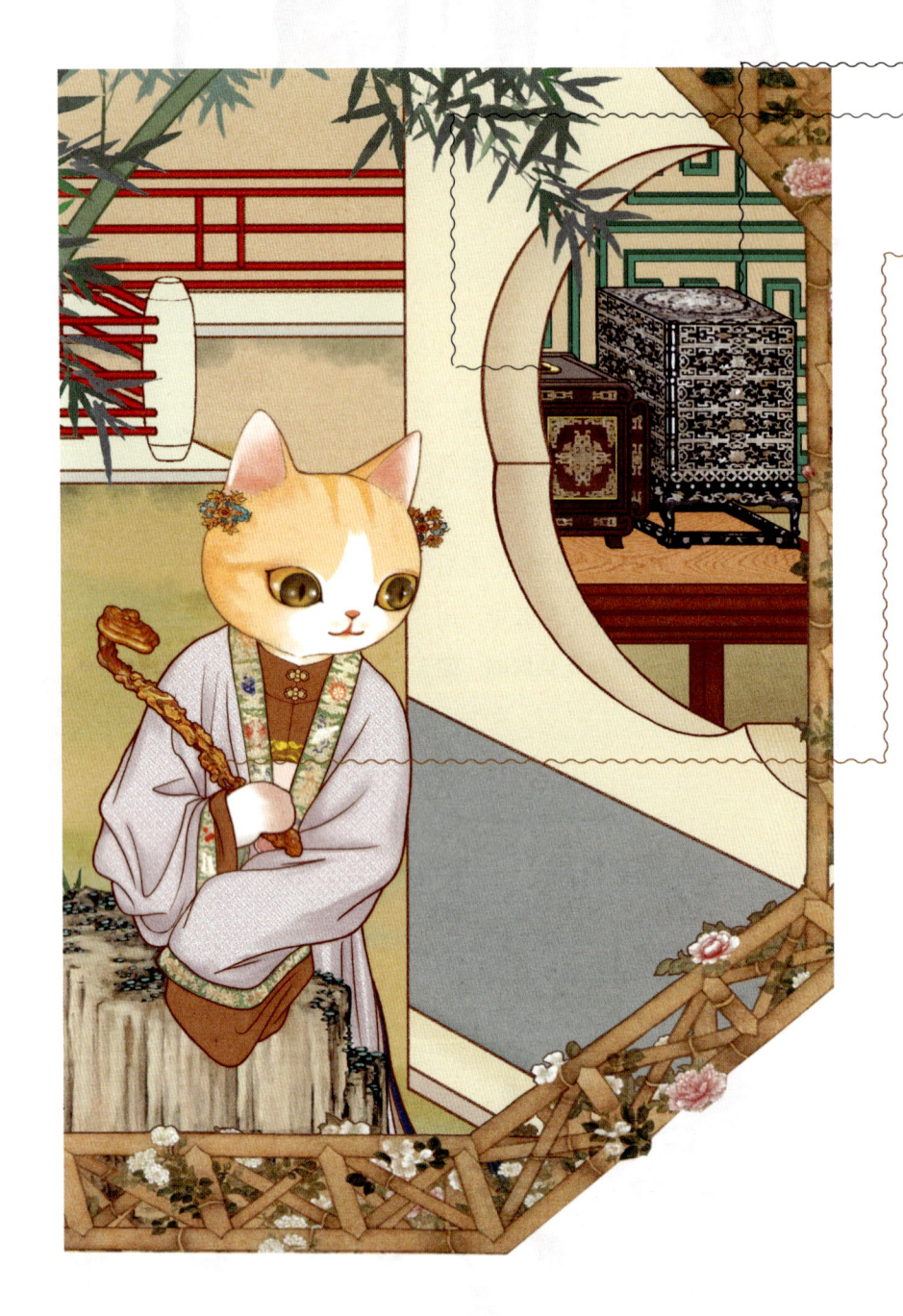

铜鎏金灵芝形如意

明代　观复博物馆藏

灵芝在中国古代的民间信仰中有着吉祥长寿的寓意。灵芝的出现，一般会被渲染成国泰民安的预兆。《瑞应图》称："芝英者，王者德仁而生。"灵芝图案非常容易出现在建筑彩绘之中，或被制作成为各种材质的艺术品。

清代初期，如意大量出现在皇宫。直到溥仪时期，如意仍是皇帝后妃们钟爱的把玩之物，寝殿中、宝座旁随处可见，取吉祥顺心的寓意。原画中美人手持的是竹雕灵芝如意，小仙手里的可是明代的铜鎏金如意，两者造型相似，但分量不同。

黑漆嵌螺钿莲花拐子纹四方节盒
清代　观复博物馆

紫檀嵌玉雕拐子龙纹百宝箱
清乾隆　观复博物馆藏

同样在这张小桌上，原画中还有一件彩绘花卉纹盒，应为妆奁盒具。观复猫版画中的是紫檀嵌玉雕拐子龙纹百宝箱，造型敦正，上下左右各做一层卷头造型的凸出，显得更为别致。

百宝嵌是一种以各种珍贵材料如金、玉、朱砂、玛瑙、螺钿、松石等作为原料，组合镶嵌出各种图案的工艺，多见于木器、漆器之上。大的百宝嵌器物有屏风、床柜之类，小的则有文房、箱盒等。百宝嵌装饰的器物给人精美华贵之感。

原画中右侧桌上的一对黑漆描金竹纹圆盒，采用在黑色漆地上描画花纹的工艺。而观复猫版的画中，则换成了一件黑漆嵌螺钿莲花拐子纹四方节盒，采用的是镶嵌技法。

节盒分六层，包括四层盒身、盒盖、带托泥的底座。黑漆为地，通体使用螺钿镶嵌出拐子纹及莲花。拐子纹是一种硬角连续拐弯的传统纹饰，家具、工艺品上都很常见。螺钿取材于各种贝壳，选取色泽最佳的部位经过分层和裁制等步骤以后，镶嵌于木器、漆器之上作为装饰。我国古代漆器的经典著作《髹饰录》中描述道："螺钿……百般文图，点、抹、钩、条，总以精细密致如画为妙。又分截壳色，随彩而施缀者，光华可赏。"

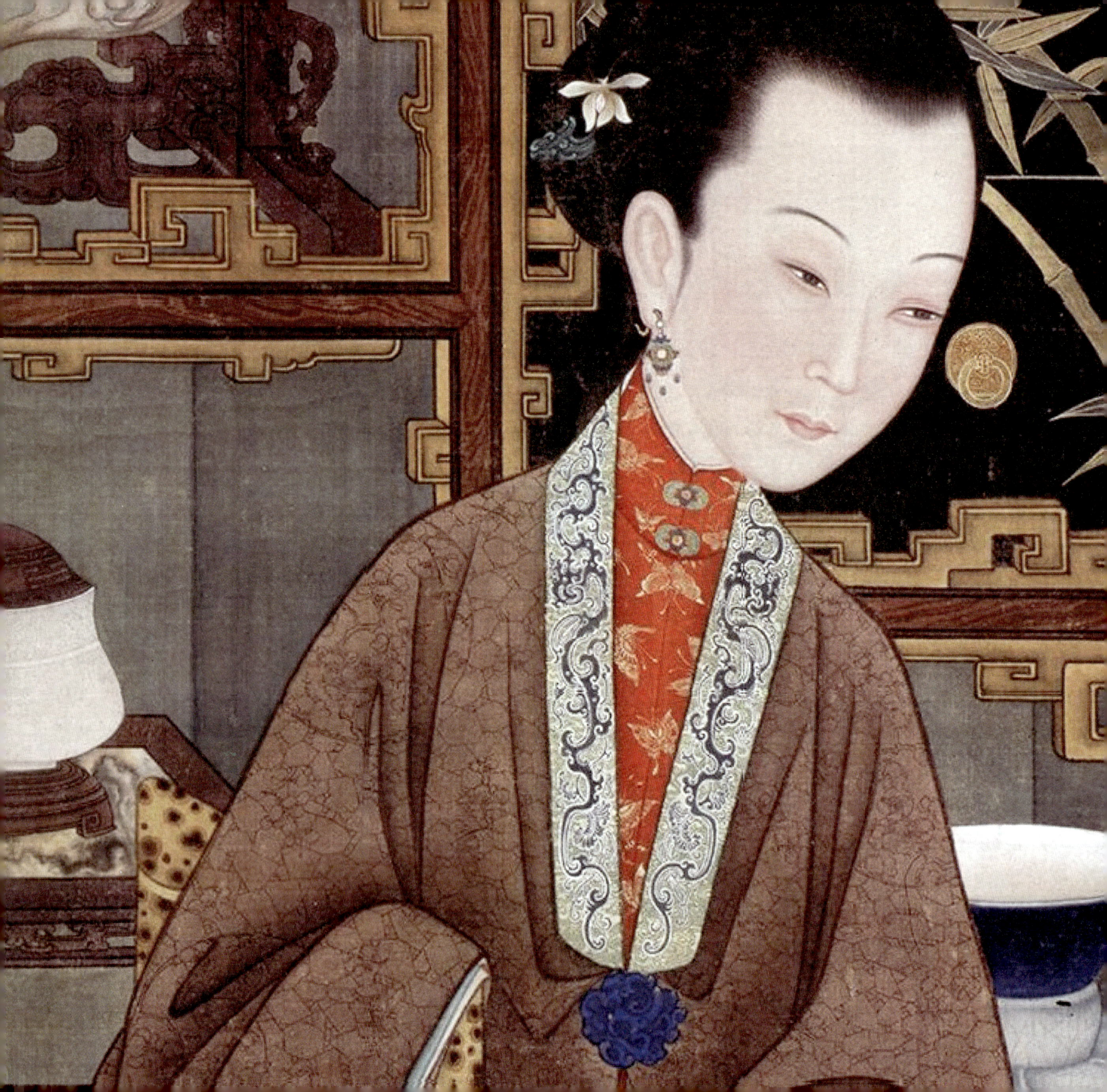

雍亲王题书堂深居图屏

博古幽思

皇室的收藏

古画传奇

GUHUACHUANQI

出身圆明园

康熙四十六年（1707年），康熙皇帝将北京西北郊的一座园子赐给皇四子胤禛，并亲自题匾"圆明园"。在登基成为皇帝之前，胤禛在圆明园生活了很长时间。可想而知，低调做人的日子里，圆明园相对放松的环境给了胤禛很多慰藉。雍正二年（1724年），皇帝就下令开始扩建圆明园。雍正十年（1730年），为了妥善保管深柳读书堂内的十二幅美人画作，雍正皇帝传旨将它们从圆明园的屏风上拆下，妥善收藏于宫内。

今天我们有机会与雍正皇帝一样，欣赏画中的十二位后宫美人，她们服饰各异，身姿婀娜，赏心悦目。另外，画师以高超的画技、细腻的画笔，精准再现了各色发型、首饰、服装、文玩、器用、家具等，让我们窥得清代宫廷生活的样貌。

情思婉转话美人

这套《雍亲王题书堂深居图屏》中的十二位美人，虽然所处环境不同，做出姿态不同，但都是标准的清代绘画中推崇的美人形象。她们无一例外，均是细长身材，削肩长颈；鹅蛋脸，细细的眉毛，狭长的眼睛，薄薄的嘴唇；表情平淡内敛，动作轻缓娴静；有的甚至带有一种林黛玉式的病态美感。

在选取的这幅《博古幽思》中，这位美人却似乎有一点不同。她同样是清代推崇的标准美人长相，衣着整齐，装饰雅致，面容平静，似乎陷入幽思。让人感到有意思的是，美人坐在一张斑竹屏风式梳背椅上，姿势却非宫廷妃嫔常见的端庄坐法，而是将身子扭向一侧，从裙角的褶皱看，她似乎还跷起了一只脚。

她的两条手臂都搭在椅背上，左手持绢帕，右手自然垂下。这里画师又描绘了一个细节，美人的衣袖半挂在椅背上，露出半截洁白圆润的小臂，手指纤长，皓腕上笼着一个金镯，营造出一种隐晦的美感。

侧坐姿势，露出肌肤，按照封建社会对深宫女子的要求，似乎都不合规矩。然而我们可以想象，当年在圆明园深柳读书堂中韬光养晦的胤禛，身心疲倦之时，抬首欣赏着围屏上的美人图，想必这略微逾矩的美人，在胤禛眼中倒显出一种与众不同的活泼与风流。

件件珍玩的多宝阁

《博古幽思》的画面中，最引人注目的就是摆放着各种古董文玩的多宝阁了。两面如墙壁般的多宝阁，一件黑漆描金倭角小方桌，一把斑竹屏风式梳背椅，在画面上组成了一个封闭的小空间，就如同今天博物馆的文物研究室一般。桌上的铜兽耳扁壶、哥釉葫芦瓶、松花石砚等器物仿佛正被主人细细品鉴和赏玩。

多宝阁这种家具在清代才出现，它脱胎于同样具有陈列功能的万历柜。清代康雍乾时期，社会稳定，收藏热兴起，多宝阁开

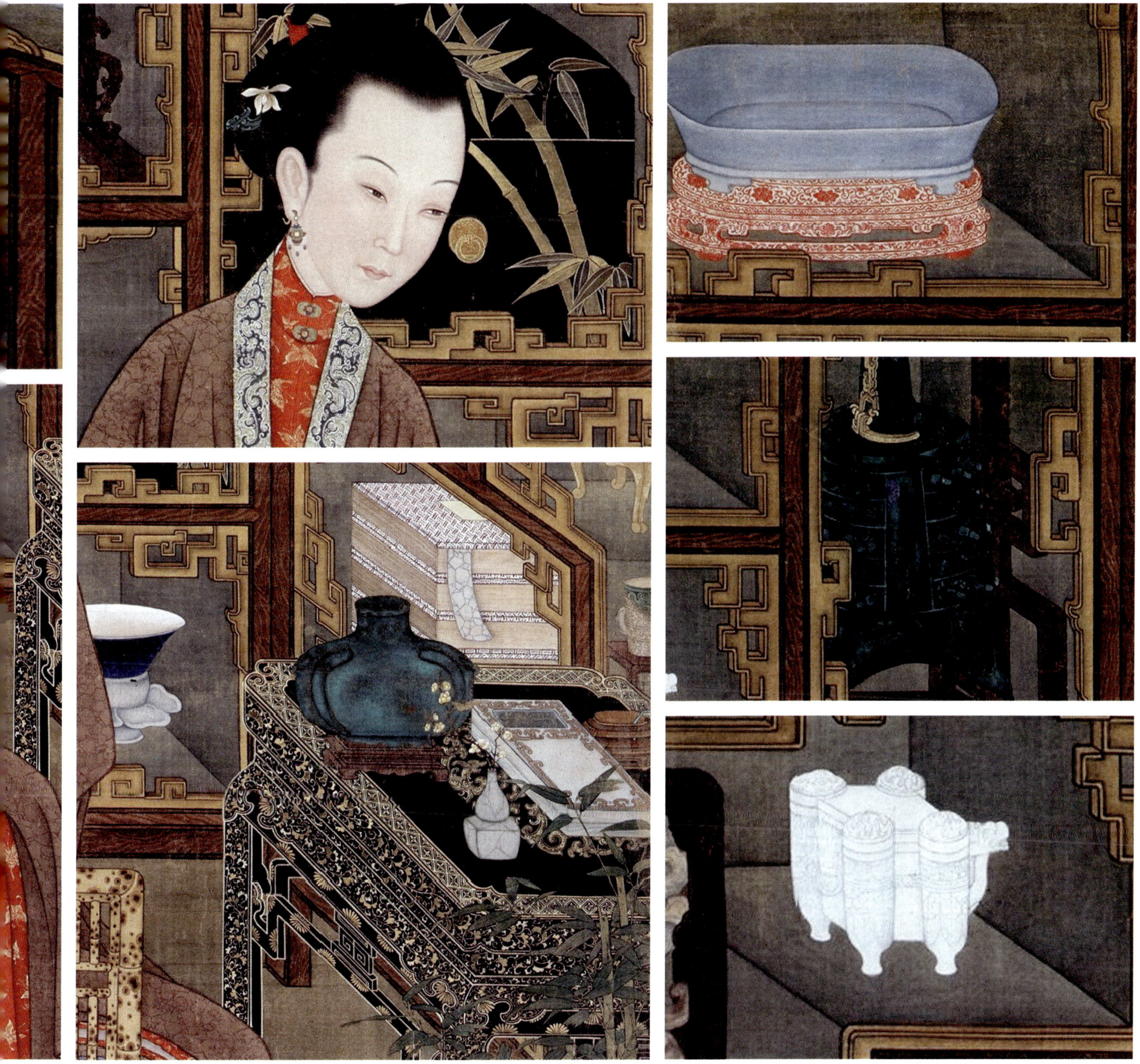

《雍亲王题书堂深居图屏·博古幽思》 清代 故宫博物院藏

始出现并流行起来。

画面中是一组黄花梨安楠木拐子圈口的多宝阁，错落有致的格子里陈设着清宫珍藏的古董文玩：青铜觚、青铜编钟、汝窑水仙盆、汝窑三足洗、红釉僧帽壶、白玉四足壶、黑漆描金竹纹小箱、霁蓝釉碗等。想必画师当年是按照实物所绘制，今天在两岸故宫的收藏中可以看到类似文物。

让我们静下心来细细品味画中这些皇室的珍贵收藏。

铜兽耳扁壶：此类造型的扁壶流行于战国至汉代。画中扁壶铜色斑驳，古意盎然。小口扁腹，矮圈足，双兽耳，有四道带状装饰，似为战汉时期流行绳纹的变体。

青铜觚：觚是商周时期流行的一种酒器，亦是礼器。画中的青铜觚圆体细颈，侈口呈喇叭状，觚身饰蕉叶纹，出戟。为防止碰撞跌落，内务府还专门做了木架固定。

汝窑水仙盆：原型应为现藏台北故宫博物院的北宋汝窑水仙盆，这是目前传世唯一没有开片的汝窑作品。完整汝窑器存世稀少，这件无纹者尤为珍贵。水仙盆为椭圆形，敞口，四足，器型简洁规整。底部刻有乾隆皇帝的御题诗："官窑莫辨宋还唐，火气都无有葆光。便是讹传猧食器，蹴枰却识豢恩偿。"乾隆皇帝将这件汝窑认成了官窑，还说讹传这是小狗吃饭的饭碗，成为笑谈。

汝窑三足洗：汝窑作为宋代五大名窑的魁首，名气很大。洗，可作为文房用具和陈设用具。画中的汝窑青釉洗为平底，折沿，三足，色泽沉稳，布满开片。

红釉僧帽壶：在千度以上的高温中，以铜为呈色剂烧造红釉瓷器，于古人而言是件难度的事。今天能看到最早的铜红釉的实物是唐代长沙窑作品，而烧造出真正意义的纯正红色，是元代才完成的事。明代永宣时期的红釉闻名于世，"鲜红""牛血红"色泽饱满，引人遐想。画中僧帽壶红色鲜艳稳定，画师参照的应是故宫所藏宣德红釉僧帽壶。

白玉四足壶：一说为炉。造型奇特，方形器身，四角连接圆形立柱，兽柄，器身雕刻纹饰。玉质洁白无杂色，应为上好和田白玉。

黑漆描金竹纹箱：中国人使用漆的历史非常悠久，考古发现最早的一只木胎红漆碗，属于六七千年前的河姆渡文化。漆器从最早的黑红两色，发展到明清时期的千变万化，技法高超，品种极为丰富。画中这件黑漆小箱，以金漆描绘出竹纹，黑金交映，华丽却不失雅致。

观复猫 《雍亲王题书堂深居图屏·博古幽思》

令狐花

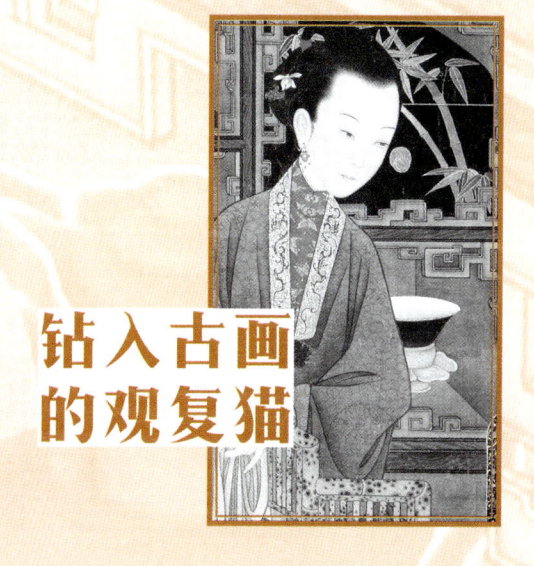

钻入古画的观复猫

　　观复猫令狐花，总被昵称为"小花花"，一直以来都是胆小鬼、受气包的猫设，铲屎官们也都觉得小花花是还没长大的小女娃，纷纷把自己的爱心献给她。

　　没想到，有朝一日令狐花钻进了《雍亲王题书堂深居图屏》的古画，扮演起千娇百媚、温柔贤淑的大女主角色，居然还挺像模像样。只见令狐花端坐椅上，手持巾帕，侧身向外，姿势优雅自然，目光柔和平静，让看画的铲屎官恍然生出"吾家有女初长成"的感觉。

观复猫

说文化

GUANFUMAOSHUOWENHUA

紫檀海棠式梳背椅

清早期　观复博物馆藏

梳背椅的名称源于其靠背为一条条的平行直棂，看似木梳的梳齿。梳背椅按形制可分为两种，一种是靠背椅，一种是扶手椅。但不论是哪种，其典型设计特征都是靠背内垂直于座面的直棂。

原画中的斑竹屏风式梳背椅，替换成了观复博物馆的紫檀海棠式梳背椅。这把椅子为六足，坐面为六边形，酷似海棠花，所以称"海棠式"。靠背及扶手均设计为梳背，座面边缘的三层垛边和腿足处的双层枨相互呼应，显得整个椅型精美秀逸。

白釉僧帽壶

明永乐　观复博物馆藏

"僧帽"历代是佛教圣洁之物,"僧帽壶"因口部形似僧人之帽而得名,这种器型给人一种沉稳厚实的感觉,实质上传承了佛教圣洁的文化蕴意。

僧帽壶的样式借鉴了藏传佛教使用的金属质器皿,瓷制的僧帽壶较早见于元代的青白釉瓷。到了明代永乐、宣德时期,汉藏文化之间的交流较为频繁,所以景德镇御器厂曾大量烧造僧帽壶,其中又以白釉和红釉制品最为名贵。

黄花梨攒角牙带屉条桌

清早期　观复博物馆藏

原画中的黑漆描金倭角小方桌，观复猫替换为黄花梨攒角牙带屉条桌。此桌木色油润，四面平，内翻马蹄足，桌侧装饰镂空拐子纹以及四处窄长圆洞，其中中心两处圆洞为暗屉把手，拉开后隐藏着抽屉，设计精巧别致。

酱口蓝釉暗刻龙纹碗

清早期　观复博物馆藏

酱口，是指在瓷器的口沿上有类似酱色的釉彩。这种酱口器物多出现于明代晚期到清代初期，是由于部分瓷器口沿位置经常出现爆釉的现象，所以通过刷酱口来防止爆釉。此件蓝釉碗内暗刻云龙纹，釉色深沉，为传统陶瓷品种霁蓝，也叫"祭蓝"。

黄花梨嵌螺钿喜上眉梢纹官皮箱

清代　观复博物馆藏

官皮箱，名称俚俗，在民间使用十分广泛，用途因人而异，妇女可能放置化妆品，书生可能放置文具。这件官皮箱为黄花梨材质，木材纹理流畅，其间还带有鬼脸图案。箱体用螺钿镶嵌出瑞兽、螭龙、喜鹊、梅树。柜门上两只喜鹊，一飞一停，穿行在梅枝间，寓意"喜上眉梢"。

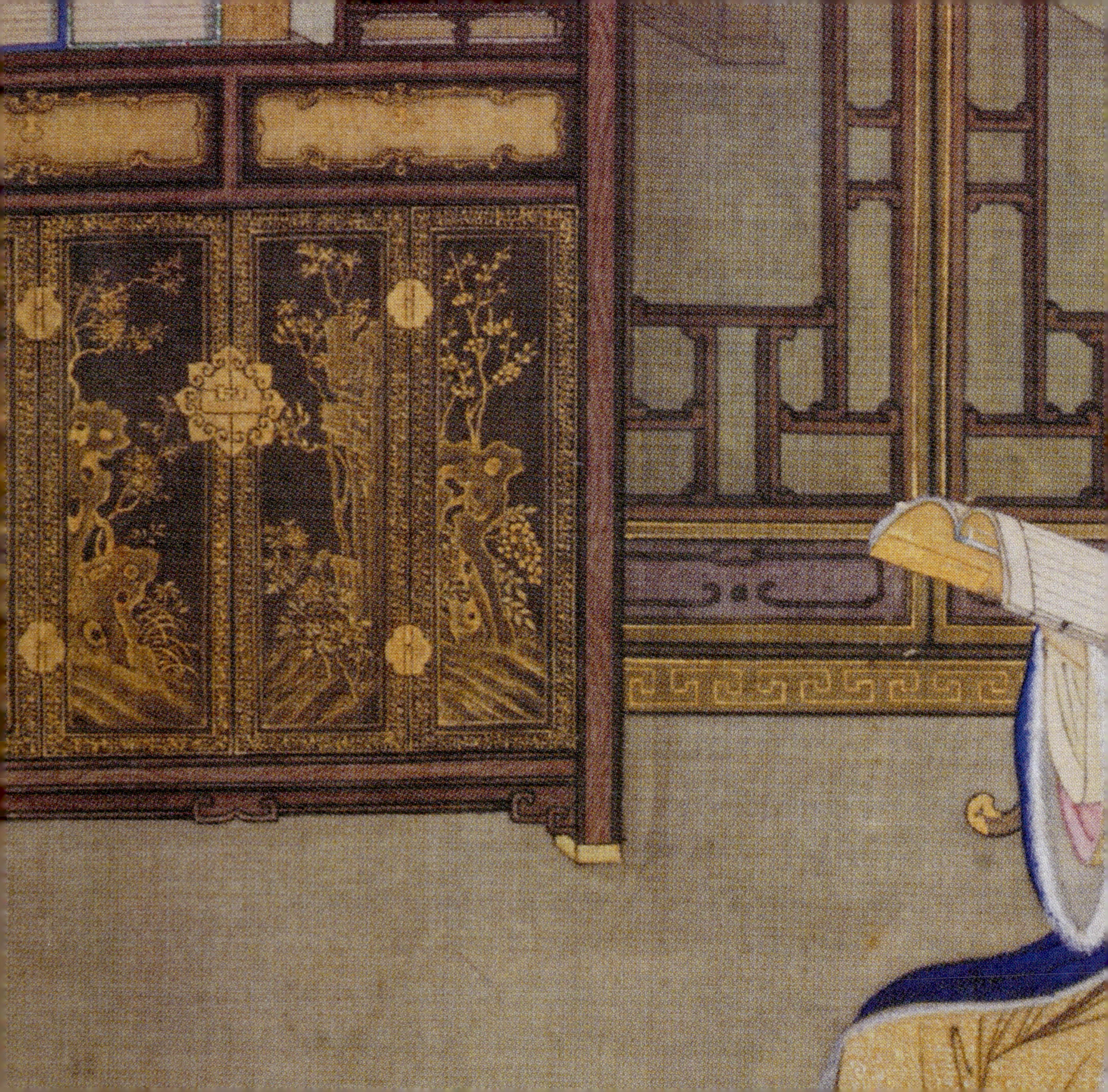

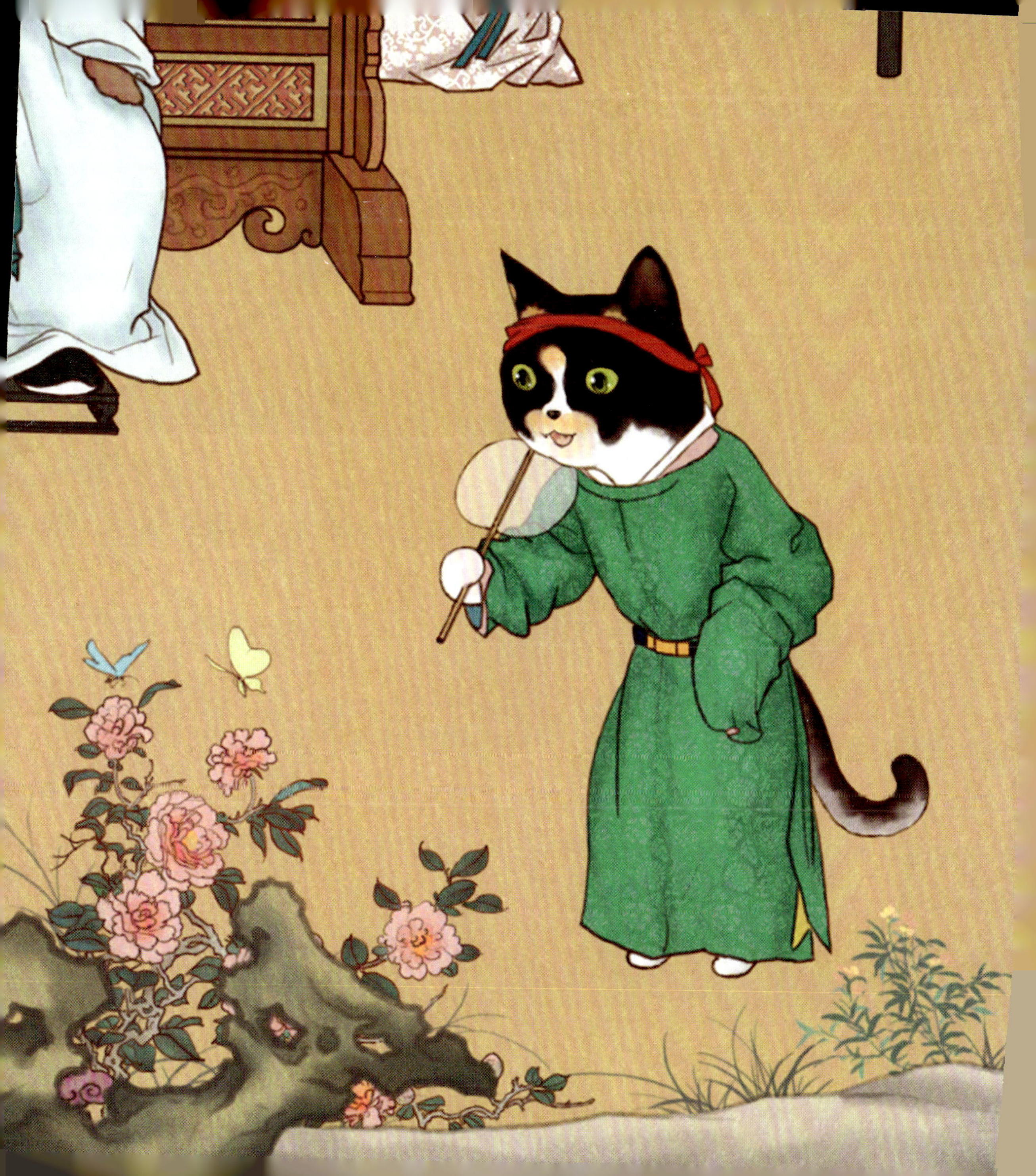

观复猫
GUANFU CATS

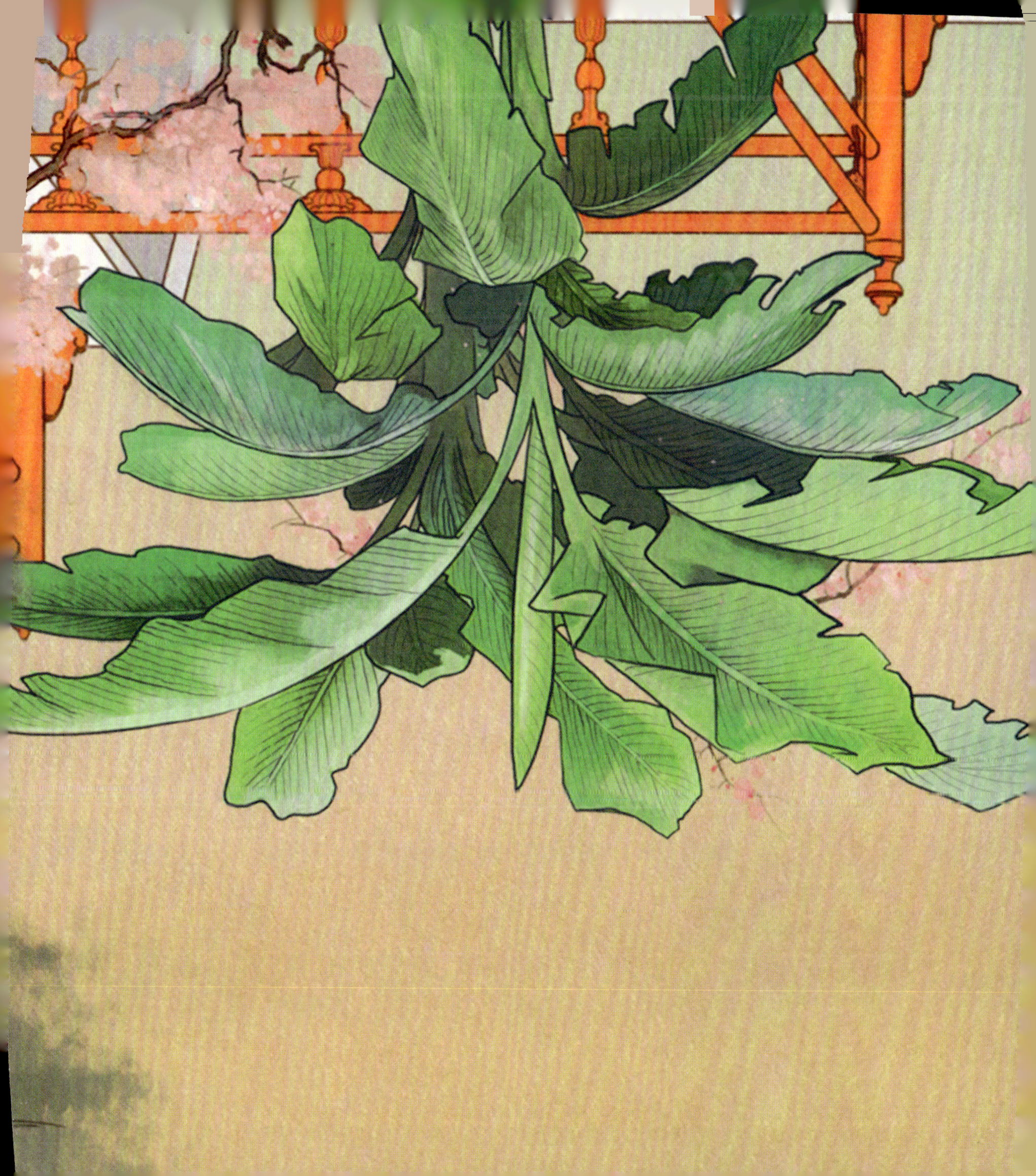

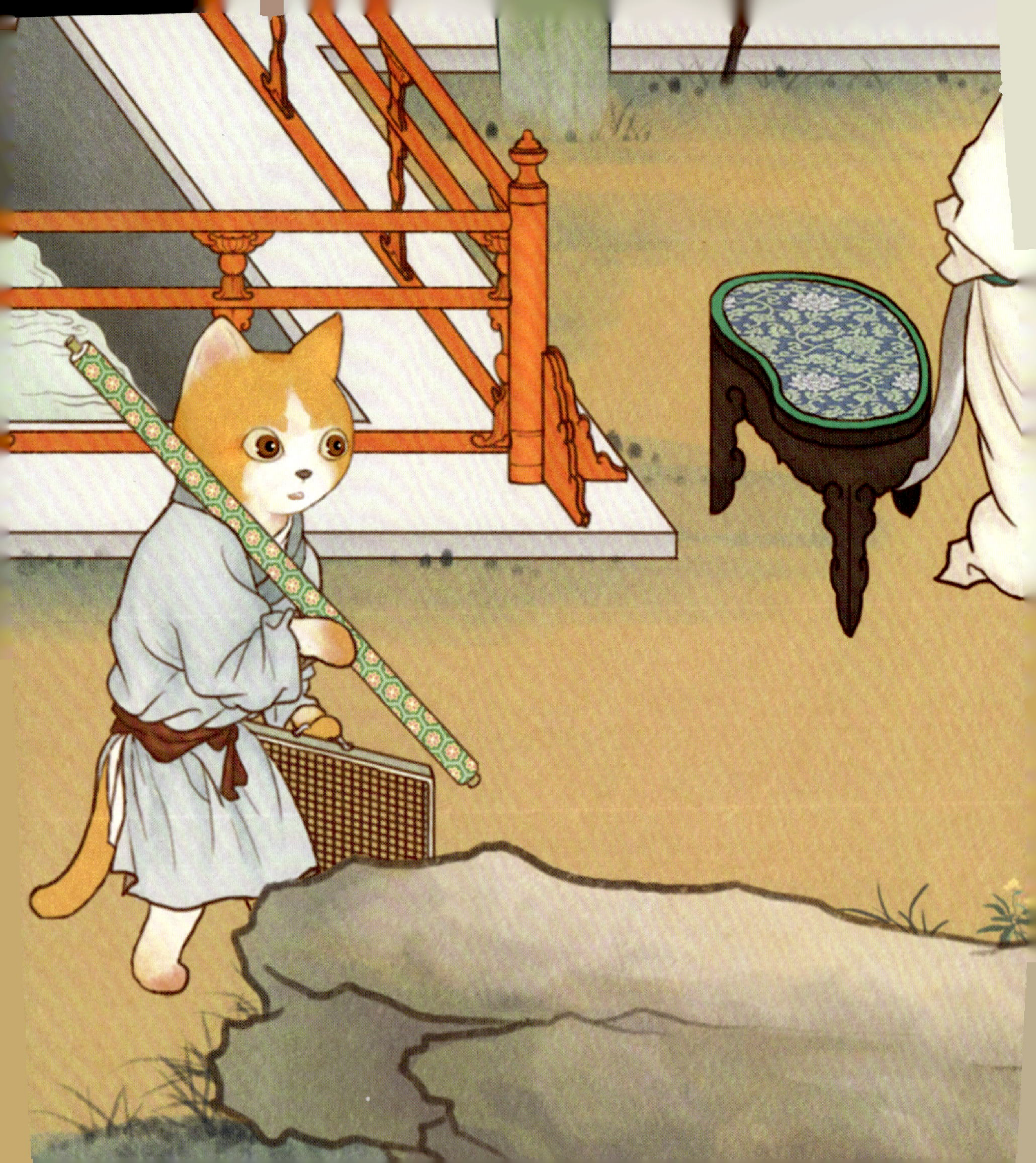

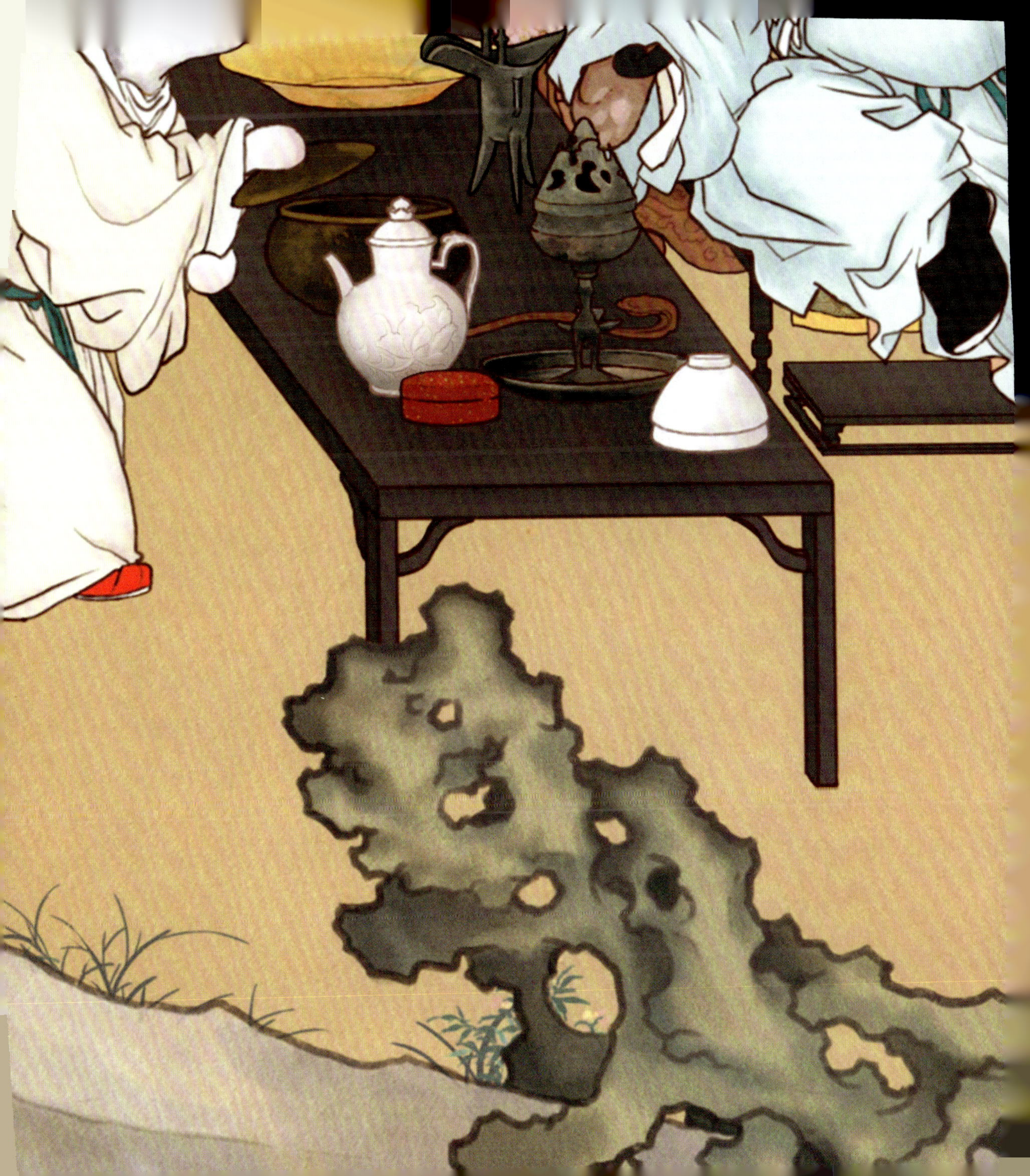

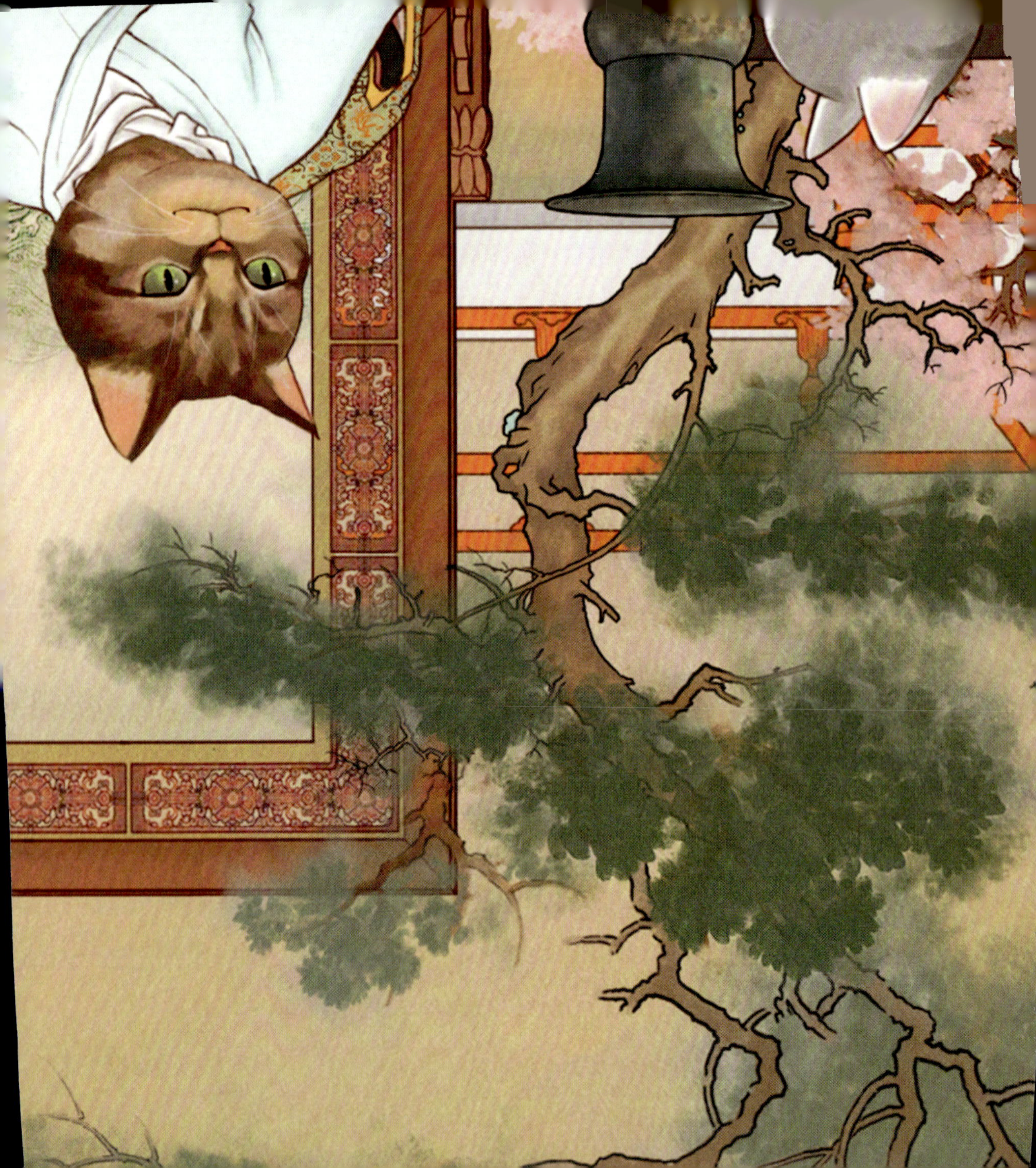

胤禛行乐图
围炉观书

恬淡生活，浣涤烦嚚

古画
GUHUACHUANQI
传奇

"劳模"皇帝

"雍正"这个名字的来历很有意思：他原来是雍亲王，正位为皇帝，所以叫"雍正"。他强调自己很正，年号代表正统。

雍正皇帝即位后，压力极大，他下决心整治康熙朝晚期遗留的历史问题，首先就是举国上下大规模开展彻查贪污腐败、亏空钱粮、假公济私、结党怀奸等行为。雍正皇帝曾经对怡亲王说："尔若不能清查，朕必另遣大臣。若大臣再不能清查，朕必亲自查出。"话说得非常重："你要查不了，我让别人来查；别人也查不了，我亲自查！"

这话真是振聋发聩。雍正元年（1723年）正月，雍正皇帝就雷厉风行地连续颁发了11道御旨，进行整顿。这一年，被革职抄家的三品以上大员有数十人。《清史稿》中是这样记载的："雍正初年，整理度支，收入颇增。"康熙晚期的时候，库银有700万两；到雍正十三年（1735年），也就是雍正去世的时候，库银有5000多万两，增加了近6倍多。

雍正是清代最为勤勉的皇帝，纵观中国历史，像雍正这样勤政的皇帝前无古人，后无来者。雍正在位期间，不巡幸，不游猎。康熙六下江南，乾隆也是六下江南，雍正登基后却一次都没出过北京，日理万机，终年不休。他的勤勉是有数据的，我们仅以朱批为例说明。所谓朱批，就是皇帝拿红笔在上面批示过的奏折。雍正朝现存的朱批奏折（不是全部），汉文的有35000余件，满文的有6600余件，加起来有41600余件。他在位12年零8个月，按天计是4247天，他平均每天要批10个奏折，批语少则一字，多则万言。雍正以实力证明了自己是历朝皇帝中的"劳模"，简直是业界良心。

画中的虚拟人生

压力越大，就越需要减压，这一点，皇帝和百姓没两样。要说玩，谁都想，雍正也有个闲云野鹤的美梦。在他还是雍亲王的时候，曾自诩为"天下第一闲人"，向往超然脱俗的自在生活。对于无法随心所欲去"玩"的皇帝来说，最便捷的方法就是借助艺术实现自己的心愿，因此雍正一朝创作了多套不同的《行乐图》。

以"帝王行乐"为主题绘制画作，在明清两代常见。这类行乐图，有的是以帝王实际生活场景为参考，比如《明宣宗行乐图》、《乾隆帝岁朝行乐图》等；有的则脑洞大开，给皇帝安排了各种幻想中的场景，比如有一套《雍正行乐图册》中就画了雍正帝西洋装扮，头戴假发，持叉刺虎。用现在的时髦词语说，这算是 cosplay（角色扮演）。

故宫博物院所藏一套《胤禛行乐图》册页，共16幅，绢本设色，纵37.5厘米，横30.5厘米，整套册页只有胤禛一位画中人。册页的作者和创作年代不详，到底是胤禛登基前还是登基后绘制，至今未有定论。

画中的胤禛也很"忙"，忙的却不是政务，而是忙着休闲玩乐。他脱去帝王装束，穿着舒适的便装，独自一人享受闲适的时光。从16幅册页命名中，我们可以窥见胤禛在画中都做了哪些事情：清流濯足、看云观山、观花听鹂、沿湖漫步、水畔闲坐、岸边独酌、临窗赏荷、停舟待月、乘槎升仙、园中折桂、采菊东篱、披风松下、松涧鼓琴、书斋写经、围炉观书、寒江垂钓。真是吟风弄月，潇洒自得的生活。

这16幅画面，仅有"乘槎升仙"带有幻想色彩，其余"看云观山""停舟待月"的亲近山水；"临窗赏荷""园中折桂"的赏花惜花；"书斋写经""围炉观书"的文人日常，都是人世间可以实现的事，也是胤禛非常想怀着恬淡的心情完成的事。

雍正登基的时候是45岁，是他一生中的黄金时代，他有足够的时间去学习。这套册页用笔细腻，每一幅场景都描绘得细致入微，景色器物无不风雅，这些场景，一个没有艺术造诣的皇帝要求不出来。本次选取册页之一《围炉观书》，描绘了胤禛冬日读书的画面。黄花梨木黑漆描金柜门的多宝阁上陈列了各类古籍书卷、古物珍玩；天然木小几上摆放了紫檀提盒与红釉小杯；隔扇门另一侧，红漆花几上的花觚中插了白梅。画中处处有美感，可见雍正强调的审美水准非常高，并希望这种审美从外表到内涵一致。

现实生活中，勤政的雍正皇帝根本没有多少闲暇时间，也不可能将"看云观山""寒江垂钓"等悠闲生活经历一遍。现实的快节奏，画册中的慢节奏；现实中的宵衣旰食，画册中的惬意逍遥，形成了鲜明的对比。想必雍正在政务之余，翻看着这套画册，想象自己的另外一种生活，真能达到减压的效果。

《胤禛行乐图·围炉观书》 清代 故宫博物院藏

314

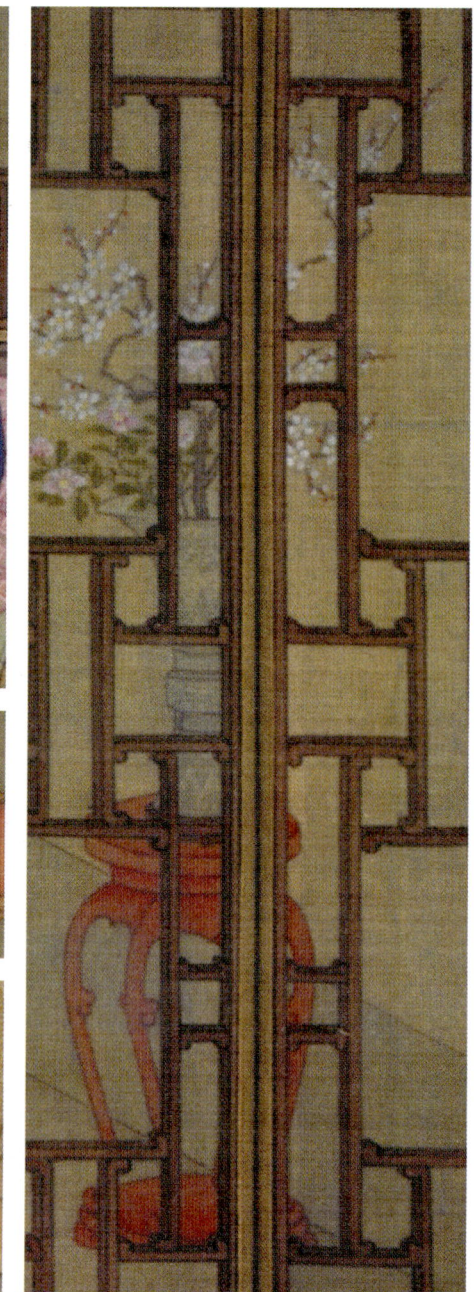

寒冷冬日的惬意生活

没有暖气和空调的日子,古人如何取暖过冬呢?

最直接也最便捷的方式就是生一堆火,烤火取暖,但显然不适合长时间在室内使用。第二种是今天北方很多地方依然在使用的火炕。以砖土做床炕,下部掏空,有孔道,可将灶台与炕相结合,烧暖炕面。《三朝北盟会编》中记载北方女真族"环屋为土床,炽火其下,与寝食起居其上,谓之炕,以取其暖"。

比火炕更高级的是地炕,它有个俗称叫"地龙",就是在房屋下面铺设地下火道,在屋外烧火,让热气顺着火道传到屋内。热气从地面散发出来,整个屋子就暖和起来了,同时还可以避免煤火引发的直接危险。紫禁城宫殿就采用了这种脚底下先暖和起来的取暖方式,相当于今天的地暖。

还有借助工具取暖的方式。取暖工具有两种,一是暖炉,二是火盆。暖炉在古代非常流行,里面放炭,上面有盖,小型的暖炉叫手炉,在手里捧着取暖;大型的就叫暖炉,也叫脚炉,搁在脚底下取暖。

火盆同样是烧炭取暖,但是上面敞开,一般会配个火盆架,富贵之家甚至用名贵硬木制作火盆架。火盆里的红炭用灰埋着,扒开以后暖和且漂亮。明清小说中有很多使用火盆的描述,比如《红楼梦》里黛玉焚稿断痴情,让紫鹃把炭火盆点上。

《围炉观书》里的胤禛身穿家居保暖服饰,头戴皮毛暖帽;两腿交叠,一只脚踩在铜鎏金火盆边沿;表情放松,正在阅读手中的书卷。画面营造出一幅温暖家居的景象,室外再寒冷,室内依然温暖如春,这暗合了由胤禛编辑的《悦心集》中的意境:"雪满中庭,月满中庭,一炉松火暖腾腾。看罢医书,又看丹经。"

观复猫 《胤禛行乐图·围炉观书》

钻入古画的观复猫

花飞飞

　　猫冬猫冬，一到冬天喵星人最喜欢暖暖和和的地方了，家里的电暖气附近和灶台旁边都是禁足区域，一不小心就可能烫个小卷卷胡子新造型。观复猫花飞飞，带大家穿越到清代，看文化喵取暖的正确打开方式。

　　花飞飞从一只小奶猫，一天天长大成为"大海参"，神态体型日趋有男子汉的风范。这次他扮演清朝最勤勉的雍正皇帝，所以专门挑了跟勤政还算沾点儿边的《围炉观书》。穿上一身温暖的家居服，飞飞在火盆旁边的加把椅子上一坐，小书一看，小火一烤，呀，美滋滋。这才是让古代帝王都向往的闲适生活。

观复猫
说文化

GUANFUMAOSHUOWENHUA

鸡翅木瘿木面多宝格（对）

清雍正　观复博物馆藏

鸡翅木是一种名贵硬木，纹理非常漂亮，古人认为像鹚鶒鸟的羽毛，因此定名"鹚鶒木"。鹚鶒类似鸳鸯，羽毛美丽，但"鹚鶒"这两个字又难写又难念，后世慢慢演化为"鸡翅木"。"瘿"，是指树木长了树瘤，人们将树瘤切割之后，发现其中的木纹与健康的树木完全不同，用在家具上有一种别样的美。

多宝格又称百宝格、博古架，是用来陈放古玩珍奇供人们观赏的家具。此鸡翅木多宝格为两件一组，形制对称，柜门与抽屉嵌用了瘿木面。上部亮格被分割成大小不一的区域，用于摆放不同形态的文玩古物。多宝格的出现与康乾盛世收藏之风盛行的社会现象相符，也是盛世生活富足的体现。

黑漆点螺采桑图圆盖盒

清早期　观复博物馆藏

中国的丝绸举世闻名，历史上开辟丝绸之路，创造了很多财富。而采桑是纺织活动中比较接近初始的一道程序，养蚕到吐丝，蚕短暂的五十几天生命为人类创造了巨大的财富。

用螺钿装饰漆器的工艺，在明代晚期非常发达，以螺钿的厚薄可分为两种。厚螺钿一般都是采用嵌入的方式，是晚明流行的百宝嵌的一类。薄螺钿一般采用"粘"的方式，有个名字叫"点螺"，方法是把螺壳在药水里浸泡，让它变得又软又薄，然后用镊子夹住，一点一点粘在未干的漆上。

这件圆盖盒就是用点螺工艺制作而成的，画面是一幅采桑图。我们能看到桑树下有女子在采桑叶，准备回去喂养蚕宝宝。简单的一幅图，可以联想到聪明的中国人采桑养蚕，蚕结茧抽丝，最后织成漂亮的丝绸，远销到欧洲很多国家，成就了辉煌的丝绸之路。

黄花梨木百宝嵌花卉文字提盒

明晚期　观复博物馆藏

　　黄花梨木两层带盖提盒，明榫制作，盒身光素。盒盖采用百宝嵌的工艺，镶嵌出各色折枝花卉，有梅兰竹菊、玉兰、牡丹等。花卉中有蛱蝶飞舞，组成"蝶恋花"主题，一派春光无限。

　　盒盖上还有两句篆字诗文，左边是"名花国色两相欢，常得君王带笑看"，右边是"夜半梦回明月上，一枝疏影过墙来"。左边两句脱胎于唐代李白的《清平调》"名花倾国两相欢，常得君王带笑看"，以牡丹比喻杨贵妃。右边两句映射的是《西厢记》："待月西厢下，迎风户半开。拂墙花影动，疑是玉人来。"这几句诗包含杨玉环、崔莺莺的故事，暗合"蝶恋花"的爱情主题。

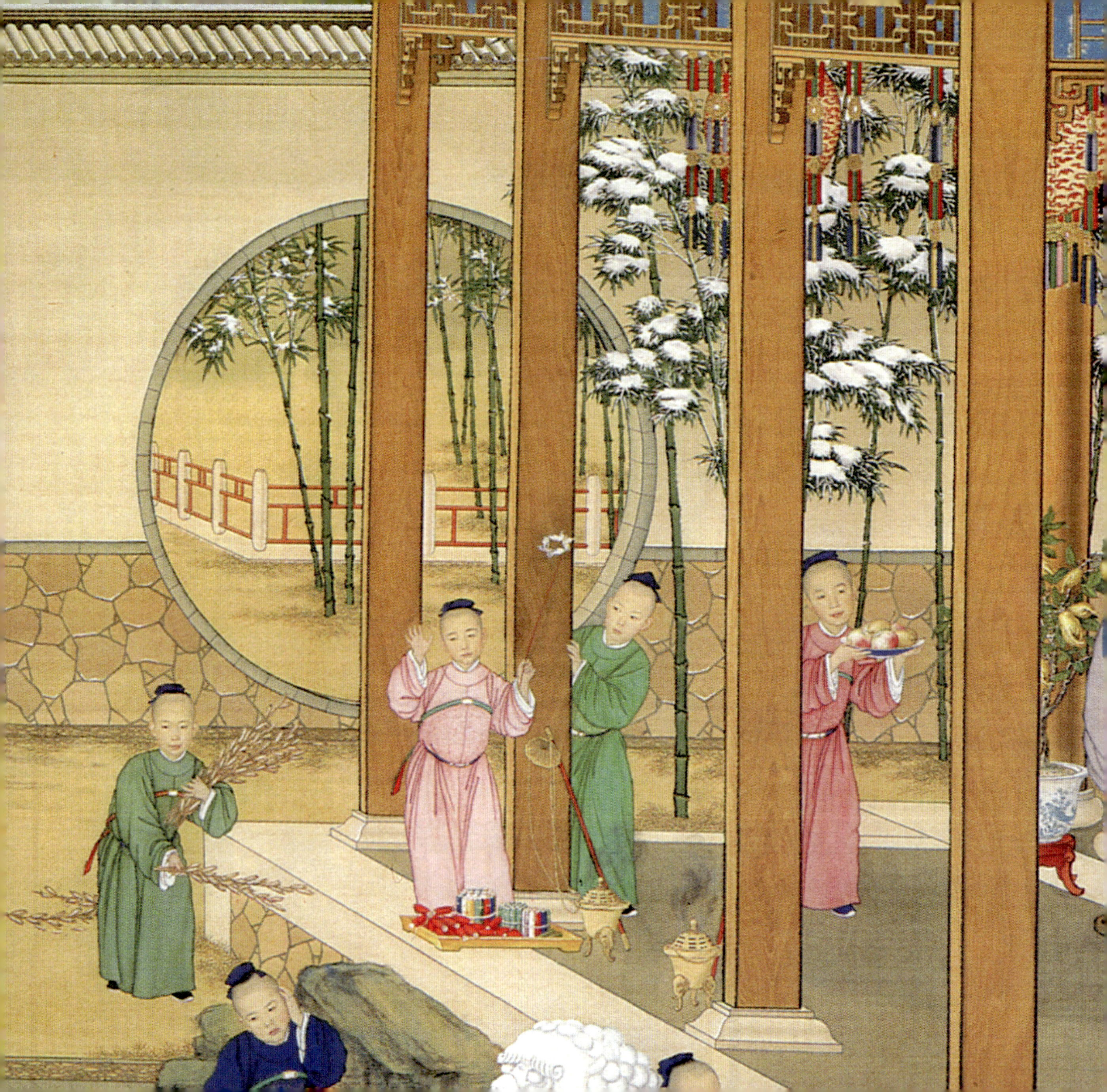

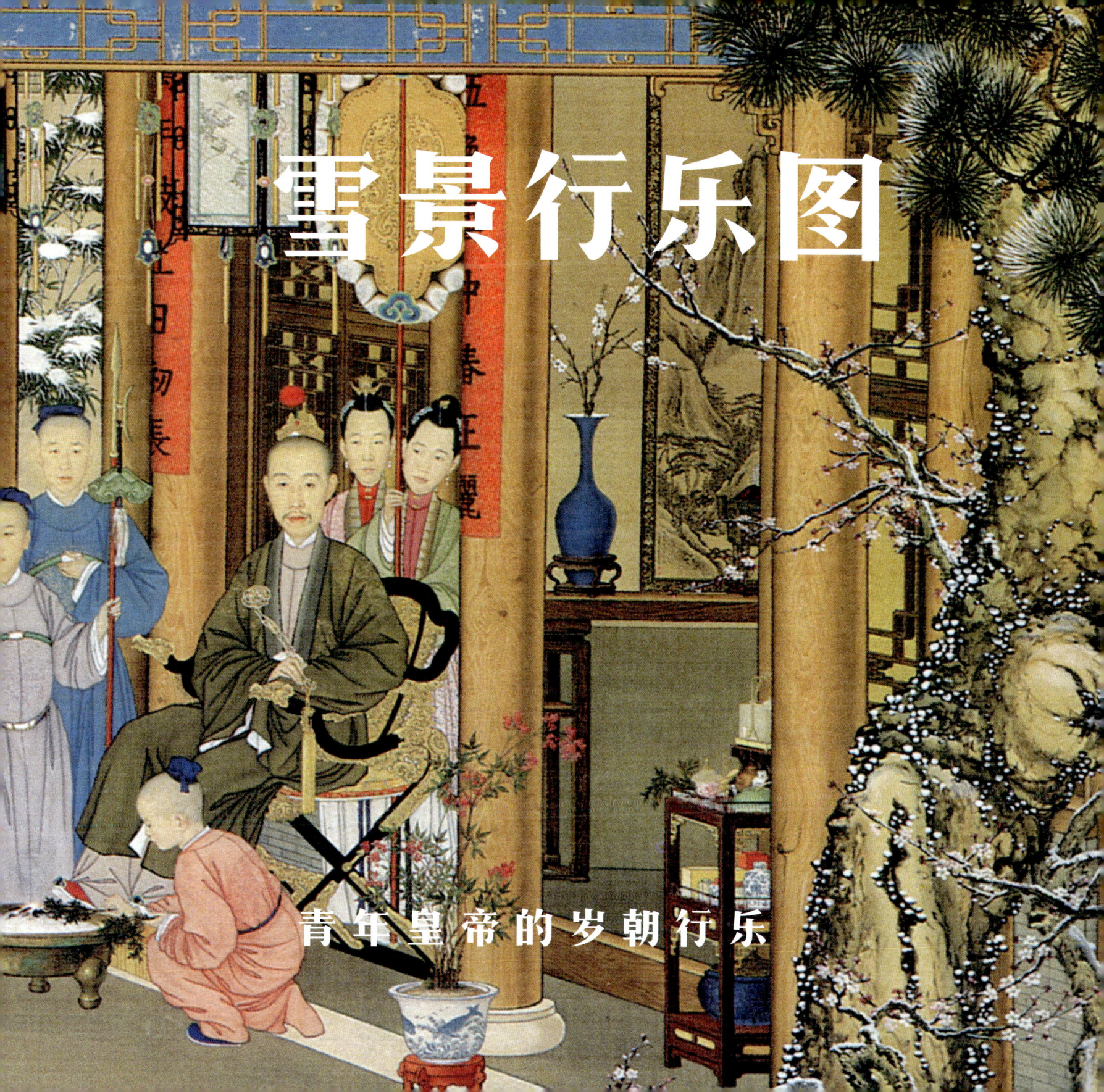

雪景行乐图

青年皇帝的岁朝行乐

古画
GUHUACHUANQI
传奇

意气风发的青年皇帝

康熙五十年（1711年）八月十三日，雍亲王府诞生了一个小男孩，取名弘历，就是未来的乾隆皇帝。弘历小时候很得爷爷康熙皇帝的喜爱，祖孙俩曾一起读书、出巡、打猎。清代皇室宗亲昭梿所著《啸亭杂录》记载，康熙曾对弘历说："你的福气比我大啊。"

《啸亭杂录》还记载了一个故事。一次康熙皇帝带着少年弘历去木兰围场打猎，康熙射中了一头熊，由于偏爱小孙子，就故意让弘历去捕杀这头熊，以便对外说这头熊是弘历杀的。没想到弘历刚上马，熊突然站了起来，危急时刻，康熙射杀了熊。后来回到宫里，康熙感慨地跟妃嫔们说："此子诚为有福。"于是便更加宠爱他。

一路顺利成长的弘历，于公元1735年登上皇帝之位，这一年，他25岁，正是最意气风发的青年时代。

这幅《雪景行乐图》上题记"乾隆戊午"，可知此图作于乾隆三年（1738年），画面里正当年的乾隆皇帝留着短须，看向画面之外，神态自信，唇角微微露出笑意。乾隆身上的服饰颜色虽然素雅，但衣纹上的绣金团龙纹和头顶的簪缨金冠，尽显皇帝气派。最能彰显地位的是他所坐椅具，正是"第一把交椅"，为权力的象征。周围环绕着皇子侍从，显示新年的热闹，也是古人"多子多福"的意象表现。

中西合璧的画作

《雪景行乐图》藏于故宫博物院，绢本设色，纵486厘米，横378厘米。画的右下方署款："臣郎世宁、沈源、周鲲、丁观鹏合笔恭绘。"钤"臣世宁""恭画"两印。由此可见这幅画作是由多位画家合作完成，而领衔的是郎世宁。

郎世宁（1688—1766）是意大利米兰人，原名朱塞佩伽斯底里奥内（Giuseppe Castiglione）。他在康熙五十三年（1714年）以传教士的身份来到中国，给自己起了中国名字郎世宁，自此生活在中国直至去世。

郎世宁青年时期学习了系统的西方绘画，来到中国后，他进入紫禁城当了一名宫廷画师。由于中西方绘画的差异，西方的写实、焦点透视等画法令人耳目一新，因此以郎世宁为代表的西方画师得到宫廷的重视。郎世宁一生为清代宫廷创作了大量画作，包括人物肖像、翎毛走兽、花卉静物，以及记录重大场合和重要事件的画。

郎世宁领衔的这幅《雪景行乐图》，描绘了乾隆皇帝在除夕于宫中内苑赏雪行乐，为乾隆朝最流行的"岁朝图"系列。画中的乾隆皇帝、诸皇子、宫女侍从由郎世宁绘制，而建筑、植物、器物等背景为其余几位中国宫廷画师绘制。

欣赏这幅画作，雪后的宫苑内，栽种的松、竹、梅上还落着积雪，环境非常雅致。乾隆皇帝端坐在卷棚顶的抱厦内，一手持如意，一足蹬在火盆边缘。旁边围绕着诸多皇子侍从，或游戏，或侍立，或拨炭，或奉果，面容极为写实。

我们能看到整幅画作的色调、意境保持了中国画的传统，很多细节都非常写实，比如建筑的木纹都描画精准，这与传统的中国画有所区别，然而却能融为一体，毫不违和。画面典雅富丽，人物动静相宜，堪称"中西合璧"的优秀画作。

热热闹闹的新年习俗

新年好，春节到，正月里来真热闹。在过年的习俗上，皇家和民间差别不大，从《雪景行乐图》中，我们可以看到皇子侍从们围绕在乾隆周围，点爆竹，堆雪人，撒芝麻秸，显示新年热闹场景。

燃爆竹是古时最受人们欢迎的节庆娱乐。王安石《元日》："爆竹声中一岁除，春风送暖入屠苏。"传说爆竹的发明是为赶走叫"年"的怪兽，让老百姓在新的一年中平平安安。爆竹声响营造出喜庆的气氛，震退邪凶，迎来吉祥。

观复猫版的画中，点爆竹的喵左手举着一只花灯，为五鱼首尾相连，寓意年年有余、连绵不绝。原画中的花灯为双蝶对舞，造型优美，但喵星人显然更喜欢鱼。

踩岁是辞岁的风俗，即在庭院中撒芝麻秸，"芝麻开

《雪景行乐图》 清乾隆 故宫博物院藏

328

花节节高",用芝麻秸还有祝福来年生活更好之意。用脚将其踩碎,取个"岁岁平安"的好意头,又称"跐岁"("跐"音同"踩")。清代富察敦崇在《燕京岁时记·跐岁》记载:"除夕自户庭以至大门,凡行走之处遍以芝麻秸撒之,谓之跐岁。"

雪狮子,即古人非常喜欢用雪堆狮子,南宋《武林旧事》记载:"禁中赏雪……后苑进大小雪狮儿,并以金铃彩缕为饰……以供赏玩。"说明宋代宫廷就流行堆雪狮子。狮子为外来物种,一直被看作瑞兽,常被用来镇守重要建筑的大门。清代的《养吉斋丛录》中有载:"冬日得雪,每于养心殿庭中堆成狮、象,志喜兆丰……"用雪堆成狮子,也祈盼来年收成丰足——"瑞雪兆丰年"。

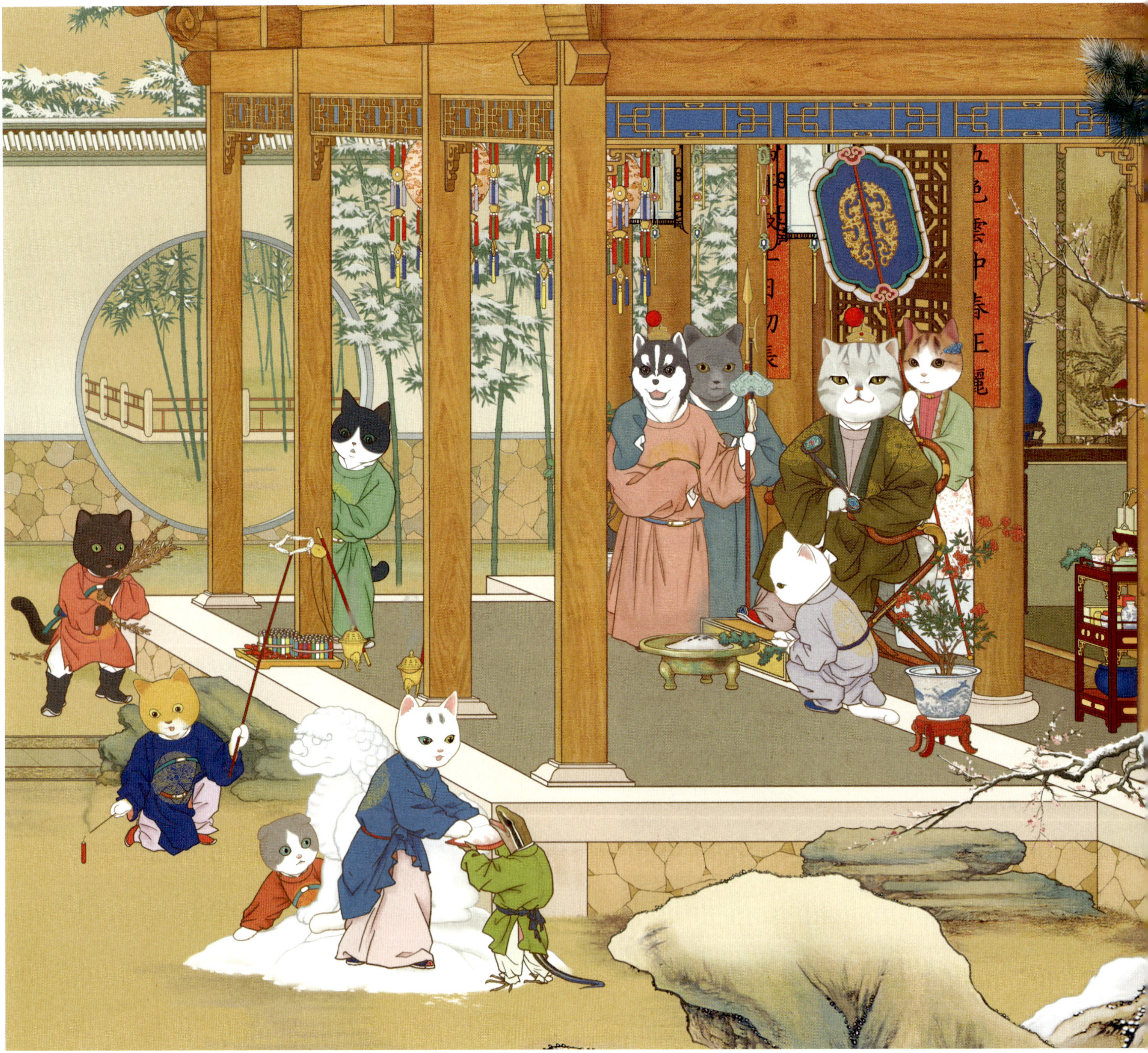
五色雲中春正靄

钻入古画的观复猫

马都督

　　观复猫马都督身为"资方大儿子",自然有底气扮演高位角色。这次一听说有意气风发的青年乾隆皇帝的角色,立刻以"舍我其谁"的决心火速钻入古画,化身乾隆皇帝,和小喵们在庭院中嬉闹,热热闹闹地辞岁,共度新春佳节。

　　看乾隆·马都督的神态迷之自信,得意高傲,颇有乾隆帝的风韵。格外有意思的是,马都督觉得自己胸怀如海洋般宽广,"独乐乐不如众乐乐",因此还邀请了"二哈亲王"入宫伴驾,与自己共度年节。看把二哈亲王高兴的,嘴都乐得合不上啦!最后,你没有看错,乾隆·马都督的身边除了喵,还有一位蜥蜴小随从。马都督的宫廷真是厉害了!

观复猫
说文化

GUANFUMAOSHUOWENHUA

爆竹

火药是中国古代四大发明之一，它的主要用途形成了鲜明的两极分化。一方面，火药用于军事，显示出前所未有的威力，也让战争变得更为残酷。另一方面，它大量用于烟花爆竹，给人类带来欢乐。

爆竹，又称"炮仗""爆仗"，今天通俗的名字叫"鞭炮"。爆竹的做法很简单，在卷紧的纸筒内装入火药，点燃后产生小型爆炸，发出声响。今天的爆竹根据包装和引爆方法的不同，又分为单响、双响、连环响、鞭炮等品类。

中国人有喜庆日子放鞭炮的习俗，以示祈福和庆祝。这个习俗起源非常早，在火药发明之前，人们用火烧竹竿，使竹子发出爆裂之声，表达趋凶迎吉的愿望。南北朝时梁宗懔编撰的《荆楚岁时记》，记载了当时楚地的岁时节令的风俗，其中就提及"正月一日……鸡鸣而起，先于庭前爆竹，以辟山臊恶鬼……以竹着火中，烞熚有声，而山臊惊惮"。爆竹这个名字也由此延续下来。

隋唐时期，人们开始将黑火药装入竹筒，称为"爆竿"。北宋时期，又改进为用纸筒装入火药，并且出现了用火药线串成一串的小爆竹，像长鞭一样，点燃后响声不绝，这就是鞭炮。今天，出于环保理念，很多国家都倡导减少燃放爆竹，用更为环保的方式表达喜庆之意。

紫檀嵌景泰蓝暗八仙纹三镶如意

清乾隆　观复博物馆藏

如意如意，如人心意。原画中乾隆手持天然木雕带流苏如意。马都督手持为清乾隆紫檀嵌景泰蓝暗八仙纹三镶如意。名贵的紫檀材质，通体满刻万字锦地，头、身、柄镶三处暗八仙纹景泰蓝，典雅大气，皇家风范。

如意起源说法多样，最为人津津乐道的是源于杨贵妃的"痒痒挠"。明清时期，如意作为陈设和把玩之物，材质越来越名贵，地位越来越崇高。年节时手持如意，企盼来年事事如意。

黄花梨双龙纹交椅

明晚期　观复博物馆藏

交椅是国人权力的象征，中国人形容一个人的地位高时常说头把交椅。交椅是一种很古老的椅子，其在马扎的基础上进行改良，加上了靠背与扶手。交椅采用腿部交叉形式，以金属件为轴，可以折叠，方便携带。交椅又称"行椅"或"猎椅"，皇帝出行打猎的时候，随从替他扛着，皇帝累了，坐在上面歇息，其他人都站着，久而久之，它就成了权力的象征。

原画中乾隆所坐为黑漆涂金龙头扶手交椅。马都督所坐为明晚期黄花梨双龙纹交椅，黄花梨材质，椅背雕刻如意双龙纹。这把黄花梨双龙如意纹圈背交椅，在明代的交椅中应属最高等级，黄花梨行云流水般的木纹清晰可见，交椅通身装饰着精致的白铜饰件，除装饰外，还起到了加固的作用。

吉庆有余

皇帝马都督身边站着二哈亲王，手里拿着的物件可以算个哑谜。一柄长戟，垂下的丝绦上挂着青玉磬，磬下挂着一个双鱼坠。这几样东西凑在一起是什么意思呢？答案就要通过取谐音的方式找寓意了。戟为兵器，磬为乐器。"戟""磬""鱼"组合在一起，就是谐音"吉庆有余"啦。

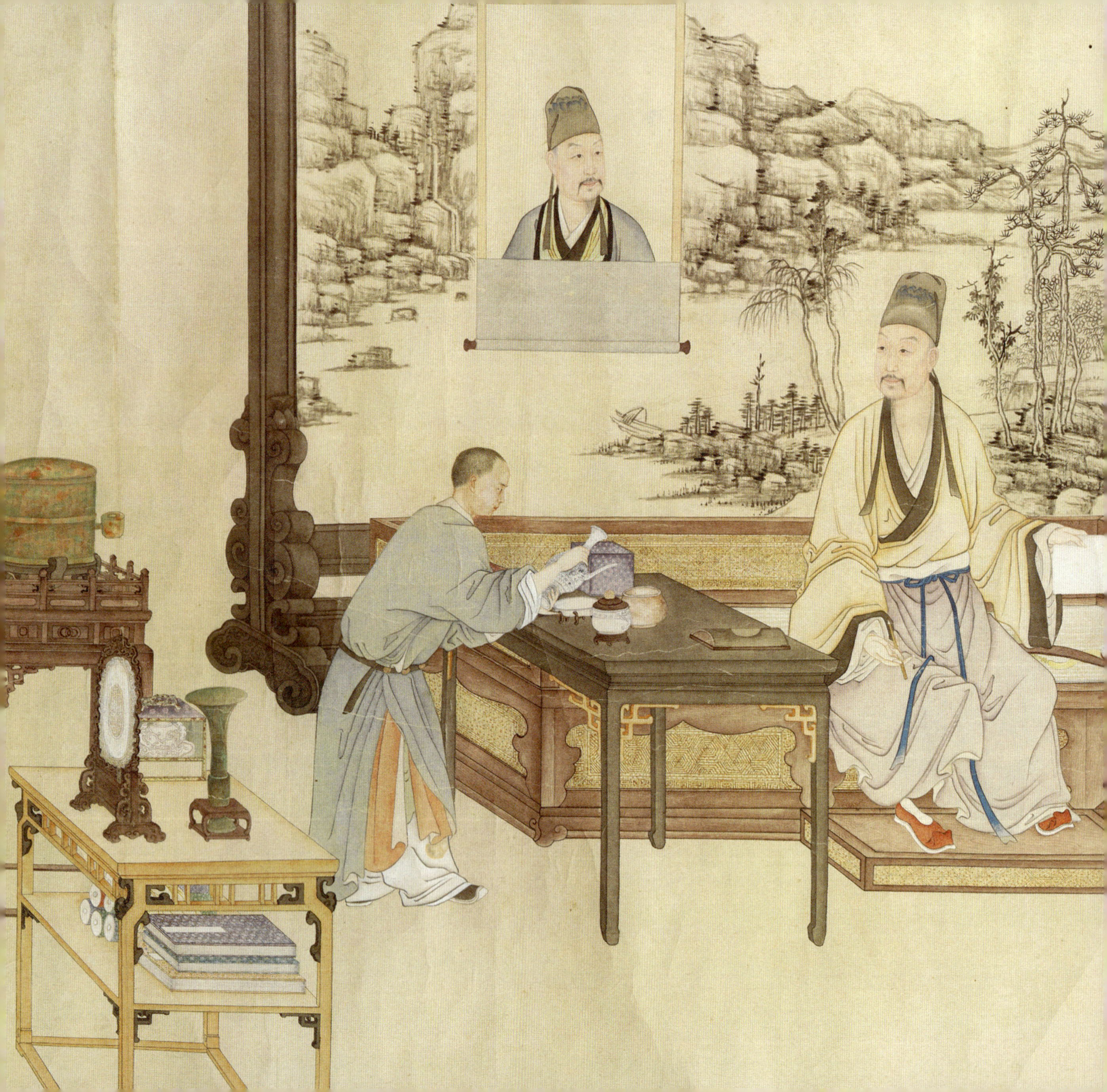

是一是二图

品一品这画中的哲学意味

古画
GUHUACHUANQI
传奇

四幅仿古图

故宫博物院珍藏着四幅重要的清代宫廷绘画，这四幅画拥有共同的名称、创作背景、绘画主题、画面布局，其至连画中的主人公和题诗都来自同一个人。是什么场景和情节令宫廷画师不惜成本多次绘制？又是什么人能够享受如此高的礼遇入画并题诗？

"是一是二，不即不离。儒可墨可，何虑何思。"这是题写在四幅清代宫廷画上的一首诗，题写者为乾隆皇帝本人。四幅清代宫廷画也因拥有同一首御题诗，而拥有同一个名字——《是一是二图》。

无论是场景设计，还是画面布局，故宫博物院所藏四幅清人绘《是一是二图》均以宋代佚名《人物图》（今藏台北故宫博物院）为蓝本，并融入当下的时代风物创作而成。《是一是二图》将宋画中的高士易为身着汉服的乾隆皇帝，而宋画中的家具文玩，也悄然改换成为乾隆盛世时期的大内珍宝。北宋晚期、清代康乾盛世，恰逢中国历史上两次收藏热出现的时期，也是历史上最注重精神美学的高峰时刻。《是一是二图》将两个时代的精神体现得淋漓尽致，所谓摹古而不泥古，为时代所用。

虽然四幅同为《是一是二图》，但从绘画细节上观察，还是存在诸多不同之处。最为明显的区别体现在御题诗落款不同。四个版本的绘画中有"养心殿偶题并书"款、"长春书屋偶笔"款（有两幅署此款）、"那罗延窟题并书"款。观复猫版古画是以"那罗延窟"款《是一是二图》为参照。

"那罗延窟"款《是一是二图》

"那罗延窟"款《是一是二图》绢本设色，纵76.5厘米，横147.2厘米。画中头戴方巾、身着道袍的乾隆皇帝，左手持卷，右手捻笔，一腿曲盘，一腿下垂坐于罗汉床上。罗汉床三块围板齐平。心板由湘妃竹攒合而成，以回纹作为边饰，内攒三角几何纹。床下开壸门洞，壸门内又以湘妃竹攒衬面，其边饰以回纹，内饰龟背锦地纹。此罗汉床竹木相配，素雅至极。

罗汉床后抵一座屏，屏中裱糊淡墨山水画，画中一水隔两岸，远处千岩万壑中时有清涧流出，近处秀石疏林间有茅屋隐匿其中。整幅画面墨色淡雅，意境悠远，山水间富有生气。座屏的出现可以追溯到周代，战国《礼记·曲礼下》："天子当依而立，诸侯北面而见天子，曰觐。"其中的"依"就是立于庙堂之中，为捍卫帝王尊严的座屏。发展至五代、宋、元时期，座屏已成为文人雅士家常见的陈设。明清时期座屏的样式增多，屏心的装饰工艺也日趋多样化。

《是一是二图》中乾隆皇帝右侧立一小童，手持青花执壶，正恭敬地向一只碗中斟酒。酒碗连同旁边的漆盒、浅盘、砚台、带盖螭耳香炉一同放置在束腰拐子纹马蹄足条桌上。除此之外，《是一是二图》中的承具还有分立屏风两侧的带围栏高束腰带托泥方几，分别放置西汉铜嘉量和明

《是一是二图》 清代 故宫博物院藏

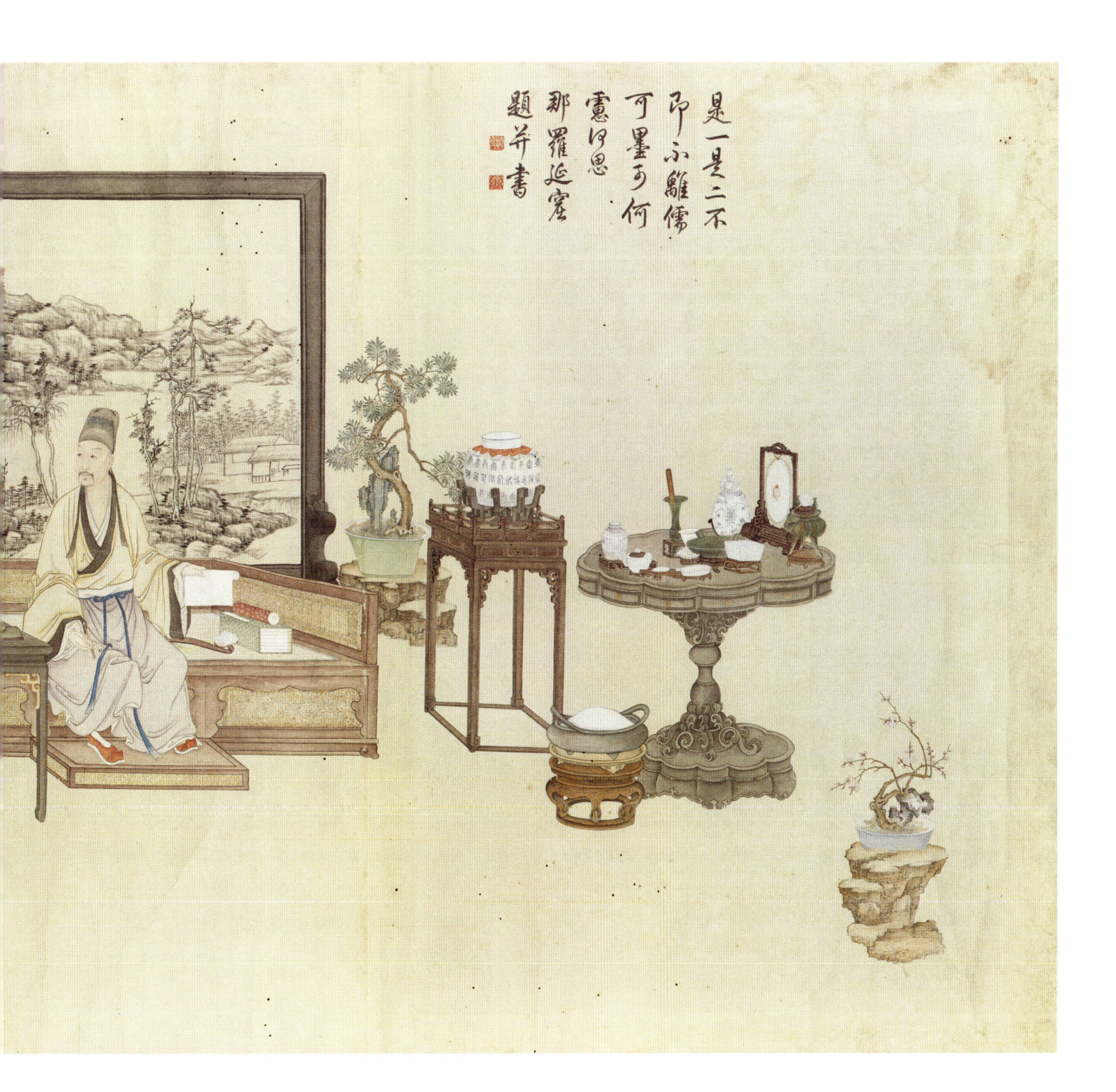

是一是二不即不離儒可墨可何慮何思那羅延窟題并書

代宣德青花梵文出戟盖罐；小童右侧身后还立有承放古玩、书籍的两层条桌。

最值得称道的一件承具，当属画面右侧的那张卷草纹独梃葵花形圆桌。此造型圆桌为雍正时期宫廷创新木具，圆桌桌面为葵花形，桌面下附随形抽屉，屉面上设花朵形铜活。独梃立柱做足，上下饰以富丽繁缛的卷草纹角牙，极具巴洛克艺术之风。葵花形独梃圆桌上承放着各式各样的器物：商代花觚、春秋铜盘、战国玉璧、明代玉香炉、明代永乐青花如意耳扁壶、清乾隆玉斗杯等，皆为乾隆时期宫廷珍赏，也是现藏故宫博物院的国之重宝。

值得一提的是，在"那罗延窟"款《是一是二图》正中央座屏上端还悬挂有一幅乾隆皇帝的肖像画，这幅"画中画"颇有自我审视的抽象意味。虽然此图的构图和布局以宋代文人画为摹本，但其中的绘画语言和内容却充满浓郁的清代宫廷气息，为摹古与写实并存。

是一是二

清代文人李渔在《闲情偶寄》"蝴蝶花"一目中有过这样的描写："此花巧甚。蝴蝶，花间物也，此即以蝴蝶为花。是一是二，不知周之梦为蝴蝶欤？蝴蝶之梦为周欤？非蝶非花，恰合庄周梦境。"李渔借蝴蝶与庄周之梦的关系，表达蝴蝶花中蝴蝶之于形，花之于物，两者间共融彼此的关系。

"是一是二，不即不离。儒可墨可，何虑何思。"乾隆皇帝在《是一是二图》中所题写的这首诗也体现了"一"与"二"、"即"与"离"、"儒家"与"墨家"这三对彼此独立，貌似对立，却又无法分割的辩证关系。

一位君王与他所处的时代、摹古与喻今，皆为相对而有的二元。二元之间一直存在抉择，也一直存在流动性。它们仿佛无法被彼此兼容或改变，也许这也是《是一是二图》留给后世的一道思考题。

343

題芹書

是一是二不即不离儒可墨可何

麻条条

钻入古画的观复猫

　　《是一是二图》表现的是乾隆皇帝鉴赏古物的情景。这幅画的构图是模仿清宫所藏的宋代文人画，乾隆非常欣赏此类画作，遂下令宫廷画师创作了与之类似的图画。画作中的各类器物并不是画师的凭空想象，而是确有其物。画中的家具文玩，都体现着乾隆皇帝的生活情趣和他对收藏品的珍视。

　　兼具艺术才情与领导力的观复猫麻条条是饰演乾隆皇帝的不二之选。画面中的麻条条皇帝端坐在罗汉床上观赏皇家收藏，若有所思，仿佛常常自励勤勉，但也会在自信中迷失方向。身后的屏风悬挂着一幅与麻条条容颜一致的画像，形成了"画中画"的视觉效果，也让这幅《是一是二图》有了更深的哲学意味：现实中和画像中的是同一个自己吗？两者之间哪个是真，哪个是幻呢？

　　嘿，别想那么多了，麻条条始终相信世上唯有小鱼干，甜可，咸亦可。

观复猫 《是一是二图》

观复猫
说文化

GUANFUMAOSHUOWENHUA

紫檀锦地拼面画桌

清中期　观复博物馆藏

古代工匠在家具制作方面常常显示出高超的手艺，尤其是大内造办处的工匠，穷极工巧，极尽能事。康雍乾三朝，能工巧匠多被召集进宫为皇帝尽职。由于皇帝经常亲自督阵，工匠不敢有丝毫懈怠。

紫檀锦地拼面画桌就代表了这一时期的奢华，整个桌面用了约5000个紫檀木条和瘿木条以榫卯结构拼接而成。瘿木和紫檀，一黄一黑，一暖一冷，相得益彰。桌面以"卍"字锦地为视觉中心要素，满地铺锦，均衡画面，极为美观。这种工艺对于工匠也是一项挑战，需要计算精准，严丝合缝，非常费工费时。

铜桥形耳香炉

明代　观复博物馆藏

中国早期的铜器多为青铜器,明代开始大量使用黄铜。《宣德鼎彝谱》中记载:"宣德三年,暹罗国王进贡风磨铜数万斤。"暹罗就是今天的泰国。风磨铜就是黄铜。风磨铜再经过十几道冶炼工序,层层除去杂质,最后得到珍贵的精铜。以精铜制成的香炉,就是垂范后世的宣德炉。

这件明代铜炉,器型简洁雅致,扁圆腹,腹下三足,双耳隆起,形似一座虹桥,是经典造型"桥耳式"。铜炉色泽明润,宝光内蕴,分量十足,轻轻叩之,声音非常悦耳。

斗彩四季花卉纹绶带耳抱月瓶

清乾隆　观复博物馆藏

抱月瓶也叫作"宝月瓶",以腹部圆润如同满月而得名。乾隆皇帝对这种器型甚是喜爱,于是抱月瓶就成为这一朝重要的陈设瓷器之一。

这件抱月瓶的纹饰运用了斗彩的技法,瓶身上画有牡丹、荷花、菊花、梅花等花卉,暗喻四季。斗彩也可以写作"逗彩",是用釉下青花和釉上彩结合的方式表现图案。斗彩至少经过两道烧造:先用青花描绘勾勒出整体图案,烧结之后填上釉上彩再次烧造。

青玉雕蟠螭蒲纹璧

西汉　观复博物馆藏

璧是古玉器的一种,用途繁多:一可作为祭器,祭祀天、海、神等;二可作为礼器,用作礼天或者区别身份的标志;三可做佩、砝码等。蒲纹璧的用途则相对具体,《周礼》记载:"以玉作六瑞,以等邦国。……子执谷璧,男执蒲璧。"蒲璧装饰以蒲纹,蒲为席,所以有安人的含义。汉代的玉璧相较于前朝,雕工更为精细,汉代之后直至宋元时期,玉璧便不多见了。到了明清时才兴盛起来,出现了大量摹古制品。

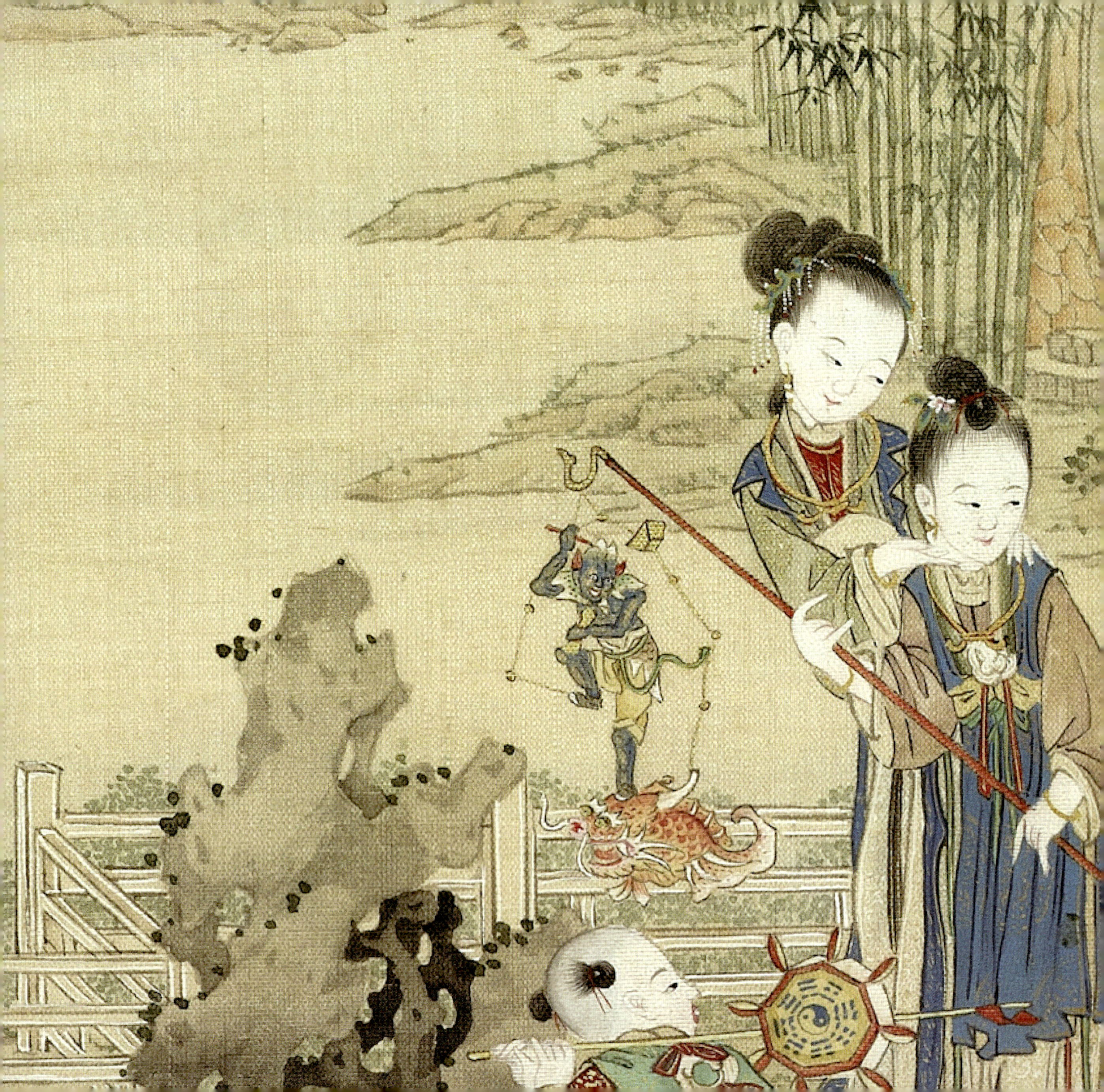

升平乐事图

一片笑声连鼓吹，六街灯火丽升平

古画
GUHUACHUANQI
传奇

花灯游戏庆升平

升平，意为太平，常用的词语是"歌舞升平"。唐代王昌龄在《放歌行》中写道："升平贵论道，文墨将何求。"宋代朱淑真的《元夜》："一片笑声连鼓吹，六街灯火丽升平。"一说升平，即是政局平稳、经济富庶的好日子。

台北故宫博物院所藏清宫绘本《升平乐事图》册页，绢本设色，无款，画风华丽娴熟，应为宫廷供奉画师的作品。册页一套十二开，纵18.5厘米，横24.3厘米，描绘了太平盛世中贵族仕女与孩童在庭院中嬉戏玩耍的欢乐景象。因画中出现了诸多花灯，因此被认为是元宵佳节的情景。这套册页设色雅致，笔触细腻，仕女服饰、儿童玩具、各色花灯等细节，可以领略几百年前古人的乐趣所在，让人回味无穷。册页的装帧亦讲究，以紫檀木为封面，上刻"升平乐事"四字；护页使用洒金笺纸，钤印"所宝惟贤""嘉庆御览之宝"，足显珍视贵重之意。

此套图画中最引人注目的是精巧异常的花灯，其中包括花卉、灵芝、鹤、鹅、鱼、兔、犬、鹿、蝙蝠、鹰、象、魁星、金蟾等，看得人眼花缭乱。花灯或悬挂，或挑拿，均制作精美，显示出富足的生活。

此外，画中所描绘的各种儿童游戏和形形色色的玩具，也反映了当时孩童的生活。放鞭炮，赏花灯，骑竹马，放风筝，踢毽子，扮戏装，耍木偶……画中的孩子们玩得不亦乐乎，脸上洋溢的笑容让看画的人心里都痒痒。

根据画面主要表现花灯或游戏的不同，十二册内容大致为：白象花灯、蝙蝠风筝、花篮灯、放鞭炮、鹅灯踢毽、大花灯、魁星点斗、扮钟馗、花烛鹤灯、竹马鹿灯、吉庆平安、刘海戏金蟾。

魁星点斗，嬉戏童趣

这次观复猫选取了《升平乐事图》其中一幅：魁星点斗。在竹林掩映的庭院中，有两位仕女和四个童子，衣饰华贵，尽显太平富足之相。两位仕女，从身高及发型可看出一年长，一年少，两人都身量苗条，眉眼纤细，神态温柔。年长者手扶年少者肩膀，两人一起回头看向两个正在打闹的童子，看到有趣处，不约而同地露出了笑意。

年少仕女手拿朱漆挑竿，竿头垂下一盏花灯，底层是红色鳌鱼，上面站了一只蓝色小鬼。小鬼右手拿朱笔，上方悬木斗，两侧有"七星"围护，这就是"魁星点斗"。古人科举，重视考生文采，文思敏捷、文章通达者夺魁。魁星掌握士子的"文运"，"魁"字可以拆成一"鬼"一"斗"，所以用小鬼点斗形象，祈祷文运亨通，科举顺利。鳌鱼是中国古代神话中的神兽，龙头鱼身，传说是鱼跃龙门，却没有完全化成龙形。当魁星站立在鳌鱼之上，就有了"独占鳌头"含义。"魁星点斗，独占鳌头"，用画面表达出的吉祥寓意，体现了古人文学与艺术的完美结合。

左下角童子头扎双髻，肩扛一个八卦纹风车，一边向前奔跑，一边回头看。他看的正是画中最吸引人视线的两个打闹童子。这两个童子虎头虎脑，十分可爱，他们脚下扔着一件已经"身首异处"的羊灯。羊灯带有两个轮子，应该是可以在地面拉动行走。看来是两个淘气的小朋友都想玩这个有趣羊灯，争抢时不慎将其摔坏，于是打闹起来。只见他俩互相拉扯推搡，一个小朋友还抓散了另一个的发髻，情态滑稽，充满童趣，令人忍俊不禁。

右侧台阶上站立的童子，右手拿一个立在杖头的木偶，旧称"杖头傀儡"。傀儡为女性形象，绯衣白裙，绿裤红鞋，一手拿着圆形扁鼓，一手持鼓槌。童子左手拉着一根白色线绳，线绳另一头连接着傀儡拿鼓槌的手。当童子拉动线绳，傀儡就会以鼓槌敲击扁鼓。傀儡表现的是清代的舞蹈乐器"太平鼓"，人们击鼓而舞，唱"太平歌词"。

木偶，古称傀儡，亦作"木禺"，是一种木刻人像，在我国起源很早。《列子·汤问》中就记载了一个故事：周穆王时期，有一个叫偃师的能工巧匠，带了个艺人给周穆王表演歌舞，歌合律，舞应节，非常精彩。最后才发现这个艺人原来是个木偶，使用皮革、木料、漆胶、颜料做成，

《升平乐事图》 清代 台北故宫博物院藏

356

让人瞠目结舌。这个记载其实是有夸张成分的，但反映了古人对最高级的木偶的想象。1978年，山东莱西出土的西汉木偶人，身高193厘米，头部口眼耳鼻雕琢精细，全身用了13条（块）木头，关节都可活动，能做出站、坐、跪的动作，可以想象这件木偶人穿上衣服动起来的样子。明清时期，木偶戏仍是盛行的娱乐节目，有提线、杖头、布袋木偶等。从《升平乐事图》中能看出木偶很受欢迎，做得越来越精致机巧。

有各种各样的玩具，还有能在一起打打闹闹的小伙伴，这样的童年生活真幸福啊！

"四妃十六子"的题材

我们欣赏《升平乐事图》册页时，一定可以发现，十二张册页上都有一个共同点：人物均由年轻女子和幼童组成。幼童们玩耍得不亦乐乎，女子们或参与游戏，或含笑观看，或慈爱护持。这种画面反映出清代一个独特的图案题材：四妃十六子。

四妃十六子，顾名思义，指四个仕女，十六个孩子。清代康熙朝开始流行，瓷器、书画上常见。最初人物数量很准确，后期慢慢不再固定。康熙一朝为什么流行这种"四妃十六子"的画面呢？要从大的历史背景来说。明清朝代更迭时的战争非常惨烈，使国家人口锐减。而一旦坐定江山，统治者就希望人口增加，于是就出现了这种具有象征意义的四妃十六子画面。

除了人口增加的政治要求，多子多福也是古人一直就有的信念，家里孩子多，就表示家族兴旺。当时不像今天的人会考虑养孩子的成本，社会从上到下都是能生就生。地位最高的是皇帝，孩子也多。康熙皇帝有55个孩子，乾隆皇帝少点儿，有27个孩子。从康熙到乾隆这一百余年，中国人口由一亿增加到四亿。

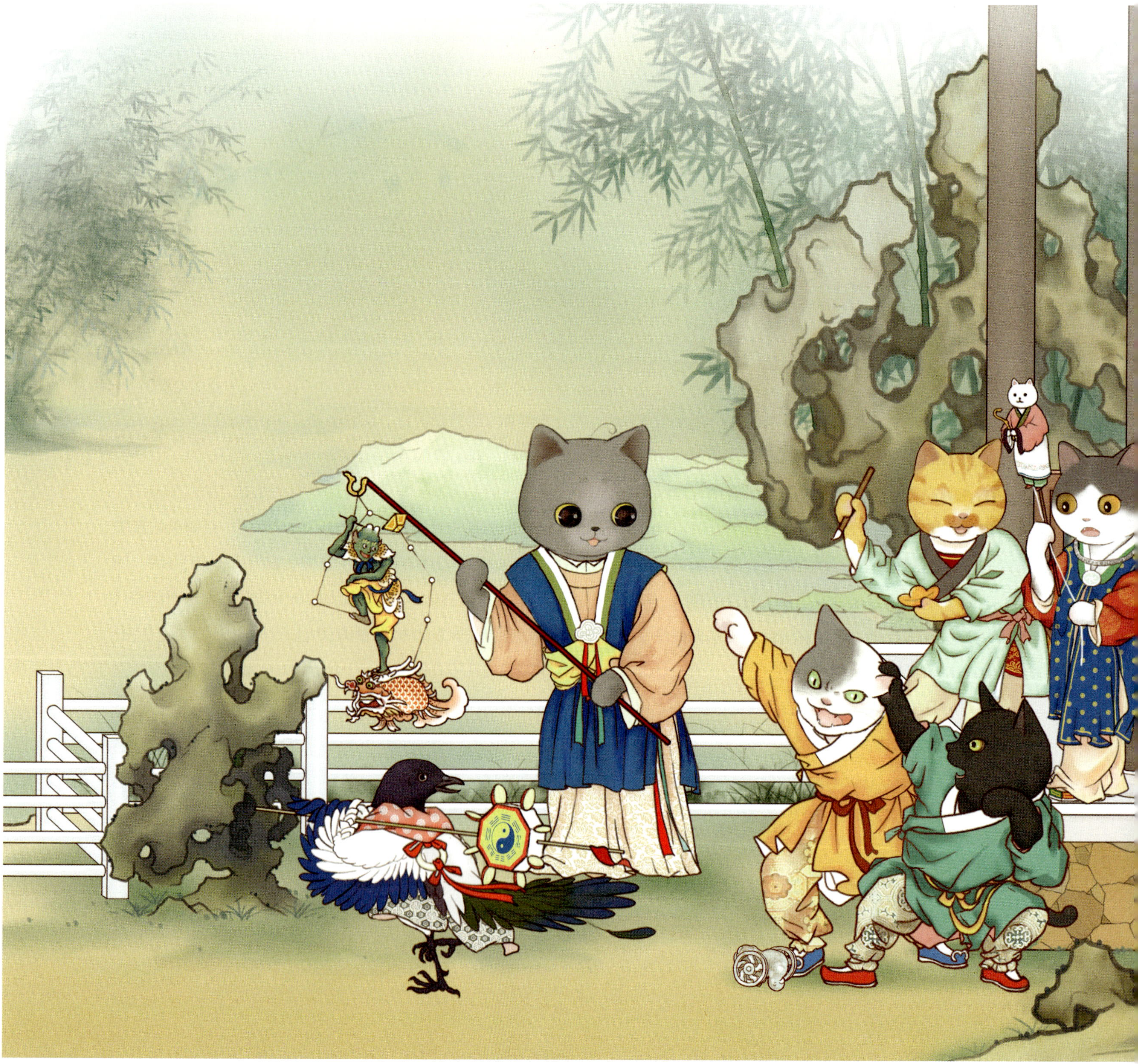

蓝毛毛

钻入古画的观复猫

康熙三十年（1691年）之后，政府广开科举，选拔人才，弘扬文化。这时魁星点斗、独占鳌头、一鸣惊人、连中三元等反映考试顺利的画面大量出现，表明了当时社会对科举这件事的重视。

一提到考试，蓝毛毛就坐不住了。史上最有文化的喵星人是观复猫，而蓝毛毛属观复猫中的知识担当，当然义不容辞啦。于是，蓝毛毛决定带着想要鼓励大家好好学习的心愿穿越到这幅古画中。

蓝毛毛变身优雅仕女，手中持握一根朱漆挑杆，挑着魁星点斗的花灯，象征她智慧的呆毛微卷在头顶。魁星加持，必定如意，所以画面中扛着八卦风车的是一位喜鹊小朋友，专程为报喜而来。

蓝毛毛和喜鹊的脸上露出笑容，回头看着两个闹得不可开交的淘气喵。和原画面一样，他俩为了翻倒的玩具而争执。这种孩童间的打打闹闹，真是幼稚却可爱呢。

观复猫 《升平乐事图》

观复猫

GUANFUMAOSHUOWENHUA

说文化

太极八卦图

太极八卦图是常见的一种图形，中心是圆形太极阴阳鱼，外侧围绕一圈八卦纹。那么，这种图形有什么含义呢？

太极，在中国古代哲学中指宇宙的本原，原始的混沌之气，含义玄妙。古人认为宇宙是从无极到太极，生出阴阳二气互相对立又互相依存，进而万物化生。太极图的中心部分如同两条首尾相连的鱼，因此被形象地称为"阴阳鱼"。

阴阳鱼外侧的八卦纹，就更为人所熟悉。《易传·系辞上》说："易有太极，是生两仪。两仪生四象，四象生八卦。"解释了太极与八卦的关系。八卦最初用于记事，后来用于占卜，还代表了早期中国的哲学思想，影响涉及中医、武术、音乐、数学等方面。

八卦最重要的符号有两个："—"代表阳，"--"代表阴，这两个符号重复使用，上下排列，每三个符号组合成一卦，如三个"—"组合成"乾"，三个"--"组合成"坤"，一共有八种形式，即为"八卦"。

八卦的每一卦，都代表着一种事物。"☰"为乾卦，代表天；"☷"为坤卦，代表地；"☳"为震卦，代表雷；"☴"为巽卦，代表风；"☵"为坎卦，代表水；"☲"为离卦，代表火；"☶"为艮卦，代表山；"☱"为兑卦，代表泽。故古人认为"乾"和"坤"两卦特别重要，是一切事物的根源。因其含义高深奥妙，古人赋予八卦图趋吉避凶的吉祥寓意。

所以，别小看《升平乐事图》中这个小小的风车，它里面可蕴含极大的学问！

粉彩必定如意碗

清嘉庆　观复博物馆藏

观复猫版的《升平乐事图》里，杖头傀儡手里的物件就变成了如意，与旁边右手拿笔、左手握元宝小朋友，组成"必定如意"的画面。笔＋金锭＋如意＝必定如意，古人的谐音联想也是很厉害了。

这个图案参考观复博物馆所藏的一只粉彩婴戏纹碗。粉彩是釉上彩品种之一，也是清代最出名的彩瓷，创烧于康熙晚期，雍正、乾隆两朝发展至成熟。粉彩在彩绘中以渲染表现明暗，使每一种颜色都有不同层次的变化。

青玉鸠车

宋代　观复博物馆藏

鸠车是古代非常流行的玩具。在中国传统文化中，"年五岁有鸠车之乐，七岁有竹马之欢"。有个叫王黼的人写过一本《博古图》，里面就有与鸠车相关的文字："汉鸠车、六朝鸠车，二器状鸤（shī）鸠形，置两轮间，轮行则鸠从之……为儿童戏。"鸠车是一种鸟形玩具，两侧有轮子，可以拉着走。它不仅仅是孩子的玩具，也反映了当时的人安居乐业的生活状态。

此件青玉鸠车是宋代典型的玉摆件，青玉质，带沁色。鸠车玉轮被均分为六瓣花叶，可以转动。一大一小两只斑鸠雕刻得十分饱满，小鸠伏于大鸠背部，大鸠尾羽呈扇状散开。过去小孩子的玩具也是很精致的。

双福捧寿纹银项圈
清代　观复博物馆藏

中国传统的项圈往往是用金、银等贵金属材料制作的，加上一个长命锁或是玉石挂饰以求保佑。我们从元代壁画中看到，不仅妇女戴项圈，男人也会佩戴。到了清代，少男少女戴项圈就更为普遍。今天苗族、壮族、瑶族等少数民族还流行戴项圈。

项圈形式多样，各有地方和民族特色。《儒林外史》第五回写道："奶妈抱着妾出的小儿子，年方三岁，带着银项圈，穿着红衣服，来叫舅舅。"《红楼梦》第三回："仍旧带着项圈、宝玉、寄名锁、护身符等物。"画中持木偶的喵脖颈上戴着一件银项圈，用料壮硕，上方錾刻两只蝙蝠和一个寿字，意为"双福捧寿"。

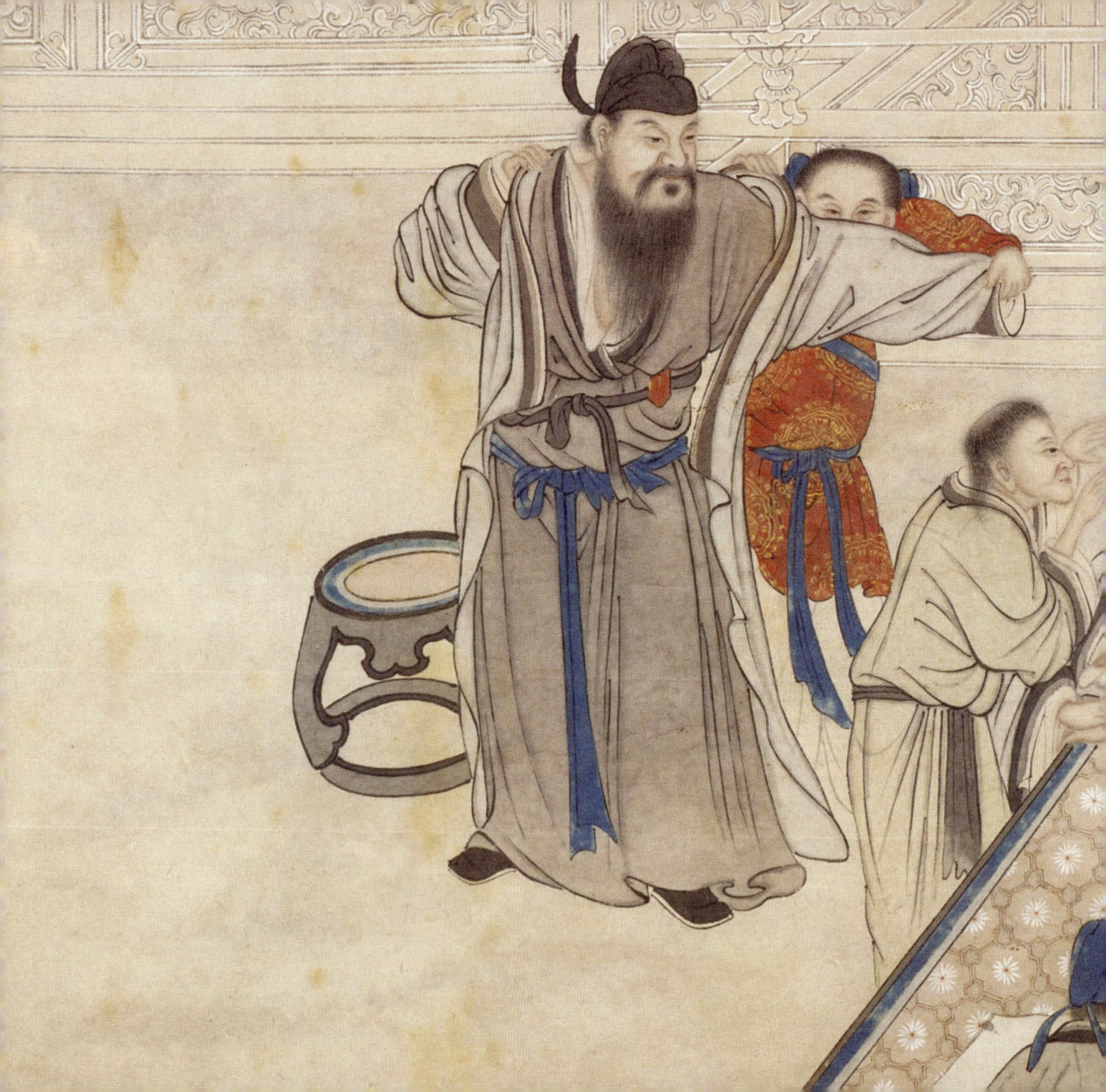

五学士图

朝堂之外自风流

古画
GUHUACHUANQI
传奇

学士风采，追摹古人

唐太宗李世民还在做"秦王"的时候，设立文学馆，召集杜如晦、房玄龄、于志宁、苏世长、姚思廉、薛收、褚亮、陆德明、孔颖达、李玄道、李守素、虞世南、蔡允恭、颜相时、许敬宗、薛元敬、盖文达、苏勖，这十八位才智兼备之人入馆为学士，议论学问，商讨政事。这十八位学士中的大部分人一直跟随李世民，经历了玄武门之变及贞观盛世，为唐代初期的政治文化做出贡献。唐太宗对十八学士非常重视，命阎立本为他们画像，褚亮题赞，悬挂于凌烟阁，视为荣耀功臣。《旧唐书·褚亮传》记载："始太宗既平寇乱，留意儒学，乃于宫城西起文学馆，以待四方之士。……寻遣图其状貌，题其名字、爵里，乃命亮为之像赞，号《十八学士写真图》，藏之书府，以彰礼贤之重也。……预入馆者，时所倾慕，谓之'登瀛洲'。"十八学士中最著名的是房玄龄、杜如晦，他们一个长于谋略，一个遇事决断，史称"房谋杜断"。

由于十八学士非常有名，后世以此为题材创作了诸多的文学艺术作品。观复博物馆藏清代画家汪圻所作《五学士图》既是其中之一，画面中的五学士指的是陆德明、孔颖达、李玄道、房玄龄、苏勖。此画纸本设色，纵171厘米，横93厘米，左上角有"惕斋汪圻"署款。

汪圻的这幅《五学士图》画面构思并非原创，而是临摹古本而来。今天可见台北故宫博物院所藏宋代刘松年的《唐五学士图》，其画面构图、人物动作、家具器物，都与汪圻这幅极为相似，姑且可认为是汪圻版的母本。刘松年为南宋著名人物画大家，他的画作被后人奉为经典，广为临摹的不在少数。

台北故宫博物院这幅刘松年的《唐五学士图》仅画出了十八学士中的五位，因此有学者认为历史上本有四幅画作为一组，今天仅保存下这一幅。这种说法或许可以从清代宫廷画家姚文瀚所做《摹宋人文会图》找到依据。

姚文瀚是汪圻的前辈，乾隆时期供奉内廷，擅长人物、山水、界画。这幅《摹宋人文会图》今藏台北故宫博物院。姚文瀚在画卷末自题："乾隆十七年六月臣姚文瀚奉敕恭摹宋人笔意。"说明是1752年姚文瀚奉乾隆皇帝旨意摹画宋代画作，由此我们可以猜想当年宫廷中藏有刘松年十八学士的完整画作。《摹宋人文会图》为长卷，画出了十八学士聚会的场景，人物分为四组，分别带有榜题。其中第三组正与刘松年及汪圻所画的五学士场景一致，榜题写明五人姓名及入画时年龄：陆德明，年六十七；孔颖达，年五十六；李玄道，年四十九；房玄龄，年六十四；苏勖，年二十四。

从刘松年到姚文瀚，再到汪圻，三人作品互为参考，可以看到画作的一种传承，展现了唐代声名赫赫的十八学士日常聚会生活。如房玄龄、杜如晦等人，我们大多看到的是他们叱咤朝堂、搅动风云的高光时刻，而下了朝，在日常生活中他们是一种什么放松状态呢？在历代以此为题材的绘画中可以了解一二。

知心好友，休闲聚会

开阔的庭院中，山石漏透，松竹掩映，正中以一张大画桌为视觉中心，或坐或立共九人。其中五人为主人，即五学士，其余四人为仆从。这是《五学士图》中所描绘的聚会场景。

铺设着锦地桌布的长画桌上，摆放着笔墨纸砚等文房用具，右侧三人正在品评诗文，各具形态，一人展卷试读，一人袖手倾听，一人单手支凳侧首而视。

画桌另一侧有主仆两人，主人敞怀仰首，双手交叠放于桌上，仆从手执纤细工具，在主人口鼻处"镊白"，即为主人拔去白胡须。主人微眯双目，表情放松而惬意。

左上方又一对主仆。主人站立，身姿魁梧，正在由仆从协助脱去外衣，他的眼光热切地注视着谈论诗文的另三人，仿佛在想快一些脱去外衣，赶紧加入讨论。

画中另有两个仆从，一个正打开书柜门，为主人拿出所需图书，另一个从远处走来，手里拿着包裹着的书。

整幅画作人物、家具的用笔工整细致，细节描画笔力到位，干净利落；山石松树则用没骨法晕染，各取其长。画中可见两点有意思之处：一是画家汪圻对于透视关系的

左上 《摹宋人文会图》（局部） 清代 台北故宫博物院藏
左下 《唐五学士图》 南宋 台北故宫博物院藏
右 《五学士图》 清代 观复博物馆藏

370

感性处理，使得画桌看上去一头窄一头宽；二是中国传统人物绘画中"主大仆小"的概念，使得五位主人在画中比仆从都大了一圈。

这幅《五学士图》画出了古人日常与朋友聚会的休闲生活。画面中能看出五人之间非常熟悉，志趣爱好相投，状态非常放松。朝堂上一起为国家出力，居家时一起聚会社交，这种情谊让人羡慕。得三五知心好友，时时相聚，琴棋书画作伴，诗词歌赋佐酒，不亦乐乎。

关于作者：《红楼梦》的铁杆粉丝

汪圻（1776—1840），字甸卿，号惕斋，生活在清代中后期，擅长画秀丽场景下的人物，尤工仕女。汪圻本算书香门第出身，奈何晚年家贫，又无子女，为了生活就接受一些画画的工作，画的大多是官宦阶层奢华热闹的主题，比如"满床笏""西园雅集"等。

清乾隆五十六年（1791年），一百二十回本的《红楼梦》刊印成书，世称"程甲本"。数月后，经程伟元、高鹗校勘后再度刊印，世称"程乙本"。自此，本已流行于世的文学巨著《红楼梦》更是如日中天，各种不同形式的衍生艺术作品如雨后春笋，在"红楼"这个大舞台上纷纷登场。

汪圻是《红楼梦》的超级粉丝，他为书中所营造的红楼故事所痴迷，于是发挥自身的才华，为《红楼梦》创作了一套彩色画册，称为《汪惕斋手绘红楼梦粉本》。这套粉本包括十二幅：《潇湘馆春困发幽情》《薛宝钗羞笼红麝串》《撕扇子作千金一笑》《绣鸳鸯梦兆绛云轩》《秋爽斋偶结海棠社》《栊翠庵品茗》《琉璃世界白雪红梅》《勇晴雯病补雀金裘》《寿怡红群芳开夜宴》《群钗放风筝》《寒塘渡鹤影》《双玉听琴》。画中的背景工整细致，红楼女儿情致秀美，即使是和同时期的名家改琦相比也不逊色。

汪圻工整秀丽的绘画特色在观复博物馆所藏这幅《五学士图》上亦可体现。画面上汪圻题写了"丙戌"字样，可以推断此画创作于道光六年（1826年），汪圻五十岁，画技想必已是炉火纯青。

大阿宝

观复猫 《五学士图》

钻入古画的观复猫

花荣荣

花飞飞

《五学士图》这种规模的古画，自然要派个观复猫的小组合去出演。大阿宝和花飞飞、花荣荣兄弟俩一起梦回大唐，感受一下大名鼎鼎的十八学士的气度和风范。

本来荣飞兄弟俩作为当红"小鲜肉"，满心觉得这次形象不适合自己。不过老成持重的大阿宝说服了他俩："这次可是唐代很厉害的角色，不是谁都有机会体验一次国家重臣的休闲生活哦！"

只见花飞飞倾听同伴的诗词，一脸严肃；大阿宝脱去外衣，姿态潇洒。最年轻的小弟弟花荣荣张开嘴巴，任由小喵侍从为自己做口腔护理，估计是很舒服，荣荣眯起双眼，一脸惬意。

如果要问他们这次钻进古画的感受，那就是经历世间浮云变化，能展现自己的才华，实现自己的理想，也仍有好友相聚、吟诗作赋的雅兴，真不错呀！

观复猫

GUANFUMAOSHUOWENHUA

说文化

红木仿藤编绣墩

清代　观复博物馆藏

　　红木是一种优良的硬木，又被称为"酸枝"。红木家具在中国出现得比较晚，大约到了清朝中期才登上历史舞台，其色泽近紫檀，纹理变幻多样，最初是作为紫檀和黄花梨的替代品而出现的，在清代中后期风靡一时。

　　绣墩也可以叫作坐墩、鼓墩。这种圆形凳造型类似鼓，又常用绣布铺在凳面，所以才有这么多名字。古代很早就有用藤条、竹篾等材料制作的鼓墩。到后来以木制家具为主的时代，工匠依然会用仿制藤竹外观的手法模仿最初的式样。

　　这件红木仿藤编绣墩的凳面采用了瘿木，下有六足，红木仿藤构件线条自然流畅，做工上乘，造型秀美。虽然这件绣墩是清代的作品，不过鉴于它的外观和原作很相似，实在有缘，那就跨时代出演一次吧。

龙泉官釉长颈瓶
南宋　观复博物馆藏

龙泉窑位于浙江龙泉，自宋代隶属处州，历史悠久，始于南朝，终于清代，但两头势弱，仅在南宋至元明之际风光无限。龙泉窑以青釉见长，其青色之美，由豆青色到梅子青到粉青再回到豆青色，几百年形成一个轮回。

早期龙泉追求越窑的效果，进入南宋以后，龙泉青瓷以亮丽养眼的梅子青、粉青重新登场，追求柔婉温润，将青色分出层次。龙泉窑也注意刻划，北宋龙泉流行篦纹，规整细致，一丝不苟，南宋龙泉以含蓄的隐起成为流行新风。

这件南宋龙泉官釉瓶，釉色沉稳，长颈鼓腹，足侧开孔，身上遍布开片，古朴文雅之气扑面而来。

紫石八方板足砚
宋代　观复博物馆藏

紫金石砚是山东传统名砚，始于唐代，盛于宋朝，却在宋之后逐渐湮没。宋代唐彦猷《砚录》中写道："尝闻青州紫金石……石有数重，人所取者不过第一二重，若至第四重，润泽尤甚，而色又正紫，虽发墨与端歙同，而资质微下。"

这方砚台有点意思，看似一块板砖，实则没那么简单。正八边形的外形十分规整，砚台表面也只用了最简单的线条进行勾勒，也算是宋代的一种极简主义风。

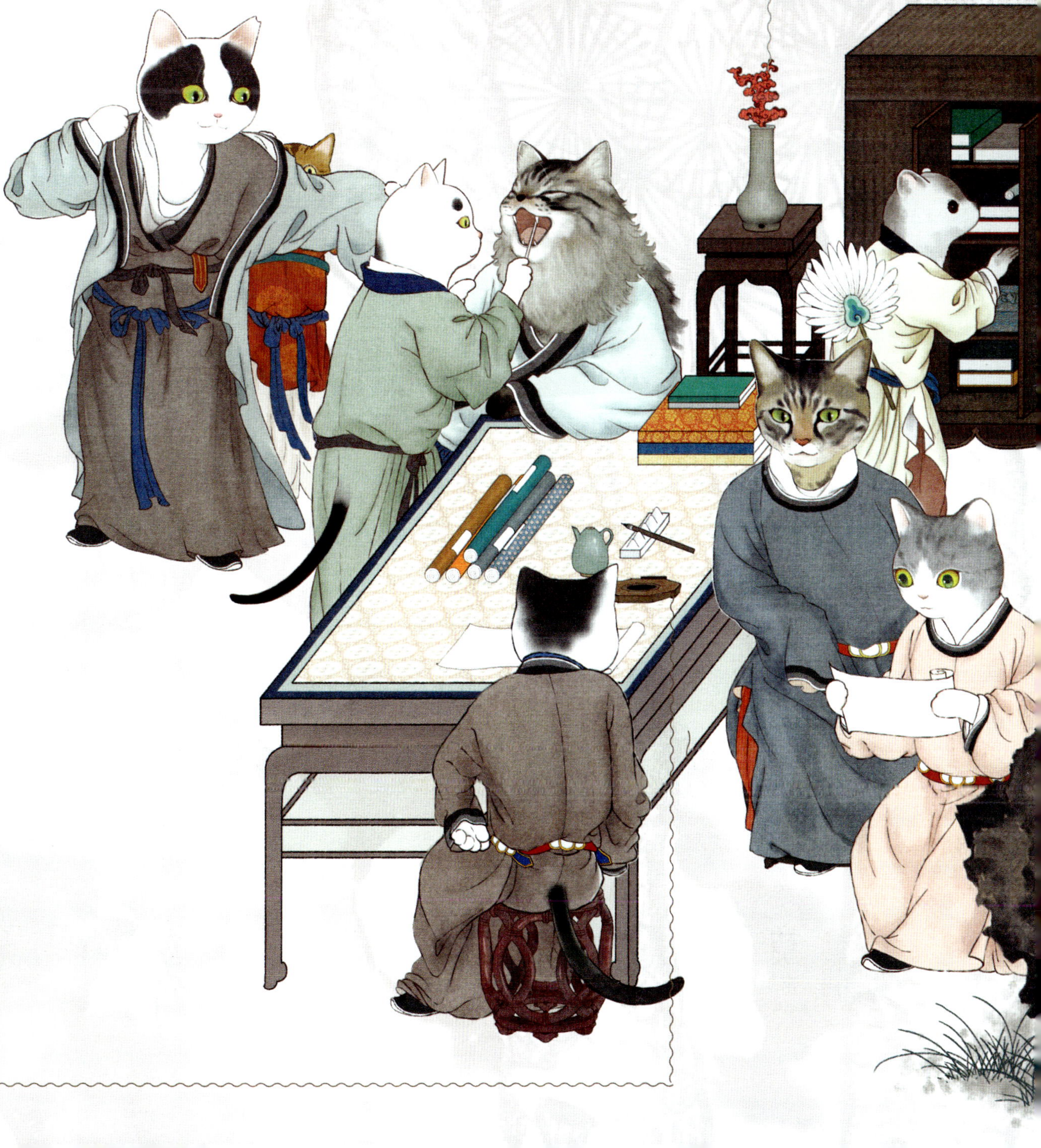

觀復博物館 GUANFU MUSEUM　　　　观 复 猫

花肥肥 理事长 · 观复功勋 元老喵　中华狸花猫	**黄枪枪** 常务理事 · 退休养老 傲娇喵　中华田园猫　[猫谱：金索银瓶]	**花飞飞** 秘书长 · 理事长转世灵童喵　中华狸花猫	**麻条条** 运营馆长 · 观复劳模 事业喵　美国短毛猫
小二黑 安保副馆长 · 威武霸气 武侠喵　中华田园猫 [猫谱：啸铁]	**戴南瓜** 纪检副馆长 · 可盐可甜 王者喵　中华田园猫 [猫谱：金被银床]	**王情圣** 宣传副馆长 · 奥斯卡影帝 戏精喵　中华田园猫 [猫谱：衔蝉]	**李对称** 馆员 · 对称美学 代言喵　中华田园猫 [猫谱：踏雪寻梅]
谢鸳鸯 馆员 · 特立独行 随性喵　中华田园猫 [猫谱：托枪负印]	**宋球球** 馆员 · 调皮捣蛋 少爷喵　中华田园猫 [猫谱：鞭打绣球]	**黄小仙** 馆员 · 古灵精怪 仙女喵　中华田园猫 [猫谱：金被银床]	**程两两** 馆员 · 泪目少年 加菲喵　异国短毛猫 [扁脸易流泪，照顾要心疼]
杨家枪 馆员 · 狩猎高手 捕鱼喵　中华田园猫 [猫谱：雪里拖枪]	**苏二花** 馆员 · 温柔多情 霸王喵　中华田园猫 [天生漏斗胸，所以没绝育]	**大阿宝** 馆员 · 深夜蹦迪 国宝喵　中华田园猫	**牛魔王** 馆员 · 牛年最牛 牛气猫　中华田园猫
莫小奈 馆员 · 印象画派 文艺喵　中华田园猫 [天生颈椎病，爱抚要注意]	**米麒麟** 实习馆员 · 奇方孙女 团宠喵　中华田园猫 [天生麒麟尾，绝非后天断]	**毛森森** 实习馆员 · 身材魁梧 热情喵　缅因库恩猫	**黑包包** 荣誉馆长 · 江湖传说 神秘喵　中华田园猫 [猫谱：喉珠腹镜]

花名册

猫馆长呼吁：
用领养替代购买，让生命不再流浪！

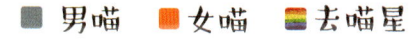

■ 男喵　■ 女喵　■ 去喵星

金胖胖　接待馆长
- 古道热肠 八卦喵
中华田园猫 [猫谱：金丝虎]

云朵朵　营销馆长
- 激萌可爱 颜值喵
英国短毛猫

蓝毛毛　学术馆长
- 满腹经纶 学术喵
英国短毛猫

马都督　宣传馆长
- 肉大身沉 资方喵
美国短毛猫

岳家枪　馆员
- 热衷吵架 柠檬喵
中华田园猫 [猫谱：雪里拖枪]

布能豹　馆员
- 朝气蓬勃 跑酷喵
孟加拉豹猫 [V脸大长腿，真的不能抱]

庄太极　馆员
- 太极阴阳 哲理喵
中华田园猫 [猫谱：滚地锦]

花荣荣　馆员
- 缓带轻裘 公子喵
中华田园猫

韩昏晓　馆员
- 钟灵神秀 惜福喵
中华田园猫 [天生的阴阳脸]

郑小墨　馆员
- 天真烂漫 乐观喵
中华田园猫 [猫谱：啸铁]

和小幺　馆员
- 冰炫蓝瞳 英俊喵
中华田园猫 [猫谱：四时好]

苏格格　馆员
- 明眸皓齿 闺秀喵
苏格兰折耳猫 [折耳虽然萌，遗传病会痛]

令狐花　馆员
- 七巧玲珑 聪明喵
中华田园猫

杜拉拉　馆员
- 深情忧郁 王子喵
混血猫

孟大咖　馆员
- 面黑心暖 温柔喵
英国短毛猫 [毛多量大显胖，体重12斤]

左罗罗　馆员
- 阳光少年 开心喵
暹罗猫

杨玉环　馆员
- 凝脂腴华 贵妃喵
中华田园猫

令狐瞳　馆员
- 知恩图报 女侠喵
中华田园猫

苏三三　馆员
- 寸草春晖 母爱喵
中华田园猫

段花花　馆员
- 温文尔雅 文气喵
中华田园猫

观复
猫礼

观复猫古画马克杯

口径：8mm
高度：9mm
容量：260ml

观复猫钻进传世名画所在的年代，重新演绎历史大戏。
《簪花仕女图》中的美喵艳妆簪花，华裳丽服，拈花一笑，倾国倾城。
《清明上河图》中好友相约，拱手寒暄；购物听书，尽享乐趣。
好一派热闹繁华景象。

观复猫古画笔记本

宽度：14cm
高度：21cm

观复猫天团成员轮番上场，让充满历史感的古画重新焕发青春光彩。
吸猫的同时欣赏古画，再将所想所得记录于笔记本上，不亦乐乎。

观复猫古画桌垫

长度：70cm
宽度：30cm

观复猫钻入国宝级古画，替换原有人物形象，
更代入观复博物馆所藏文物，
秀雅的画面，立马就活泼生动起来。
此系列古画桌垫，有风有月，宜室宜家。

观复猫古画扇子

飞仙扇：203mm＊205mm（扇面）
八角扇：200mm＊195mm（扇面）
花瓣扇：200mm＊200mm（扇面）

观复猫版古画《福禄寿人物图》《雍正帝观花行乐图》《金盆捞月图》，
扇形精致典雅。
习习古风扇，悠悠淑气微。
有观复猫小主陪伴的夏天，不再酷热难耐。
轻风慢摇，如是清凉，惬意不已。